LE VERTIGE METOO

DU MÊME AUTEUR

GÉNÉRATION OFFENSÉE, *De la police de la culture à la police de la pensée*, Grasset, 2020.
GÉNIE DE LA LAÏCITÉ, Grasset, 2016.
ÉLOGE DU BLASPHÈME, Grasset, 2015.
INNA, Grasset, 2014.
LIBRE CHERCHEUR, Flammarion, 2013 *(avec Étienne-Émile Baulieu).*
QUAND LA GAUCHE A DU COURAGE. *Chroniques résolument laïques, progressistes et républicaines*, Grasset, 2012.
LA VIE SECRÈTE DE MARINE LE PEN, Grasset-Drugstore, *2012 (avec Jean-Christophe Chauzy).*
MARINE LE PEN, Grasset, 2011 (*avec Fiammetta Venner*) ; Le Livre de Poche, 2012.
LIBRES DE LE DIRE, Flammarion, 2010 (*avec Taslima Nasreen*).
LES INTERDITS RELIGIEUX, Dalloz, 2010 (*avec F. Venner*).
LA DERNIÈRE Utopie. *Menaces sur l'universalisme*, Grasset, 2009.
LA TENTATION OBSCURANTISTE, Grasset, 2005 ; Le Livre de Poche, 2008.
LES NOUVEAUX SOLDATS DU PAPE. *Légion du Christ, Opus Dei, traditionalistes*, Panama, 2008 ; Le Livre de Poche, 2010 (*avec F. Venner*).
LE CHOC DES PRÉJUGÉS. *L'impasse des postures sécuritaires et victimaires*, Calmann-Lévy, 2007.
CHARLIE BLASPHÈME, Charlie Hebdo Éditions, 2006.
FACE AU BOYCOTT, Dunod, 2005.
FRÈRE TARIQ. *Discours, stratégie et méthode de Tariq Ramadan*, Grasset, 2004 ; Le Livre de Poche, 2010.
TIRS CROISÉS. *La laïcité à l'épreuve des intégrismes juif, chrétien et musulman*, Calmann-Lévy, 2003 ; Le Livre de Poche, 2005 (*avec F. Venner*).
FOI CONTRE CHOIX. *La droite religieuse et le mouvement prolife aux États-Unis*, Golias, 2001.

(Suite en fin d'ouvrage)

CAROLINE FOUREST

LE VERTIGE METOO

Trouver l'équilibre
après la nouvelle révolution sexuelle

BERNARD GRASSET
PARIS

Photo de la bande : © S. Leban / Divergence

ISBN : 978-2-246-82566-1

INTRODUCTION

#MeToo donne le vertige. Un tourbillon grisant. Des bouches trop longtemps cousues s'ouvrent enfin pour souffler un vent d'accusations puissant, capable de balayer des prédateurs et des agresseurs tenant sur leur socle depuis des siècles. Mais aussi de déstabiliser, d'une même bourrasque, des êtres et des relations plus fragiles, qui en perdent l'équilibre et leurs repères. Cette parole dessille autant qu'elle étourdit. Le tournis vient de l'accélération. Après une lente maturation et une émancipation de plusieurs siècles, la bascule fut rapide. Par la force du symbole Weinstein et d'un hashtag, il existe un avant et un après #MeToo, capables de dater nos conversations au carbone. La libération de la parole ayant rencontré la facilité de dénoncer sur les réseaux sociaux, nous sommes passés sans préavis d'une société de l'honneur imposant le bâillon à celle de la pureté maniant le bûcher et la délation.

Dans les sociétés de l'honneur, qui règnent encore dans certains pays, quartiers ou familles, la honte se joue entre les cuisses des femmes, à un fil, une membrane, capable de découdre leur « réputation ». Les prédateurs le savent et en jouissent. Lorsqu'ils violent, le déshonneur retombe sur leur proie et sa famille, doublement frappées, par ce crime et son écho. Dans une société de la pureté, on écoute les victimes, on les croit, et même on les pose sur un piédestal, telles des statues figées dans leur martyre, comme si elles pouvaient nous guider. Dans ce nouveau monde, il suffit désormais d'accuser pour exister ; d'une flèche sur les réseaux pour clouer au pilori ; d'un « Je te crois » pour sortir le goudron et les plumes ; d'un hashtag pour enfermer dans le même sac MeToo, sans esprit de nuance ni graduation, des accusations aussi graves que l'inceste, le viol, le harcèlement au travail, et des accusations plus légères telles qu'une proposition sexuelle déplacée ou une relation asymétrique.

La mort sociale, cette corrida, se joue un peu moins entre les cuisses des femmes et plus souvent entre celles des hommes. Sur le banc des accusés, leur réputation vacille, comme des taureaux blessés, à la moindre banderille. Surtout s'ils sont célèbres et leurs noms capables de régaler la gazette. Une seule torche suffit désormais pour transformer MeToo en bûcher des célébrités. À force de suivre le vent, de craquer une allumette en pleine tempête médiatique, de souffler sur les braises de la victimisation, une bourrasque de trop et l'incendie peut brûler, du papier, une image, puis un être. Ce renversement est vertigineux. Une seule vie suffit à en prendre la mesure.

La première moitié de ma vie d'adulte, il m'a semblé slalomer entre les risques d'agressions. À 8 ans, en voyage avec mes parents dans un pays du Sud, avec mes cheveux longs et blonds, il m'est arrivé d'être suivie toute une matinée et d'échapper de peu à un homme qui voulait m'embrasser de force. À 15 ans, j'ai dû sauter au dernier moment d'une rame de métro pour échapper à la fixation lubrique d'un individu qui brûlait du même regard. Avant cela, à l'école, vers 12 ans, j'ai découvert que les pères de mes amies n'étaient pas tous comme le mien, protecteur et respectueux. Qu'ils pouvaient leur « faire des choses » et du mal. Ce sont les mots d'une camarade de collège à qui nous demandions pourquoi elle s'isolait si souvent, pour pleurer en cachette. Nous l'avons convaincue d'en parler à la direction. Son père a été signalé, elle a été mise à l'abri. Plus tard, j'ai réalisé qu'une autre de mes plus proches amies vivait sans doute la même chose, mais qu'elle ne voulait pas en parler. Moi aussi j'avais peur de parler, mais de mon homosexualité.

À peine majeure, après avoir rompu avec une partie de ma famille n'acceptant pas mon *coming out*, ni que je dise qu'un homme du sérail familial me mettait mal à l'aise, j'ai plongé dans le combat féministe. Je me suis battue pour défendre l'IVG, obtenir le Pacs, puis le mariage pour tous et l'égalité des droits. Un long combat, au cours duquel il m'est arrivé d'être insultée et menacée de viol, par des machistes de tous poils, et même d'être rouée de coups aux cris de « sale pédale » par des nervis homophobes. Toute ma vie, j'ai dû composer avec la rage, pour ne pas dire l'hystérie, d'hommes ne supportant pas qu'on se dérobe à leurs fantasmes. C'est la colère la plus dangereuse qui soit.

Avec le temps, j'ai appris à la repérer et à m'en protéger, mais à 20 ans, jeune stagiaire hésitant entre le journalisme et le cinéma, rien ne m'y préparait. Mon caractère intransigeant, mon lesbianisme, m'ont permis d'éviter certains pièges, mais ils m'ont aussi coûté quelques détours. Au début de ma vie professionnelle, il a fallu refuser les avances d'un animateur télé ayant le double de mon âge chez qui j'étais en stage, sans craindre de le fâcher (il m'a simplement prêté moins d'attention, ce qui m'allait très bien), et travailler double voire triple pour convaincre un rédacteur en chef plus sensible au charme de mes collègues hétérosexuelles qu'à mes enquêtes (elles l'ont finalement convaincu de me donner carte blanche). Comme journaliste, j'ai dû taire pendant huit ans ce que des femmes m'avaient confié sur Tariq Ramadan, à la demande des victimes, jusqu'à ce que le silence soit enfin brisé sur les réseaux grâce à l'affaire Weinstein.

Moi qui rêvais depuis toujours de devenir réalisatrice, j'ai renoncé pendant vingt ans au cinéma par peur d'y croiser des producteurs-prédateurs, de ne pas supporter le chantage à la séduction ou l'objectification des femmes que je percevais de ce milieu. Jeune, je préférais les films d'action, où les femmes agissaient, aux films portés aux nues par la presse branchée : des réalisateurs libidineux mettant en scène des femmes cruches ou enfants… Je ne voyais pas quelle place je pouvais occuper dans ce monde de marionnettistes et de poupées.

Ce n'est qu'après m'être battue pour voir l'égalité progresser et les mentalités changer, que j'ai décidé de ne plus renoncer à mon rêve d'enfant : réaliser. Je m'y suis lancée à 40 ans passés, et j'y ai découvert un monde bien plus subtil que redouté. Il faut dire que j'étais mieux armée pour réagir, comme exiger d'exclure du tournage un cascadeur ayant profité d'une scène pour toucher de façon déplacée une comédienne, ou remettre à sa place un partenaire (important) du film qui draguait lourdement une de nos figurantes.

Résister était déjà possible, avant MeToo. Mais qu'on se sentait seules. Comme amie, comme journaliste, comme réalisatrice, lorsque j'enseignais à Sciences-Po, j'ai recueilli tant de récits de femmes brisées par un viol, souvent dès l'enfance, que je ne peux les compter... À force, j'ai commencé à croire que les abusées étaient légion et les non-abusées l'exception. Je le crois toujours. Pourtant ce monde reste impossible à classer de façon manichéenne selon les genres. S'il tourne clairement mal à cause de pères et d'hommes abusifs, c'est aussi une planète où vivent aussi des mères abusives, des garçons violés, des Casanova délicats et des hommes féministes. J'en ai vu s'y essayer sincèrement, parfois maladroitement, plus facilement s'ils sont jeunes et parfois sur le tard, une fois devenus pères et inquiets pour leurs filles.

Depuis que j'ai entamé la seconde moitié de ma vie, depuis que MeToo est passé par là, il m'arrive enfin d'échanger librement avec des hommes sur la noirceur de ces rapports de force et la zone grise de ces rapports de séduction. Même si je ne les cite pas tous, pour respecter ces confidences, ce livre est aussi le fruit de ces conversations, avec des garçons terrifiés par MeToo, parfois des accusés célèbres, encore traumatisés d'avoir été mis à l'index. Clairement, nous avons changé d'époque.

Hier, avant MeToo, lorsque je rencontrais des femmes qui me confiaient les viols ayant brisé leur confiance, nous cherchions en secret un moyen d'en parler, de réparer, parfois de les venger sans les exposer à l'intimidation ou à l'enfer d'un parcours judiciaire. Depuis MeToo, je croise des hommes, chanteurs, journalistes ou réalisateurs, et même quelques femmes, qui ont vu leur vie voler en éclats à cause d'une accusation. En un battement de cils, je suis passée d'écouter des femmes brisées par le silence à devoir consoler des êtres détruits par une parole. En me creusant à chaque fois les méninges, le cœur et l'âme, pour savoir s'il faut les défendre.

Disons-le clairement. Je préfère infiniment vivre dans ce nouveau monde, où l'accusation s'emballe, que sous l'ancien régime patriarcal, où le silence protégeait les violeurs. Mais comme je détestais déjà l'injustice dans l'ancien monde, que ce refus têtu m'a appris à être féministe, il m'est insupportable de voir ce nouveau pouvoir MeToo être invoqué pour en abuser, opprimer ou tyranniser. À chaque affaire, j'ai le sentiment gluant, désagréable, d'être convoquée malgré moi pour siéger comme juré populaire aux assises, sans savoir si ce n'est que justice ou si je suis enrôlée de force dans une ligue de vertu. Les puristes, les fanatiques, n'ont pas ces tourments. Ils sont sûrs de leurs jugements et tranchent vite un « MeToo », souvent pour la guillotine, en écoutant leurs intérêts partisans ou leurs préjugés. Leur verdict est facile. Les êtres cartésiens, pétris de doute, n'ont pas cette chance. Mille questions les torturent. Comment reconnaître le faux MeToo du vrai ? Suis-je en train de croire une victime ou d'accabler un innocent ? Faut-il croire sur parole, à la première parole, ou se fier au nombre d'accusations ? Ne dois-je pas entendre la version de l'accusé, recouper, avant de le condamner ? L'annuler de mon monde sans préavis ou attendre le verdict ? Et si la justice le relaxe faute de preuves, mais que je le crois coupable, dois-je respecter son droit à une seconde chance ou préférer le principe de précaution ? Et si c'est un artiste, suis-je obligée de boycotter ses films ou ses chansons ? Ne plus séparer l'homme de l'artiste, c'est entendu… mais l'œuvre de l'homme ?

Les réponses à ces questions dépendent parfois de principes, et plus souvent des faits, de leur gravité, et du risque ou non de récidive. De ce point de vue, tous les MeToo ne se valent pas. Parmi la centaine d'affaires sorties ces dernières années, on a vu être cloués au même pilori des puissants multirécidivistes et multiaccusés, et des personnalités simplement soupçonnées de gestes ou de paroles déplacés, parfois sur la base d'une seule accusation… Ou d'une plainte finalement classée sans suite, non pas faute de preuves mais parce qu'elle ne tenait pas la route. De nos jours, il suffit d'une seule rumeur devenue publique pour salir un être à jamais. Le risque étant de voir basculer MeToo en tribunal expéditif, et cette belle révolution, à laquelle je crois, verser dans la terreur. Elle a déjà commencé. Elle a déjà tué. Des hommes et des œuvres. Et promet déjà de générer rejet et retours de bâtons. Au risque même de flatter la nostalgie pour l'ancien monde, et sa culture de l'impunité.

C'est donc à la fois pour défendre MeToo et protéger cette révolution de ses excès que j'ai voulu écrire ce livre. La traversée, ballottée à chaque nouvelle affaire, fut d'autant plus mouvementée que j'ai mené cette réflexion comme féministe, journaliste et réalisatrice. Tout au long de ce livre, ces trois facettes ont débattu comme des jurés, et parfois se sont disputées, pour tenter d'y voir clair, sans parvenir à trancher autrement qu'au cas par cas.

La féministe se réjouit pleinement d'avoir vu la peur changer de camp. La journaliste cherche désespérément une éthique pour couvrir ces affaires sans commettre d'injustice. Et la réalisatrice sait que le monde du cinéma ne se réduit pas à l'image que peuvent en donner certaines affaires surmédiatisées. Comme dans les médias, il est possible de s'y frayer son chemin sans céder aux avances non désirées ni troquer un corps contre un rôle ou du rêve. Et pourtant, c'est souvent à partir d'exemples tirés du cinéma qu'il est possible de mener cette pédagogie. Car ces visages connus, et leur jeu de rôle, nous parlent à tous. Le 7ᵉ art et ses scandales nous serviront donc de fil rouge.

Pour mesurer la révolution en marche, l'avant et l'après, le meilleur et ses excès, le livre chemine depuis les années bâillon, traverse le séisme de l'affaire Weinstein, la honte et ses répercussions publiques, à Hollywood, aux César ou au festival de Cannes, avant de décortiquer les mécanismes de l'emballement médiatique, l'injustice de la guillotine à géométrie variable, et d'entrer en zone grise : celle de la séduction. L'espoir est d'approfondir notre conversation publique. De continuer à exposer des prédateurs sans broyer des innocents, de dénoncer des abus sans abuser, d'écouter sans renoncer au doute, de protéger sans opprimer. C'est ce féminisme qui m'inspire, lui que je veux défendre. Une école du contre-pouvoir.

I

Le bâillon

Les femmes n'ont pas attendu l'invention d'un hashtag pour dire « moi aussi », elles l'ont toujours dit. Depuis la nuit des temps, à une amie qui lui confie un viol, il est fréquent que sa confidente réponde : « Je sais. Moi aussi. » Cette charade silencieuse relie les victimes entre elles depuis des millénaires, dans toutes les langues, sur tous les continents. Miracle de la technologie, le hashtag #MeToo a permis d'offrir une foule protectrice, prête à écouter et tenir tête aux partisans agressifs du déni. Pourtant parler, et même dénoncer, n'est pas nouveau. Dans les années 1970, dans les facultés, au dos des portes des toilettes des filles, des élèves inscrivaient le nom des professeurs prédateurs pour prévenir les autres du danger. Mais cette alerte restait limitée à des cercles restreints, politiques ou professionnels. Avec Internet, la porte des toilettes des filles s'est élargie, pour devenir monde. Chaque nom gravé sur cette toile colle désormais à la réputation du moindre accusé. Ce qui a changé, ce n'est pas la démarche (parler) mais l'écho : être vu et entendu à des kilomètres à la ronde.

Cette force de frappe change tout. Avant de réfléchir à ces excès, il faut mesurer combien ce retour de balancier paraît inévitable, après des siècles de pressions exercées en sens inverse, pour faire taire la victime et lui faire honte. « Contrairement à ce que laisse penser l'expression "libération de la parole", écrit la sociologue Irène Théry, raconter est d'abord une épreuve pour une victime de violence sexuelle. Quoi qu'elle fasse, son récit sera pris en tenaille entre le risque de trop peu en dire et le devoir d'en dire trop[1]. » Elle-même victime d'une agression par un homme à moto alors qu'elle rentrait de l'école à 8 ans, elle explique combien « chaque mot décrivant un geste d'agression sexuelle, fût-il dans mon cas le plus court et le plus simple, blesse la pudeur de celle qui n'a d'autre choix que de devoir rompre la règle sociale du silence sur le sexe, avec de surcroît le sentiment de ranimer l'offense qui lui a été faite ». D'où l'importance de faire évoluer l'écoute. C'est la force de cette révolution, insiste Irène Théry, pour qui « le centre de gravité de #MeToo est en réalité la réception[2] ». En un mot, ôter le bâillon. Celui qui fermait les lèvres des victimes, mais aussi celui qui bouchait les oreilles pour ne pas entendre.

Un si vieux rappel à l'ordre

L'écart de perception entre les genres ne facilite pas le dialogue sur le viol. Un homme habitué à associer la pénétration au plaisir, le désir à la conquête, entrevoit difficilement le traumatisme d'un corps envahi contre son gré. Pour cela, il doit s'imaginer dans une prison, cerné par de solides gaillards, décidés à se défouler sur son corps. Contrairement à une blessure au front ou à un accident de voiture, l'invasion sexuelle ne laisse souvent aucune trace physique, ni aucune plaie visible. Les dégâts sont psychiques. C'est le fait d'avoir été traité comme un pantin inanimé, de ne pas avoir su ou pu se débattre, sous l'effet de la peur et de la sidération, qui meurtrit[3]. Les victimes s'en veulent. Elles n'ont pas seulement honte devant la société, elles ont honte à leurs propres yeux. Toutes les victimes.

Quand des hommes sont violés, ils s'en veulent de ne pas s'être battus pour se défendre. L'assaut les déshumanise et brise leur vision de la masculinité. Quelque part, un homme violé sort du continent de la virilité et de ses bénéfices. Mais une femme croit en prime que son corps peut s'« user » sous l'effet de rapports sexuels, a fortiori non désirés, et se vit comme « souillée », en plus du risque d'être enceinte de son violeur. La société leur enseigne, depuis des milliers d'années, à ne pas céder, sous peine d'être fautives. Cela vient, bien sûr, du patriarcat et d'une volonté de contrôler la lignée. Pour s'assurer que le patriarche soit bien le père de l'enfant, il faut veiller à ce que sa femme lui soit fidèle. De tout temps, le contrôle du corps des femmes, par exemple en les voilant, est un enjeu de pouvoir, parfois même de jouissance, pour ceux qui se targuent de les posséder. Depuis toujours, on tente de culpabiliser leur désir à elles, et non celui des hommes. Madame est une pute si elle a plusieurs amants. Monsieur est un Dom Juan s'il a plusieurs amantes. Elle doit le cacher. Lui peut s'en vanter. De ce point de vue, rien n'a changé dans certains quartiers de France. Il suffit de lire le beau livre de Laure Daussy, *La Réputation*, pour savoir que ce contrôle pèse toujours plus lourdement sur le corps des filles que sur celui des garçons[4].

Mais cette pression s'exerce de la même manière dans d'autres pays ou cultures, via mouvements intégristes, mormons, chrétiens, ou juifs orthodoxes. Le vocabulaire peut varier d'une tribu à l'autre, la consigne reste la même : on apprend aux femmes à se montrer discrètes, pudiques, à dissimuler leur corps, leurs cheveux, par un voile ou une perruque, pour ne pas tenter les hommes. Et s'ils le sont quand même, c'est de leur faute à elles.

Une femme violée n'est pas seulement victime, elle est coupable : de l'avoir bien cherché, au lieu d'être restée à sa place, discrète et modeste, dissimulée et bien cachée. Doublement punie, elle perd de la valeur aux yeux des hommes, ce qui redouble son traumatisme et le poids de sa peine. Étudiant les Indiens du Brésil de la tribu mehinaku, l'ethnologue Thomas Gregor parle d'une « mise à mort physique et sociale[5] ». Le viol peut aussi atteindre l'honneur de tout un clan à travers le corps d'une seule femme. Le viol de guerre ne sert pas seulement à motiver les troupes, c'est une arme, destinée à humilier l'ennemi et à porter atteinte à son clan. Les Vikings le pratiquaient, les tribus d'Afrique aussi. Vous pensez cet inconscient grégaire disparu ? Nous l'avons simplement refoulé, déconstruit, mais il cogne toujours sous nos crânes, traîne dans nos inconscients. Et parfois, il ressurgit. Lorsque les Russes envahissent et violent des Ukrainiennes, lorsque les hommes de Daech esclavagisent sexuellement des Yézidies, lorsque les bassidjis et les pasdarans rappellent des manifestantes iraniennes à l'ordre en les violant, lorsque les terroristes du Hamas se déchaînent sur le corps de pacifistes israéliennes, parfois à plusieurs, en leur coupant les seins ensuite, comme des jihadistes l'ont infligé à des combattantes kurdes en Syrie. La barbarie du viol n'a pas faibli en intensité. Ce qui a changé, c'est l'accueil des victimes. Chez les Yézidies de Sinjar, par exemple, où des milliers de femmes et jeunes filles ont été enlevées en août 2014 pour être esclavagisées par les brutes de Daech. Loin de les rejeter, leur leader religieux, Baba Cheikh, a ordonné à sa communauté de les accueillir en martyres, et a demandé aux hommes de se porter volontaires pour les épouser. Une première dans l'histoire de cette tribu persécutée, l'une des plus vieilles religions de Mésopotamie, aux femmes cent fois violées par des envahisseurs, mais qui jadis subissaient en prime le bannissement si elles en réchappaient. Aujourd'hui encore, leurs enfants, nés de viols et de pères jihadistes, restent mal acceptés, mais la mise à mort sociale a reculé.

La plaie psychique, elle, prend toujours du temps à guérir. Les victimes yézidies, souvent soignées en Allemagne, se débattent avec leurs cauchemars. Leurs corps dissociés se figent et tombent parfois en catatonie. Certaines, plus résilientes que d'autres, ont repris un semblant de vie. Preuve que le tempérament, et pas seulement la culture, peut faire une différence. Mais la culture aide à se relever. Plus l'entourage évite d'ajouter la honte au traumatisme, plus une victime a des chances de réparer son amour-propre. Une image de soi abîmée comme un miroir brisé peut changer de reflet grâce au regard de l'autre. D'où l'importance de le faire évoluer.

Culture de l'impunité

Ce que la nouvelle génération nomme « culture du viol », sans toujours bien la définir, devrait être réservé à un groupe où l'on encourage les hommes à violer, tout en dissuadant les victimes de parler, afin d'assurer l'impunité des bourreaux. Pour les années de surdité dont nous sortons, il est plus juste de parler de culture de l'impunité. Car des siècles de philosophie, de droit, de psychanalyse et de débat ont lutté contre cette brutalité possible. Et la société fut même longtemps en retard sur le droit. Georges Vigarello, auteur d'une très complète *Histoire du viol, XVIe-XXe siècle*, souligne « l'étrange banalisation d'un acte pourtant lourdement condamné par les ordonnances d'Ancien Régime[6] ». Selon ces textes, en effet, le « violemment des femmes » est alors considéré comme un crime « exécrable », qui « anéantit les familles et défie le roi » : « C'est un crime capital qu'on punit de mort. » Un acte de « tigre affamé », de « bouc puant », qui mérite vengeance solennelle et publique : la pendaison, et parfois « la mort accompagnée de cruels tourments », comme la torture ou la roue. En théorie donc, sous l'Ancien Régime, le viol n'est pas toléré.

En pratique, il est rarement signalé, encore plus rarement condamné, à des peines souvent plus légères que le vol ou l'atteinte aux biens. Comme l'explique l'historien, « le scandale atteignant la victime en atteignant le violeur », très peu de femmes portent plainte, par peur d'y perdre leur réputation : trois seulement par décennie, selon les registres du Châtelet à Paris. Par peur du rejet, comme l'exprime ce père, qui réclame une compensation financière pour le viol de sa fille par un notable : « Tout espoir d'établissement est perdu pour elle, tout innocente qu'elle est, elle sera l'objet du mépris éternel de la société[7]. »

Dans une société de l'honneur, rien n'est plus lourd à porter pour une femme que d'avoir été violée. La sanction ou le montant des « indemnités » dépendent beaucoup de la condition sociale du bourreau et de la victime, de ce que l'on appelle son « innocence », s'il s'agit d'une « fille de bien et d'honneur », entendez d'une fille vierge. Le fait d'avoir eu des relations sexuelles avant le mariage vous rayant à vie du registre des « innocentes ».

Pendant des siècles, les seuls viols jugés réellement révoltants et lourdement punis sont ceux commis sur des enfants. Comme ce brocanteur parisien de 32 ans, condamné à trois ans de galère en 1770 pour le viol d'une gamine de 10 ans, qu'il n'a cessé de dépeindre lors de son procès en « séductrice ». À l'inverse, rien n'est plus facile, pour un noble ou un grand bourgeois, de s'en tirer par une simple amende. Le viol d'une fille de notable par des soldats, ou pire, par un serviteur, sera sévèrement jugé, même lorsqu'elle et son valet sont en fait amoureux. En revanche, un « gentil homme » ne risque rien à violer sa servante, puisqu'elle fait en quelque sorte partie de sa propriété. Les rares violeurs condamnés sont brocanteurs, charretiers, soldats, paysans, rarement ducs ou marquis.

Il faut être le marquis de Sade et pousser très loin son avantage, enfermer une fileuse de coton et la « sadiser », pour faire jaser. Et encore, la plainte est retirée après le versement d'une forte somme d'argent. Lorsqu'un duc enlève la fille d'un marchand pour la violer, comme en 1786, l'affaire révolte, mais l'enquête s'enlise. Nous sommes à la veille de la Révolution française. Une révolution qui va changer le regard sur le viol des corps, passés de sujets à citoyens. Selon la formule de Sieyès, lue en préambule de la Constitution du 20 juillet 1789 : « Tout homme est seul propriétaire de sa personne et cette propriété est inaliénable. » On croirait entendre le slogan des féministes pour le droit à l'avortement : « Mon corps m'appartient. »

Mais ne sautons pas les âges. Car même après la Révolution, le fait de s'appartenir vaudra plus pour les hommes que pour les femmes. Comme s'empresse de le préciser Pierre Rosanvallon à propos des Constituants : « Malgré leur ardeur individualiste, les hommes de 1789 ne considèrent pas les femmes comme de "vrais individus". » Mais le viol est désormais envisagé comme « une blessure », et non comme « un larcin », un « vice » ou un « péché » (en cas de sodomie). La sécularisation qui commence permet de mieux distinguer la luxure de l'agression. Et le code de 1791 parle pour la première fois de « crimes et attentats contre les personnes ». Reste que les sanctions lourdes (douze ans de fers pour le viol collectif sur une citoyenne de Rouen) restent rares, et les plaintes aussi. Lentement mais sûrement, on relève néanmoins deux fois plus de poursuites pour viols sur adulte entre 1830 et 1860 (de 136 à 203), et six fois plus pour viols sur enfant (de 107 à 684)[8].

En amont, sur le chemin de cette lente évolution, on trouve des philosophes des Lumières ayant fait de la condition des femmes un point aveugle, comme Voltaire, et d'autres plus à l'avant-garde. Diderot dépeint le déni du viol dans un premier roman libertin de 1748, *Les Bijoux indiscrets*, une allégorie visant Louis XV censée se passer au Congo. Mais voici comment le philosophe se moque des débats lorsqu'un gentilhomme se voit accusé d'avoir forcé le consentement d'une femme : « Les petits-maîtres, au contraire, et même quelques petites-maîtresses, avançaient que le viol était une chimère : qu'on ne se rendait jamais que par capitulation, et que, pour peu qu'une place fût défendue, il était de toute impossibilité de l'emporter de vive force. Les exemples venaient à l'appui des raisonnements ; les femmes en connaissaient, les petits-maîtres en créaient ; et l'on ne finissait point de citer des femmes qui n'avaient point été violées. » Il faudra attendre plus de deux siècles et demi après ce roman, les Lumières, la Révolution et le Mouvement de libération des femmes, pour que le déni cesse enfin.

Libération de la parole, année zéro

La libération collective de la parole a commencé cinquante ans avant MeToo. En France, le tabou est brisé dès 1970, année zéro du MLF, dans la revue *Partisans*. Un texte puissant, qui a marqué les esprit, et qu'il faut relire. Avec cran mais sous pseudo, pour ne pas heurter sa mère, Emmanuèle de Lesseps y raconte toutes les étapes ayant mené à son agression, deux ans auparavant, par un étudiant en droit l'ayant abordée dans la rue[9]. « Excusez-moi Mademoiselle », « Voulez-vous que je vous accompagne ? », « Est-ce que je peux vous parler ? », « Où allez-vous si vite ? ». Comme toutes les femmes l'ayant vécu, mille fois, Emmanuèle n'aime pas se faire aborder, pas de façon si machinale et insistante, par des hommes qui se mettent en chasse sans même vous connaître, juste par goût de la conquête. Mais nous sommes en septembre 1968, juste après Mai, et chacun se félicite alors d'être plus attentif aux autres, même dans la rue. Elle veut croire que l'échange en restera là. « La force de son insistance s'ajoutant à la force de ma solitude », elle ne se sent pas de le dissuader de la suivre, et la conversation s'engage. Ce récit décortique, de façon quasi chirurgicale et limpide, les mécanismes d'une contrainte ordinaire, faite d'embarras et de politesse conditionnée, pouvant mener une étudiante de 22 ans, intelligente et féministe, à tomber dans un piège.

Pour se débarrasser de l'étudiant insistant, Emmanuèle accepte de boire un café, très rapidement. Il propose de l'emmener à sa voiture pour s'y rendre. Elle préfère en chercher un plus près et refuse de monter. Mais il insiste, et la charrie. « Je ne vais pas vous manger. » Elle a peur de lui montrer qu'elle a peur, et elle monte. En route, les questions sexuelles fusent. Emmanuèle veut descendre, lui demande de la déposer à un carrefour. Mais il conduit et répond qu'on y est presque, à Joinville, devant une maison isolée, où la politesse, toujours, la pousse à entrer pour boire ce fameux café. Il sort des disques, du whisky, ils parlent de films et de musique, et il pose une main sur son genou, qu'elle retire aussitôt. « Tu ne veux pas flirter ? » Elle répond « non », que ce « n'est pas dans son intention ». Le garçon s'agace : « Il ne fallait pas venir alors ! » L'homme promet d'arrêter mais lui propose de venir s'asseoir sur le lit, car c'est « plus confortable ». Et sans savoir pourquoi, à son ton, alors qu'elle ne veut pas, depuis le début, ni être abordée, ni monter dans cette voiture, ni s'asseoir sur ce lit, Emmanuèle se laisse dicter sa conduite, par peur de le fâcher.

Une éruption de violence qu'elle redoute depuis le début la submerge alors. La voilà renversée sur le lit, plaquée et embrassée de force. Elle se débat et se relève. Il la rattrape et la jette sur les draps. Elle le mord jusqu'au sang, il entre en furie : « Espèce de salope ! Pourquoi tu m'as fait ça ? »

L'homme tient la résistance qu'il attendait pour justifier sa violence, qui rôde depuis le début de leur échanges, frappe et menace de l'assommer si elle continue à se débattre : « Je suis plus fort. » Elle tente de le raisonner, de l'amadouer, de lui faire comprendre qu'une relation sexuelle dans ces conditions perdrait de son intérêt. L'étudiant en droit ne veut rien entendre, ni être contrarié : il veut « l'avoir », et c'est tout ce qui compte désormais.

Comment éviter le pire, seule dans cette maison, isolée avec cette brute ? « Tout ce que j'entrevis en quelques secondes me parut plus terrible que de me laisser faire et d'attendre que cela passe », écrit Emmanuèle. Tout est dit, notamment ce mélange d'instinct et de culture qui forge l'état de « stupéfaction » que décrivent tant de femmes violées. Un esprit qui s'enfuit et un corps qui se paralyse. C'est un réflexe à la fois instinctif et conditionné. Les chats se paralysent de la même manière lorsque leur instinct leur dicte qu'ils n'auront pas le dessus, et qu'il est donc moins dangereux de ne pas résister, de jouer au mort, le corps figé, pour endormir celui qui vous tient afin de bondir au moment où il s'y attend le moins. En une fraction de seconde instinctive, c'est ce qu'ordonne son corps à Emmanuèle : ne plus bouger, pour que cela passe plus vite, ne pas être frappée et ne pas en mourir. C'est l'option la plus sûre au plan physique. Le mental, lui, se débattra longtemps ensuite.

L'invasion en soi ne va durer que trente secondes. Mais ses effets psychiques vont durer des années. Car depuis, ces trente secondes sont devenues des heures, à force de les repasser en boucle. Emmanuèle ne fait qu'y penser. Elle veut comprendre pourquoi elle n'a pas retenté de l'assommer. À la culpabilité s'ajoute la peur de tomber enceinte, alors que l'avortement est à cette époque interdit. Après avoir joui, son agresseur, lui, a déjà oublié la gravité de son crime, et lui propose de passer la nuit ensemble. Devant son refus, cette fois, il la ramène en voiture… Il est assouvi, donc calmé. Et lui explique en chemin ce qui vient de se passer par « l'infériorité naturelle des femmes ». C'est ce qu'aime à se raconter sa psyché patriarcale. Paralysée de rage, Emmanuèle ne va même pas claquer la porte de sa voiture.

Ces lignes, écrites deux ans plus tard, disent tout. Elles nous racontent comment la peur de vexer les hommes, inculquée aux femmes dès l'enfance, constamment ravivée par leurs chantages et leurs menaces, peut piéger. Et pourtant Emmanuèle n'est pas une fille docile. Celle qui signe « Durand » à cette époque s'appelle en réalité Lesseps. Elle a tout analysé, en temps réel, compris ce qui lui arrivait, sans pouvoir en sortir. Le fait d'être née dans un milieu éduqué, d'un père pianiste et d'une mère de sept enfants, d'être l'arrière-petite-fille de l'homme qui a creusé le canal de Suez, d'avoir vibré avec le Women's Lib aux États-Unis, n'a rien changé sur le moment… En revanche, sa conscientisation a modifié l'après. Quand j'ai appelé Emmanuèle de Lesseps pour en parler avec elle, cinquante-six ans après les faits, elle m'a dit combien le fait d'avoir « conceptualisé » et déconstruit ce qui lui était arrivé, de façon « politique », dans le cadre d'un mouvement collectif, le MLF, lui avait permis de sortir plus vite du statut de victime pour le transformer en révolte.

Dès sa parution, son article circule beaucoup. Mon amie Liliane Kandel, militante du mouvement, me raconte la parole qu'il aide à libérer : « Tout le monde l'a lu, l'a vécu, on est d'accord… Chacune a dit "moi aussi". » Quand la journaliste Annette Lévy-Willard se remémore les débuts du mouvement, elle en garde le même souvenir : « On se réunissait pour parler. On n'arrêtait pas de parler et, soudain, des histoires de viol et d'agressions sexuelles surgissaient au milieu d'une réunion. Assises par terre, l'une racontait comment le prof de cheval l'avait sautée à 16 ans, l'autre c'était un cousin, ou un ami de la famille qui la poursuivait dans la cuisine, ou un moniteur de colo. J'ai découvert avec stupéfaction que c'était arrivé… à nous toutes. Pourtant étudiantes et privilégiées[10]. »

C'est le début d'une prise de conscience collective, faite de groupes de parole et de solidarité. Des victimes de viol viennent témoigner lors d'un premier grand meeting organisé à la Mutualité au printemps 1972[11]. Elles seront bien plus nombreuses encore lors de sa nouvelle édition, au même endroit, quatre ans plus tard. Cette fois, 4 000 participantes assistent au rassemblement, où l'on a programmé dix heures de débat sur le viol. Un marathon qui accouche d'un manifeste : « Le viol n'est pas un destin. Nous en avons assez d'être violées et d'avoir peur de l'être. Quand une femme dit non, ce n'est pas oui, c'est non ! » La question devient centrale, au même titre que le droit à l'IVG. Entre-temps, le mouvement a été secoué par un procès majeur, rebaptisé le « procès du viol ».

Le procès du viol… et d'aller en justice

Les faits remontent à l'été 1974. Deux campeuses belges, Anne Tonglet et Araceli Castellano, amoureuses l'une de l'autre, ont décidé de passer la nuit dans un recoin de la calanque de Morgiou, près de Marseille. Alors qu'elles montent leur tente, un homme essaie de les accoster, lourdement. Elles l'envoient paître, deux jours de suite, comme n'avait pas osé le faire Emmanuèle avec l'étudiant en droit. Mais avec les violents, les femmes sont toujours perdantes. Humilié par leur refus, l'homme revient le troisième soir avec deux nervis, pour se venger. Le couple de filles se bat, vaillamment. L'une d'elles parvient même à frapper le plus entreprenant avec le maillet ayant servi à monter la tente. Le sang gicle et enrage les agresseurs, qui vont se déchaîner comme des loups sur leurs corps, pendant quatre heures. Meurtries et en mille morceaux, les deux femmes vont porter plainte, avec d'autant plus de courage qu'elles sont lesbiennes… Ce qui n'est pas du tout aussi accepté qu'aujourd'hui et peut leur valoir un torrent d'insultes supplémentaires.

L'autre danger est de ne pas être prises au sérieux par la justice. Lorsque le procès s'ouvre en septembre 1975, devant le tribunal correctionnel de Marseille, les faits reprochés sont requalifiés en « coups et blessures ». Ce qui arrive très souvent, quand la justice ne décide pas de poursuivre pour « attentat à la pudeur », comme sous l'Ancien Régime. Mais ce jour-là, le tribunal se déclare incompétent. Le procès va changer de dimension lorsque l'avocate Gisèle Halimi, célèbre pour avoir défendu la cause de l'avortement au procès de Bobigny trois ans plus tôt, décide de se saisir de l'affaire. La pression médiatique monte, et l'avocate réclame un procès aux assises. Il se tiendra, en mai 1978 à Aix-en-Provence, et lui servira de tribune contre le viol[12].

Un procès sous très haute tension, où elle arrive sous les crachats et les insultes, parfois même giflée par un manifestant, avant d'affronter le mépris de son confrère Gilbert Collard. Le futur élu du Rassemblement national et de Reconquête défend alors les trois violeurs. Quand il parle, des féministes au fond de la salle se mettent parfois à fredonner pour couvrir sa voix, qu'elles ne supportent plus. Le verdict sonne leur victoire : six ans de prison pour le meneur de l'expédition punitive, quatre ans pour les deux autres. Ce n'est que justice, mais ce n'était pas acquis.

Aussi fou que cela puisse nous paraître, pendant toutes ces années, cette bataille juridique est loin de faire l'unanimité, pas seulement chez les conservateurs mais parmi les progressistes, et même parmi les féministes ! Les plus révolutionnaires partagent avec leurs camarades d'extrême gauche l'idée qu'il ne faut rien demander à la justice « bourgeoise », sous peine de la légitimer. Elles préfèrent de loin une vendetta aux assises. Certaines proposent carrément de tuer les accusés plutôt que d'en passer par un procès. Dans un texte plus subtil, Pierre Goldman, reconverti dans le journalisme après avoir purgé sa peine pour le meurtre de deux pharmaciennes lors d'un braquage, reconnaît faire partie de ces gauchistes qui perçoivent le recours à « une répression légale » comme « une infamie ». Mais il admet aussi que c'est un point de vue voué à rester dans la minorité, qu'il n'existe pas de société ou d'humanité pouvant se passer de « règles » et de « lois », et se dit effondré à l'idée que les féministes puissent démontrer, par ces procès pour viols, « l'utilité de la justice[13] ». Un texte qui désespère les féministes rêvant de faire condamner les violeurs, dont certaines ont soutenu Goldman lors de son procès.

Ce sont des années où les militantes du MLF doivent crier « Notre corps nous appartient » à l'intention du pape comme de leurs camarades gauchistes. Dans *Tout !*, elles tentent de leur expliquer qu'il ne suffit pas de « jouir sans entraves ». Elles approuvent pleinement la libération sexuelle, et la revendiquent, mais pas à l'intérieur de « rapports aliénés », pas sans déconstruire le « culte aberrant de la virilité ». Aux camarades qui ne veulent pas l'entendre, elles lancent « Votre libération sexuelle n'est pas la nôtre[14] ». Et le moins qu'on puisse dire, c'est qu'ils n'apprécient guère. Contrairement à la bataille pour le droit à l'avortement, qui les arrange, le combat contre le viol les dérange. Et le débat fait rage dans les pages de *Libération*, où les tribunes s'enchaînent.

Tout progressistes qu'ils soient, les phallocrates reprochent aux féministes de faire le jeu de la répression, de « la justice de classe – qui s'abat sélectivement sur les petits, les immigrés et oublie les viols des puissants », d'être les « complices du discours sécuritaire, réactionnaire » et « raciste »[15] ! Surtout si le violeur est « racisé », comme on dit aujourd'hui, et que la justice a la main lourde. Et de fait, la justice a tendance à se montrer plus sévère avec les marginaux qu'avec les notables. C'est le cas lorsqu'elle condamne un violeur immigré à vingt-cinq ans de prison en 1978. Une des avocates de la victime est la plus déprimée. Foucaldienne et anticolonialiste, Monique Antoine a fait de la prison pendant la guerre d'Algérie pour son soutien au FLN. Elle digère douloureusement la lourdeur de cette sanction, alors qu'un PDG vient de s'en tirer à peu de frais, pour le même crime. Le « deux poids, deux mesures », attestant d'une justice de classe, sert de prétexte aux plus révolutionnaires pour condamner les tribunaux. Quand il n'est pas doublé d'un chantage au racisme.

On l'entend en 1973, lorsqu'une militante féministe, Maï, ose dénoncer le travailleur immigré noir qu'elle a soutenu pour ses démarches, et qui l'a violée en retour. Immigrée elle-même, d'origine vietnamienne, elle ne va pas porter plainte devant la « justice bourgeoise », mais refuse de se taire « au nom de la Révolution[16] ». Surtout qu'imbibé de culture patriarcale, son violeur insiste pour la salir : « Elle était pas vierge, elle était pas nonne. J'avais le droit. » Lorsque la victime et ses camarades se rendent au foyer de travailleurs immigrés pour protester, elles sont accueillies à coups de tomates et d'insultes[17]. Mais ce n'est rien à côté des pressions les invitant à se taire pour ne pas flatter le racisme venant de leurs camarades révolutionnaires, à qui la féministe Annie Cohen répond dans un texte : « Ce que nous dénonçons, c'est le viol. Qu'il vienne d'un Blanc ou d'un Noir, et à plus forte raison s'il vient d'un "révolutionnaire". » Elle s'étonne de leur révolte sélective : « La lutte contre le racisme est admise par tous les révolutionnaires. Le sexisme, c'est-à-dire le pouvoir qu'exerce le mâle sur les femmes, n'est pas reconnu comme tel[18]. »

Tout est dit. Et pourtant, la surdité persiste. Y compris lorsque la même tragédie se rejoue deux ans plus tard. La victime est à nouveau une militante féministe d'origine immigrée, et elle aussi a été violée par un travailleur étranger à qui elle venait en aide. Dans la presse de gauche – *Libération*, *Charlie Hebdo* ou *Rouge* –, les plumes masculines se succèdent pour exiger de taire ce crime. On les accuse de compromettre la lutte « principale », de servir la soupe à la droite sécuritaire, qui dépeint les immigrés en violeurs, et de faire condamner de « pauvres types », pas si méchants. Séverine Liatard a retrouvé certaines de ces passe d'armes pour le magazine *L'Histoire*[19]. Dans *Libération*, un certain Kamel Chaabouni se demande si les violées ne l'auraient pas un peu cherché : « Le fait de ne pas porter de soutien-gorge ou de porter des jeans moulants, de se parfumer, de se maquiller, est-il sans effet ? La femme qui s'habille ainsi porte, à mon avis, une part de responsabilité si elle est violée[20]. » Dans *Charlie Hebdo*, Xéxès traite carrément les féministes d'« imposteuses » et considère les violeurs comme des victimes avant d'être des bourreaux[21]. Dans le numéro suivant, le rédacteur en chef, Cavanna, lui-même fils d'immigrés, lui cloue le bec et prend le parti des féministes : « Le violeur – tu l'appelles victime – est souvent un mec tristement ordinaire, rarement un obsédé sexuel, mais toujours un fasciste. » Dans le langage de *Charlie*, un fasciste est celui qui vous dicte votre conduite comme à l'armée. Cavanna classe clairement celui qui impose son désir dans cette catégorie : « On veut baiser quand et avec qui ça nous chante. C'est clair, non ? Ni sur ton ordre, ni sur celui de Bigeard[22]. »

Les féministes répondent aussi. Dans *Les Temps modernes*, Nadja Ringart se moque des bons conseils de leurs camarades masculins : « Les conseilleurs ne sont pas les payeurs. » Elle démonte l'hypocrisie consistant à refuser de recourir à la justice en cas de viol, mais pas en cas de racisme. Et prend l'exemple d'un procès intenté contre deux agresseurs ayant séquestré et frappé un jeune musulman à Toulouse : « Aucun recours à la loi, pas de répression, jamais ? Quand les racistes torturent une personne à Toulouse, personne ne reproche aux associations d'avoir porté plainte[23]. »

Depuis un moment, déjà, les arguments machistes ne portent plus. En 1976, les féministes en ont « ras le viol » et le disent sur des pancartes, avant de s'inviter, sans préavis, au défilé du 1er Mai. Parmi leurs slogans, portés à bout de bras, on peut lire : « Viol de nuit, terre des hommes », « Viol de gauche, viol de droite, même combat » ou encore « Une femme sans homme, c'est comme un poisson sans bicyclette ». Drôle. Mais pas du goût du service d'ordre de la CGT. Surtout que les militantes féministes insistent pour défiler sans avoir négocié leur place, en chantant « Ni faux cils, ni marteaux-piqueurs. La démocratie de Monsieur est avancée » ! Les féministes sont frappées, évacuées manu militari et insultées : « Mal baisées ! Salopes ! » Certaines entendent même des appels au viol : « Si au moins elles étaient belles, on pourrait les peloter[24]. »

Je n'ai pu m'empêcher de repenser à cet épisode lors de mon agression à la Fête de l'Huma en 2012, trente-six ans plus tard, par des militants révolutionnaires indigénistes et intersectionnels, venues me lancer des bananes et m'injurier pour avoir tenu tête à Tariq Ramadan (« islamophobe » !) et soutenu les Femen contre le trafic prostitutionnel (« putophobe ! »). Ce jour-là, au moins, le service d'ordre de la CGT était de mon côté, désolé de devoir m'évacuer de la tribune pour me protéger. Le féminisme réformiste a gagné des alliés avec les années, mais compte toujours autant d'ennemis parmi les plus révolutionnaires, prêts à se liguer avec des intégristes ou des proxénètes, à traiter les universalistes d'« islamophobes » ou de « putophobes », pour nous faire taire. Ces excités de la révolution permanente n'ont jamais fait avancer une loi, ni obtenu le moindre progrès. Heureusement, des féministes réformistes, toujours plus efficaces, s'en sont chargées. Grâce notamment à Brigitte Gros, née Servan-Schreiber, sœur de Jean-Louis et de Jean-Jacques, mais surtout résistante devenue journaliste et sénatrice. En 1978, elle dépose une proposition de loi, contresignée par trente sénateurs, amendée puis votée à l'unanimité par l'Assemblée nationale, qui va durablement faire évoluer la législation. Elle qui tendait à considérer le viol comme une simple atteinte à l'honneur et aux familles, le considère désormais comme une atteinte à son intégrité. Est punie par la loi, désormais, « toute pénétration sexuelle, de quelque nature que ce soit, commise sur la personne d'autrui, par la violence, contrainte ou surprise ». Autre progrès, les victimes ne sont plus seules. Les associations luttant contre les violences sexuelles peuvent se porter parties civiles.

Une génération avant MeToo

Même après le MLF, il fallait lutter pour être entendue. C'est cette génération intermédiaire dans laquelle j'ai grandi. Hasard du calendrier, je suis née neuf mois après la loi Veil, à Aix-en-Provence, ville où s'est tenu le « procès du viol ». Ma mère n'a que 22 ans à l'époque, elle n'est ni militante ni même engagée, mais elle admire Gisèle Halimi. Et me voilà débarquée dans un monde où, grâce à mes aînées du MLF, dont certaines deviendront des amies, ma mère me prévient de ne pas suivre des adultes que je ne connais pas, et mon père m'apprend, à sa manière, le consentement. Sans s'en rendre compte, il m'a fait le plus beau des cadeaux vers mes 6 ans, lorsque fâché après moi (je quittais souvent la table sans avoir fini de manger), il m'a suivie pour me gronder… Et s'est arrêté net, sans entrer, aux portes du petit tipi d'Indiens dressé dans ma chambre, où je m'étais réfugiée. Plus tard, quand je lui ai demandé pourquoi il avait fait demi-tour, il m'a simplement répondu : « C'est ton refuge, je n'avais pas à entrer. » Cette phrase de mon père m'a tout appris. Depuis, je n'ai cessé de m'émerveiller qu'un être puisse en inviter un autre dans son refuge, dans son tipi, par désir et en confiance. Plus tard, je réaliserai que tous les hommes n'ont pas la patience d'attendre cette invitation.

Le pire de l'humain, je l'ai découvert au collège, lorsque j'ai compris que tous les pères ne respectaient pas les tipis de leurs filles. A-t-on sauvé notre amie en la persuadant de parler ? Sa mère lui en a beaucoup voulu. Son père, serrurier, faisait vivre la famille. Pour elle, se mettre à l'abri, c'était prendre le risque d'être à la rue ou vivre en foyer. En tapant son nom, j'ai seulement retrouvé une photo d'elle adulte sur un site, où elle sourit. J'ai envie de croire à ce sourire.

Moi aussi, j'avais peur de perdre ma famille si je parlais… mais de mon homosexualité. Je n'avais plus qu'une obsession : devenir indépendante avant de faire mon coming out. Elle m'est restée. À 20 ans, je gagnais ma vie comme journaliste, et je m'installais dans mon appartement, pour pouvoir l'annoncer sans prendre le risque de fâcher ma famille et de me retrouver à la rue. Comme les jeunes gays virés de chez eux que j'ai accueillis plus tard, une fois devenue présidente du Centre gay et lesbien de Paris, j'ai grandi avec cette peur. Mes parents ne m'auraient sans doute pas fichue dehors. Mon père, qui est pourtant un homme du Sud, l'a bien pris et trouve normal que sa fille, qui lui ressemble tant, aime les filles « comme lui ». Ma mère, ce fut plus compliqué. Je m'attendais à nos disputes et ne voulais pas avoir à les endurer sous son toit. Nous ne nous sommes plus parlé pendant six ans, avant d'entamer une nouvelle relation, plus belle et plus intelligente. Pendant toutes ces années, elle ne me voyait plus qu'à la télévision.

Au cours de mes rencontres et de mes enquêtes, j'ai mesuré ce qu'il pouvait en coûter à des femmes libres d'être nées dans des pays ou des familles plus patriarcales. Après des années à lutter pour l'égalité et à me rendre parfois aux réunions d'Act Up, j'ai soutenu l'appel de Ni putes ni soumises, dont le combat me semblait le plus courageux du moment. Des militantes se levaient pour dire que la liberté des femmes valait pour tous les territoires de la République, même les plus relégués. Les filles des cités n'avaient pas à payer la frustration des garçons. Je n'oublierai jamais ce qu'elles ont pris comme insultes. Il y eut de l'écoute, de la reconnaissance pour leur combat, mais aussi beaucoup de coups bas, d'une saleté sans nom, venant d'une gauche autruche obsédée à l'idée de ne « pas stigmatiser », comme si la lutte contre le racisme justifiait de taire le sexisme et le viol… Plus de trente ans après ce MLF.

Cette intimidation, je l'ai subie pour avoir dénoncé le double discours de Tariq Ramadan. Quand je pense à la violence des papiers de Mona Chollet contre moi dans *Le Monde diplomatique*[25], à la perversion de certaines tribunes et certains articles du *Monde*, au canardage de Mediapart ou du site Arrêt sur images, et à tous les journalistes qui m'ont collé une cible dans le dos en me traitant d'« islamophobe », ou soupçonnée d'être devenue d'extrême droite, parce que je dénonçais le sexisme, l'homophobie ou l'antisémitisme de cet intégriste, quand je songe à la solitude des plaignantes qui ont finalement porté plainte contre lui, j'imagine l'enfer si j'avais osé dénoncer son attitude envers les femmes avant MeToo.

C'est une époque où il n'était déjà pas facile de parler de la pédocriminalité sans déclencher des réactions déconcertantes. En 1999, Christine Angot l'a osé, avec son roman *L'Inceste*, qui a reçu un bel accueil. Mais les écoutilles ne faisaient que s'entrouvrir. Six ans plus tard, je me trouve invitée dans la très chic émission « Répliques » sur France Culture. Pour débattre de féminisme, Alain Finkielkraut, qui l'anime, m'a opposé une philosophe terriblement vieux jeu, autrice de livres sur la *Galanterie française*. Alors que j'évoque la gravité de l'inceste et son empreinte toxique sur nos sociétés, elle s'empourpre, trouvant mon alerte très exagérée, la moquant presque, avant d'ajouter que les petites filles n'ont qu'à courir plus vite si un membre de leur famille leur tourne autour. J'en suis restée sidérée. Nous étions quarante-cinq ans après les débuts du MLF, et le déni galopait toujours.

Quant à porter plainte, il fallait des preuves en béton ou un moral d'acier pour y songer. Même une amie avocate, droguée au GHB par un collègue et violée, y a renoncé… Par peur de subir le chemin de croix de ses clientes. Et je la comprenais. C'est une époque où lorsque l'une de nous tombait sur le champ de bataille du viol, nous cherchions d'abord tous les moyens de l'aider à se reconstruire sans l'exposer à une dénonciation publique ou à une plainte pouvant ajouter l'enfer de la honte au traumatisme.

Quelques mois après MeToo, l'écoute s'est libérée, mais la drogue du viol sévissait toujours et même plus que jamais, notamment chez les jeunes. Alors que j'enseignais l'universalisme à Sciences-Po, une de mes élèves a demandé à me parler. Elle venait de subir le même sort que mon amie avocate : un étudiant avait mis du GHB dans son verre pour abuser d'elle. Ses amies ne pouvaient plus se rendre à des soirées sans protéger leurs verres d'un capuchon en carton, l'esprit constamment en alerte. Bien que solide et courageuse, mon étudiante n'arrivait plus à se concentrer en classe et voulait arrêter ses études. J'ai tout fait pour l'en dissuader et reste admirative de son cran car elle a porté plainte. C'est ce que MeToo a changé.

La chute de DSK

Tristane Banon, que j'ai connue la première fois lors de l'affaire DSK, est l'une des mieux placées pour mesurer que l'avant et l'après-MeToo tiennent plus à la réception qu'à la libération de la parole. « Avant, me dit-elle, on pouvait parler mais tout le monde s'en foutait. » C'est ce qui est arrivé la première fois qu'elle a confié son entrevue musclée avec Dominique Strauss-Kahn. Nous sommes en 2003. La jeune journaliste écrit alors un livre sur ces personnalités qui regrettent leurs erreurs. Elle demande à interviewer ce poids lourd de l'économie mondiale et du Parti socialiste, mis en cause dans l'affaire de la MNEF, mais aussi pour avoir obtenu une cassette permettant d'éclairer les scandales financiers du RPR en échange d'un service fiscal rendu comme ministre de l'Économie. Bien que fragile d'apparence, Tristane – qui a des origines iraniennes et une mère politique – est tout sauf naïve ; elle est culottée, franche et directe. Lors du premier entretien, alors que DSK lui sort sa plus belle langue de bois, elle s'ennuie et lui dit qu'elle ne retiendra sûrement pas cette interview dans son livre, tellement c'est sans intérêt. DSK lui propose alors de la revoir, pour un second entretien, et lui donne rendez-vous dans un lieu qu'elle pense être un bureau. En réalité, c'est une garçonnière.

Alors qu'elle commence à l'enregistrer, à prendre des notes, il ne pense à rien d'autre qu'à lui sauter dessus, lui demande de lui tenir la main pour l'aider à se confier, puis se jette sur elle. Surprise mais pas sidérée, Tristane parvient à se débattre, à lui envoyer des coups de pied, à s'extraire et à s'enfuir. Aujourd'hui encore, elle est catégorique, elle a déjà connu des situations limites avec des hommes, mais DSK s'en distingue par son « incapacité à s'arrêter quand on lui dit non ». « Je n'ai jamais vu une telle violence », me dit-elle calmement autour d'un café, vingt ans après les faits.

À l'époque, lorsqu'elle raconte l'épisode autour d'elle, on la croit volontiers. « Personne ne remet en cause ce que je dis, tout le monde se doute qu'il en est capable. » Sa mère, élue socialiste, s'inquiète tout de même, pour sa réputation et pour l'homme en question, l'espoir de la gauche. Elle propose d'en parler au premier secrétaire du Parti socialiste. « François Hollande a été parfait, et m'a conseillé de porter plainte », m'explique Tristane. Elle ne le fera pas, comme beaucoup de femmes, pour ne pas y passer sa vie et ne pas la gâcher, à cause d'un gorille en rut qu'elle a réussi à repousser. Ce qu'elle ne sait pas, et réalisera bien plus tard, c'est que DSK et ses puissants conseillers en communication n'aiment pas l'idée qu'elle puisse en parler comme journaliste. Allergique aux théories du complot, elle mettra des années à comprendre que nombre d'entretiens décrochés pour piger à la télévision, notamment pour des émissions en direct, finissent toujours par avorter. Jusqu'à ce qu'un programmateur lui confie avoir reçu un coup de fil pour ne pas l'embaucher.

Une chose est de la laisser parler de l'incident dans tout Paris, une autre est de risquer la voir tout déballer à la télévision. Ce qui arrive en 2007, mais pas en direct. Tristane Banon figure parmi les convives de l'émission « 93 Faubourg Saint-Honoré », animée par Thierry Ardisson. Un dîner filmé, aux chandelles, entre personnalités, où elle raconte son entrevue sordide avec DSK quatre ans plus tôt. Les autres invités, loin de prendre la mesure de son récit, rient aux éclats et demandent des détails en gloussant. Jean-Michel Aphatie est le seul à ne pas ricaner et à prendre la confidence très au sérieux, mais il demande à l'animateur de prendre des mesures pour ne pas risquer la polémique. Thierry Ardisson, sans doute inquiet à l'idée d'un éventuel procès, va biper le nom de DSK au montage…

Anonymisé, son récit passe inaperçu. L'extrait ne remonte à la surface qu'après l'affaire du Sofitel, quatre ans plus tard. Entre-temps, DSK n'a cessé de gravir les marches du pouvoir. Il est même pressenti pour devenir le candidat de la gauche aux présidentielles. Sauf que Nicolas Sarkozy, qui convoite un second mandat et redoute ce rival, a eu la bonne idée de le faire nommer à la tête du FMI… dont le siège se trouve aux États-Unis, pays peu complaisant envers ces comportements, connus d'un petit cercle et très certainement du président. Le pari paie. Dès 2008, DSK est accusé d'entretenir une liaison déplacée avec une collaboratrice hongroise, Piroska Nagy. Le FMI doit enquêter. Le cabinet engagé conclut à une « relation consensuelle », mais une fuite dans la presse, que l'on attribue au représentant de la Russie, ébruite l'affaire. Éclaboussée, salie par les propos du patron du FMI, qui parle d'une « aventure d'un soir », Piroska Nagy en profite pour donner sa version : « Je pense que M. Strauss-Kahn a abusé de sa position dans sa façon de parvenir jusqu'à moi, écrit-elle. (…) Il m'a convoquée plusieurs fois pour en venir à me faire des suggestions inappropriées. » DSK s'en sort néanmoins.

En France, il est perçu comme un martyr du puritanisme à l'anglo-saxonne. Des humoristes avertis le moquent en prédateur, comme Stéphane Guillon sur France Inter, dans une chronique de 2009 qui fera grand bruit. Baptisée « Tous aux abris », diffusée en direct juste avant son entretien, elle commence par ces mots : « Dans quelques minutes, Dominique Strauss-Kahn va *pénétrer* dans ce studio… » et se poursuit par une sirène d'alarme, assortie d'une liste comique de consignes à donner au personnel féminin de Radio France pour ne prendre aucun risque de « réveiller la bête ». Une chronique que le patron du FMI prendra très mal, et qui le fera à nouveau passer pour un martyr. Pourtant, l'alerte se diffuse. Personne n'est totalement surpris lorsque DSK est arrêté aux États-Unis, menotté et accusé de viol sur Nafissatou Diallo, femme de ménage de l'hôtel. Des internautes exhument alors l'extrait télévisé où Tristane Banon raconte comment elle a dû se débattre pour lui échapper. Et cette fois, tout le monde sait qui le « bip » protégeait. Le silence n'est plus permis, et la tempête se lève. À New York, un feuilleton judiciaire commence, suivi par le monde entier. C'est l'affaire qui précède Weinstein, mais on ne le sait pas encore. Celle d'un puissant qui tombe de son piédestal, preuve que l'impunité vacille. Même si les vieux réflexes sont de sortie. Jean-François Kahn relativise et parle d'un simple « troussage de domestique ». Jack Lang, l'ancien ministre socialiste de la Culture, explique qu'« il n'y a pas mort d'homme ». Une partie des éditorialistes n'y voit toujours que du puritanisme, et la gauche réformiste tremble à l'idée de perdre son poulain pour l'élection présidentielle. La tentation d'y voir un complot est forte.

De fait, quelques éléments troublent (comme ces agents de l'hôtel filmés en train de faire une danse de la victoire une fois l'incident signalé). Le meilleur argument reste d'invoquer la présomption d'innocence. Dans un éditorial, sans la refuser à l'accusé, je la réclame d'abord pour « les victimes[26] ». Car en attendant le jugement, c'est bien Nafissatou Diallo et Tristane Banon dont on fait le procès. Dans un livre convaincu d'un complot, *Affaires DSK : la contre-enquête*, Michel Taubmann décrit Tristane comme une fille perdue et déséquilibrée. Dans la presse, on la traite de menteuse, de profiteuse… Pour faire cesser ces accusations, elle décide de saisir la justice et s'en explique : « Je n'en peux plus d'entendre dire que je suis une menteuse du fait que je ne dépose pas plainte[27]. » C'est devenu un besoin. Et cette plainte va la libérer.

Treize ans plus tard, alors que je l'interroge sur cette période, elle salue le travail de la BRDP (Brigade de répression de la délinquance contre la personne) ayant mené l'enquête. Jusqu'à identifier la garçonnière où les faits se sont produits. Peu après avoir porté plainte, traumatisée d'avoir oublié l'adresse exacte, elle est retournée dans la rue pour retrouver l'immeuble où elle s'est débattue. Et tombe, désespérée, sur une équipe de policiers travaillant sur le dossier. Elle leur explique la raison de sa présence et son désarroi : « Je vous ai dit qu'il y avait des poutres, mais je n'en vois pas. J'ai reconnu l'immeuble mais je ne vois pas d'appartement avec des poutres ! » Le policier sourit : « Vous voyez la fenêtre du coin qui est fermée. C'est là, et il y a bien des poutres… » DSK s'en sortira à nouveau, cette fois grâce à la prescription, mais les faits rapportés par Tristane Banon ont bien été pris au sérieux par la justice, comme « pouvant être qualifiés d'agression sexuelle ».

Une victoire après des mois d'enfer, où nous échangeons par téléphone, où je l'encourage à tenir bon, en craignant parfois qu'elle ne craque, tellement la pression est forte. Le plus dur reste, à ses yeux, d'avoir été enfermée dans l'étiquette de victime. Une sensation devenue encore plus désagréable après MeToo, m'explique-t-elle : « C'était presque aussi violent de rencontrer des gens qui te croient sur parole, et te tombent dans les bras en pleurant, que de croiser des gens qui te soupçonnent d'avoir menti. Aucun des deux n'en sait rien en réalité. » Elle dit frissonner à l'idée que son destin s'est joué devant ce tribunal populaire, à l'issue de deux journaux télévisés. Un premier où DSK a été effroyablement mauvais, brouillon et complotiste. Et un second où la sincérité de Tristane s'est vue et a balayé le moindre doute. « Et si j'avais transpiré comme Baudis ? [l'ancien maire de Toulouse accusé à tort de viols et de meurtre] Et si j'avais été mauvaise… Est-ce qu'on m'aurait cru malgré le verdict de la justice ? » De cette peur, et de sa finesse d'esprit, est née la Tristane Banon défendant un féminisme résolument courageux mais équilibré sur MeToo dans *La Paix des sexes*, sous-titré *Ce n'est pas la morale qui fait la justice*[28]. Une ligne de conduite signée d'une pionnière, qui a su tenir tête, sans jamais se laisser griser, ni céder au vertige.

II

Le séisme

Le vrai tremblement de terre est venu d'Hollywood. Ce n'est pas un hasard. Qui incarne de nos jours le pouvoir ? Le signal qu'aucun marquis n'est plus à l'abri ne pouvait venir que de cette colline de Los Angeles, vers laquelle tous les yeux sont tournés. Weinstein n'est pourtant plus le faiseur de rois qu'il a été au moment où l'affaire démarre. Mais ce producteur de génie, aussi redouté qu'admiré, a longtemps chassé en toute impunité au sein du saint des saints. Des rumeurs courent depuis des décennies. Le marquis du cinéma les a éteintes une à une, achetant le silence de ses victimes grâce à des transactions financières et à des clauses de confidentialité, un peu comme lorsqu'un noble achetait le silence de ses victimes sous l'Ancien Régime. Mais la révolution approche.

D'autres sont tombés avant lui, sans faire autant de bruit. En 2014, par exemple, le célèbre animateur du *Cosby Show*, Bill Cosby, a vu sa réputation voler en éclats sous l'effet de plaintes pour harcèlement et agressions sexuelles. L'année précédant le séisme, deux journaux au cœur de l'affaire, *The New York Times* et *The New Yorker*, ont relayé les accusations de viols visant le médecin star de l'équipe américaine de gymnastique. Mais ces hommes, si puissants soient-ils, ne s'appellent pas Weinstein, et ne sont pas accusés par des actrices d'Hollywood. C'est la célébrité des victimes qui va tout changer, et faire basculer l'attention de leur côté. Encore faut-il qu'elles acceptent de parler. Pourquoi cette fois ?

On connaît l'histoire, devenue mythique. Un film tiré du livre *She Said*[1], best-seller mondial, raconte la quête des deux journalistes du *New York Times*, Jodi Kantor et Megan Twohey, derrière leur premier papier, paru le 5 octobre 2017. Ronan Farrow dévoilera son enquête quelques jours plus tard dans le *New Yorker*, confirmant les mêmes faits et les mêmes méfaits. Les deux articles seront récompensés par le prix Pulitzer. Leurs récits, passionnants, nous aident à comprendre pourquoi cette étincelle, plutôt qu'une autre, a permis de briser non pas le silence, mais le mur de l'indifférence. Comme toujours aux États-Unis, il faut un contexte politique… et de bons avocats.

Un quart d'heure avant Weinstein

Quand l'affaire frémit, l'opinion démocrate vit alors un calvaire sous le règne de Trump, ce président orange qui survit à tout, à ses frasques, à ses gaffes comme aux accusations d'agressions sexuelles. Même lorsque le *Washington Post* publie un enregistrement audio accablant, dans lequel Trump se vante d'être un prédateur : « Je suis systématiquement attiré par les belles femmes – il faut que je les embrasse […] sans attendre. Et lorsque vous êtes une star, elles vous laissent faire. Vous pouvez tout faire […]

même leur attraper la chatte. Vous pouvez tout faire[2]. » Ces propos enregistrés onze ans plus tôt à son insu dans un bus où il préparait une émission pour NBC ne vont rien lui coûter. La presse croit pourtant tenir « un tournant » de la campagne présidentielle. Il faut dire que cet extrait, choquant, est dévoilé le 8 octobre 2016, à quatre semaines de l'élection. Mais Trump va le balayer par de simples excuses, parlant de « propos de vestiaire », qui ne « reflètent en rien sa personne ». Il nie être jamais passé à l'acte… Ce que dément aussitôt une enquête du *New York Times*, parue quatre jours plus tard, montrant qu'il pratique bien ses vantardises[3]. Deux femmes révoltées par ses dénégations l'accusent d'attouchements inappropriés : « Il posait ses mains partout, comme une pieuvre. » Rien n'y fait. Son électorat s'en fiche, et lui pardonne tout. La preuve ? Il va gagner l'élection.

En revanche, les journalistes qui ont sorti l'article, Megan Twohey et Michael Barbaro, sont harcelés. Les fans de Trump ne cessent de les insulter sur les réseaux sociaux. L'équipe de Bill O'Reilly, l'un des présentateurs de Fox News, la chaîne trumpiste, ne cesse d'appeler Megan Twohey pour lui demander si elle est féministe… Comme si cela discréditait son travail de journaliste. Peu après, le *New York Times* dégaine une longue enquête, ravageuse, qui dénonce l'animateur vedette de Fox News, Bill O'Reilly, pour des comportements relevant du harcèlement sexuel, que la chaîne conservatrice a couverts en payant des indemnités colossales[4]. D'après cet article, cinq femmes ont signé des contrats (13 millions de dollars au total) pour garder le silence. Mêmes pratiques signalées au sein de la Silicon

Valley. Un premier verrou vient de sauter. Car ces articles passionnent les lecteurs.

Lorsque les rédacteurs en chef du *New York Times* demandent de déterrer d'autres affaires, les regards de la rédaction se tournent vers Hollywood. Jody Kantor, l'une des enquêtrices, a entendu des rumeurs au sujet d'Harvey Weinstein. Cette fois, on ne parle plus d'un animateur réac', mais d'un faiseur d'oscars progressiste, donateur chéri des démocrates, chez qui l'une des filles Obama a même fait un stage. Qui plus est, l'homme se vante d'être féministe : il a participé à la Marche des femmes contre Trump, avec un bonnet « pussy hat » rose sur la tête. Il vient de faire un chèque pour financer une chaire professorale au nom de Gloria Steinem, l'une des icônes du Women's Lib, et de distribuer un documentaire, *The Hunting Ground*, qui dénonce les agressions sexuelles sur les campus américains. Comme pour couvrir ses traces ou se faire pardonner. Car de tous les noms d'Hollywood qui circulent, c'est le sien qui clignote.

Quelques mois plus tôt, une actrice connue pour son rôle de sorcière dans la série *Charmed*, Rose McGowan, s'est mise à accuser un producteur sans le nommer, sur Twitter : « Parce que c'est un secret de Polichinelle à Hollywood et dans les médias. Ils m'ont humiliée tout en portant mon violeur aux nues. » Elle tente un premier hashtag : #WhyWomenDontReport (pourquoi les femmes ne portent pas plainte), sans succès, mais la rumeur est lancée. Il se murmure qu'Harvey Weinstein est visé et que l'actrice prépare un livre pour dénoncer le sexisme à Hollywood. Aux Oscars de 2013, quatre ans auparavant, l'humoriste Seth MacFarlane a lâché cette alerte en forme de vanne au moment d'annoncer le nom des actrices nominées : « Félicitations mesdames, vous n'avez plus besoin de faire semblant de trouver Harvey Weinstein séduisant. » Tout le monde a ri. Ce qui ne veut pas dire que « tout le monde savait ». On peut penser qu'un producteur profite de son pouvoir pour draguer, sans savoir jusqu'où il est capable d'aller, encore moins le prouver. Qui aurait pu le crier à haute voix, ce soir-là, sans l'accord des victimes et sans leurs témoignages ?

Ce jour approche. Une ancienne critique du *New York Times*, Jennifer Senior, l'a prédit dans un tweet de 2015 : « Viendra un jour où toutes les femmes qui ont eu peur de s'exprimer sur Harvey Weinstein devront se prendre par la main et se jeter à l'eau. » Elle rebondit sur un article du même journal qui vient de paraître, deux ans avant MeToo, et le met déjà en cause : « Harvey Weinstein, producteur, interrogé par la police de New York après une accusation d'attouchement[5]. » Une mannequin italienne de 22 ans, Ambra Battilana Gutierrez, l'accuse de lui avoir touché les seins et d'avoir glissé la main sous sa jupe. Le jour même, elle se rend à la police pour le dénoncer, tombe sur un agent qui lâche « Encore », puis retourne voir le producteur pour l'enregistrer à son insu, grâce à un micro caché. Alors qu'elle lui demande pourquoi il lui a touché les seins la veille, le producteur répond en grognant « Je suis habitué à ça ». Avant de lui ordonner de le suivre dans sa chambre, « maintenant », « cinq minutes, je ne ferai rien. Ne gâche pas ton amitié avec moi pour cinq minutes ». Elle répond qu'elle ne veut pas, et lui grogne à nouveau : « On verra ça, on verra ça… », « Si tu ne me fais pas confiance, il n'y a aucune raison de faire des choses ensemble et tu vas perdre de grosses opportunités ». Édifiant marchandage. Pourtant, comme l'explique le bureau du procureur de Manhattan alors, « bien que l'enregistrement soit horrible à écouter, ce qui émerge de l'audio est insuffisant pour prouver un crime selon la loi de New York ».

Précisons que le procureur en question, Cyrus Vance, vient de faire tomber DSK et qu'il essuie depuis une tempête de critiques. De quoi le refroidir ou le convaincre d'attendre un cas flagrant. Surtout qu'au même moment, son témoin clef, la jeune mannequin, fait les choux gras de la presse italienne pour avoir participé quelques années auparavant– sans en connaître la vraie nature selon elle – à une soirée « bunga bunga » en présence de Berlusconi. On apprend aussi qu'elle a déjà tenté de porter plainte contre un homme d'affaires italien, sans aller jusqu'au bout. Pas de quoi rassurer le procureur Vance. Tous ces signaux d'alerte sont utiles à rappeler pour mesurer combien le séisme couvait, sans que des rumeurs suffisent à briser l'omerta.

Il a fallu quatre mois d'enquête à temps plein, par deux journalistes confirmés du *New York Times*, pour sortir l'affaire Weinstein. C'est un fait que beaucoup oublient : il ne suffit pas de soupçonner ni même de « savoir » pour accuser. Il faut des témoins solides et déterminés. Rose McGowan, l'actrice qui s'est plainte du silence d'Hollywood, par exemple, ne va pas faciliter la tâche de ces deux journalistes. Elle commence par les envoyer paître, reprochant au *New York Times* son « sexisme » à son égard, pour des papiers qui lui ont déplu. Elle a surtout accepté de toucher 100 000 dollars de dédommagement de la part de Weinstein après son agression sexuelle de 1997, en marge du festival de Sundance, et ne sait plus si elle peut en parler. Surtout que le producteur lui propose un million supplémentaire en apprenant que des journalistes lui tournent autour. Tentée d'accepter, elle envoie une lettre d'avocat à Ronan Farrow pour lui interdire de faire part de leurs échanges, avant d'adresser une fin de non-recevoir aux deux journalistes du *New York Times* : « Je suis désolée, je ne peux pas. »

D'autres actrices n'ont pas envie de s'exposer. Salma Hayek, Uma Thurman et Angelina Jolie ne répondent pas. Judith Godrèche décline par texto. Rosanna Arquette accepte de raconter comment elle s'est sortie d'une scène terriblement embarrassante dans une chambre d'hôtel, à la condition de ne pas être citée. Bien que désireuse d'aider les journalistes à faire éclater la vérité, Gwyneth Paltrow, l'ancienne égérie de Weinstein, celle dont il tremble de voir le nom apparaître, n'ose franchir le pas.

Il faut comprendre ces actrices : elles ont tout à perdre, surtout si elles sont les premières ou finalement les seules à parler. Comme l'expliquent les deux journalistes dans leur livre : « Elles étaient des témoins de première main. Mais sur ce sujet, elles se sentaient incapables de faire changer les choses, même si elles soutenaient l'enquête du *Times*. Quand Jodi contacta d'autres femmes à qui on lui avait suggéré de s'adresser, cela ne servit à rien : tout le monde refusa de témoigner. Même les actrices qui lui avaient donné des informations utiles cessèrent vite de répondre à ses courriels et textos[6]. » Tout l'enjeu des journalistes a donc été de faire céder le barrage ailleurs, d'inciter plusieurs femmes à se confier en premier, afin de permettre aux actrices de les rejoindre et de devenir leur porte-voix. Pas si simple. Car beaucoup des femmes moins connues ont signé des NDA (*non-disclosure agreement*), des accords financiers leur interdisant de parler. Elles tremblent à l'idée d'être taillées en pièces par les avocats de Weinstein, et de devoir payer des dommages et intérêts. Le livre *She Said* raconte ce parcours de combattantes pour les convaincre de surmonter leur peur. Megan Twohey leur a souvent répété : « Je ne peux pas changer ce qu'il vous est arrivé par le passé. Mais ensemble, nous pourrions utiliser votre expérience pour protéger d'autres femmes. »

Anatomie d'une chute

Celles qui ont franchi le pas en premier ont pris de vrais risques judiciaires. Elles l'ont fait pour se laver d'un accord financier vécu comme un « pacte avec le diable », qui les salissait depuis trop d'années, parfois même les torturait, jusqu'à songer au suicide. Parmi les premières à fissurer la digue, Zelda Perkins a perdu toutes ses illusions à 22 ans, en travaillant comme assistante à Miramax, la première boîte du producteur. À l'époque, déjà, elle tente d'alerter, avant de signer cet accord et de finalement s'en libérer, tant il lui brûlait les lèvres. Laura Madden, une ancienne employée irlandaise victime de Weinstein, a quitté le monde du cinéma depuis. Quand les enquêtrices du *Times* la contactent, elle se bat contre un cancer. Ce qui la décide à parler : « Je suis mère de trois filles et je ne veux pas qu'elles aient à accepter ce type de comportement comme étant "normal". J'ai subi de graves problèmes de santé et je sais que le temps est précieux et qu'il est important d'affronter ceux qui malmènent les autres. Ma famille me soutient dans ma décision. »

Ashley Judd a été la première actrice réellement courageuse. Engagée, croyante et féministe, elle accepte d'être citée alors que l'article risque de sortir en même temps qu'une nouvelle série où elle tient l'affiche. Ce qu'elle voulait à tout prix éviter. Son vœu le plus cher est de témoigner en compagnie d'autres comédiennes, plus connues, pour se sentir protégée. Lorsque ces noms ne viennent pas, elle choisit de ne pas reculer : « Je suis prête à être citée nommément dans le cadre de votre enquête. » Comme l'écrivent les journalistes dans *She Said*, « elle avait mûrement réfléchi avant de prendre sa décision, elle était allée courir dans les bois, elle avait consulté ses avocats, tenu compte de ses obligations en tant que femme et en tant que chrétienne, et avait décidé que c'était tout simplement ce qu'elle devait faire ». Gwyneth Paltrow lui rendra hommage pour ce cran une fois l'affaire révélée. D'autres voix ont permis la publication d'un premier article qui fera s'écrouler le mur de la peur.

Un premier article du *New York Times* paraît le 5 octobre 2017, après de multiples conciliabules juridiques. Weinstein et ses avocats ont mis tout leur poids dans la balance pour intimider les journalistes, mais l'article sort quand même. À l'intérieur, un ancien comptable et l'ancien président de Miramax Los Angeles, Mark Gill, vont donner du poids aux accusations : « De l'extérieur, tout semblait briller – les Oscars, le succès, le remarquable impact culturel. Mais en coulisses, c'était un bourbier, et [le comportement de Weinstein envers les femmes] en était le pire aspect. » C'est le séisme. Et le barrage cède[7].

Un torrent de paroles, trop longtemps retenues, se déverse. Dès le lendemain, le téléphone des deux journalistes n'arrête plus de sonner, et cette fois les actrices d'Hollywood veulent bien apparaître. « Les agents d'Angelina Jolie organisèrent une entrevue avec Jodi. Rosanna Arquette accepta d'être citée. Paltrow était elle aussi prête à se joindre au prochain article. » Ces noms vont donner un écho mondial à ce deuxième article. Dans le *New Yorker*, d'autres comédiennes n'en finissent plus de raconter des scènes, très similaires, décrivant le même « schéma » de prédation : faire venir une actrice dans sa chambre sous prétexte de travailler, lui demander un massage puis l'agresser. Asia Argento raconte sa peur de voir Weinstein détruire sa carrière si elle avait résisté. Emma Thompson précise qu'il ne s'agit pas d'un « obsédé sexuel » mais d'un véritable « prédateur ». En tout, plus de huit femmes, des actrices et d'anciennes employées du studio Weinstein, vont témoigner, peignant à elles toutes un tableau à charge accablant.

Arrivé à son procès amaigri et en déambulateur, l'ancien producteur américain écopera de seize ans de prison pour viol et agressions sexuelles à Los Angeles et de vingt-trois ans pour un viol à New York… finalement rejugé. La cour d'appel ayant estimé qu'avoir entendu des témoignages à charge, sans lien direct avec les faits reprochés, lors de l'audience l'a privé d'un procès « équitable ». Âgé de 72 ans, d'une santé fragile, il conserve toutes les chances de finir sa vie en prison. Et la déflagration a porté bien au-delà de la seule colline d'Hollywood. L'onde de choc a bouleversé le monde de la culture et des médias, bien plus attentif depuis aux abus sexuels. « Time's Up ! » « C'est fini ! On ne joue plus ! »

déclarent 300 personnalités – dont Cate Blanchett, Ashley Judd, Natalie Portman et Meryl Streep – avant de lancer un fonds de soutien financier pour aider les victimes de harcèlement sexuel, de toutes les professions, qui récolte 13 millions de dollars.

Cette affaire a aussi permis de mettre en lumière le scandale des « NDA », ces contrats de « non-divulgation » permettant l'impunité des plus riches. Ce qui ne serait pas possible en France l'est encore dans certains États américains, où des avocats, parfois même féministes, combattent l'idée d'interdire le caractère absolu de ces transactions, en expliquant que les violeurs et les harceleurs ne verseraient plus autant d'argent s'ils n'étaient pas assurés d'un silence d'airain en retour. Reste que le marquis est embastillé. Il ne manquait qu'un hashtag pour lancer la révolution.

L'Américaine Tarana Burke en revendique le copyright. Née en 1973 dans le Bronx, abusée elle-même, elle s'est battue pour que des femmes noires américaines n'aient plus honte de dire « moi aussi ». Un slogan qu'elle a transformé en T-shirts et en mouvement, dix ans avant #MeToo, en se servant de l'exemple de célébrités noires ayant osé parler, comme l'animatrice Oprah Winfrey, pour leur donner du courage. Dans un livre, elle dit avoir pleuré (de tristesse) en découvrant que des actrices d'Hollywood, des « femmes blanches », se mettaient à reprendre cette formule – « elles ne croiront jamais qu'une femme noire d'une quarantaine d'années du Bronx a construit un mouvement dans le même but » – avant de voir cet élan sous un angle plus universel : « Il devenait clair que tous les gens qui utilisaient le hashtag #MeToo et toutes les actrices hollywoodiennes qui ont parlé avaient besoin de la même chose que les petites filles noires de Selma, en Alabama : un espace pour être vues et entendues[8]. »

La meute change de camp

Partout dans le monde, des abusées s'identifient à ces actrices d'Hollywood et à ce qu'il leur est arrivé. Elles ont envie de crier avec elles. Or grâce aux réseaux sociaux, il est désormais possible de le faire. Encore faut-il trouver la bonne formule. Rose McGowan, l'actrice de *Charmed*, va tenter #BeBrave. La Toile s'allume en découvrant que son compte a été bloqué. Elle-même crie que des « forces puissantes ont joué un rôle ». En réalité, c'est une capture d'écran, où elle dévoile un numéro de téléphone privé, qui a causé ce blocage temporaire. À son grand désarroi, le mot d'ordre fait pschitt. La foule se cherche un autre slogan, plus organique. Ironiquement, il sera trouvé par une autre sorcière de *Charmed*, avec qui McGowan a toujours été en rivalité, et qu'elle accusera bientôt de lui avoir « volé MeToo » : Alyssa Milano. Une comédienne adorée du grand public depuis la série *Madame est servie*. Amie avec la femme de Weinstein, elle-même abusée, elle refuse de le nommer. En revanche, le 15 octobre 2017, elle écrit ce message : « Si vous avez été harcelé ou agressé sexuellement, écrivez "moi aussi" (MeToo) en réponse à ce tweet. »

La formule ancestrale lui a été soufflée par un ami garçon, lui aussi abusé. Dans la journée, 200 000 #MeToo répondent à son appel. En un mois, le mantra va parcourir 85 pays et être repris 1,7 million de fois[9]. Ce qui raconte, comme le dit l'actrice, l'« ampleur du problème ». Et montre le meilleur visage des réseaux sociaux. Un outil capable de libérer instantanément la parole mais aussi l'écoute, d'offrir une famille numérique capable de protéger, de faire bloc et bouclier. C'est le rêve devenu réalité de toute féministe, un outil qui permet d'empêcher la chasse aux victimes. Mais bien sûr aussi, sans maîtrise, « emportée par la foule » comme dirait Piaf, cette nouvelle force de frappe peut vite s'emballer, et tourner à la chasse à l'homme accusé. L'élan qui porte à protéger avec le hasthag #MeToo mute en machine à dénoncer sous le hashtag #BalanceTonPorc, né dans son ombre deux jours plus tôt.

L'idée vient d'une journaliste française vivant à New York : Sandra Muller. Le 13 octobre, échauffée par les premiers articles parus sur l'affaire Weinstein et tout ce qu'elle lit sur Internet, elle décide d'inciter les femmes à ne pas se contenter de raconter leurs agressions, mais aussi à nommer leurs agresseurs. Son premier tweet est clair : « #BalanceTonPorc !! toi aussi raconte en donnant le nom et les détails un harcèlent (*sic*) sexuel que tu as connu dans ton boulot. Je vous attends ». Une consigne qui génère plus de 900 000 messages. La journaliste s'applique sa propre consigne. Elle se met à raconter un mauvais souvenir en nommant son « porc » : « "Tu as des gros seins. Tu es mon type de femme. Je vais te faire jouir toute la nuit" Éric Brion ex-patron de Équidia. #BalanceTonPorc ». A-t-elle bien mesuré ce qu'elle faisait ? Le torrent de boue se transforme aussitôt en pluie acide.

L'homme n'est pas accusé de viol, mais comme il est le premier à être nommé depuis l'affaire Weinstein, et que

Sandra Muller vient d'encourager les femmes à parler du harcèlement sexuel au travail, tout le monde en déduit qu'il s'agit de son supérieur et d'un comportement répété. La foule, furieuse, se rue sur lui. En quelques heures, la meute vient de changer de camp. Depuis des millénaires, celles qui accusent se font lyncher. Cette fois, c'est l'accusé, Éric Brion, qui va tout endurer : les insultes, les menaces et même perdre son emploi. Sa fille, militante féministe, lui demande d'effacer toute photo où ils posent ensemble sur les réseaux. Leur dialogue à travers les générations lui permettra de mieux comprendre ce qui lui arrive. Dans un livre, *Balance ton père*, il dit soutenir la libération de la parole des femmes façon #MeToo, mais refuse la délation et le lynchage façon #BalanceTonPorc[10]. Une soirée arrosée, des mots vulgaires et un comportement de goujat qu'il reconnaît, sans relever du harcèlement au travail, puisque Éric Brion n'est ni un collègue ni un supérieur de Sandra Muller. Précision de taille, dans son souvenir, il n'aurait pas dit « Je vais te faire jouir toute la nuit » comme une promesse, mais « Je t'aurais fait jouir toute la nuit », au conditionnel, comme un homme éconduit et dépité, avant de s'excuser dès le lendemain de son comportement par texto.

Relu dans son contexte, la sortie graveleuse d'Éric Brion ne semble pas mériter la même couronne de porc qu'Harvey Weinstein. Le seul moyen de laver son honneur sera de porter plainte pour diffamation contre la journaliste. Il gagnera en première instance, lavé du soupçon de harcèlement, avant de perdre en appel ; la justice ayant considéré que le message de Sandra Muller, spontané et peu réfléchi, bénéficiait de la bonne foi pour avoir participé à un « débat d'intérêt général sur la dénonciation de comportements à connotation sexuelle non consentis de certains hommes vis-à-vis des femmes ». Juste, mais glissant.

Car si personne ne se plaint de voir Harvey Weinstein nommé, dans le cas d'Éric Brion, le moyen choisi semble disproportionné : le mettre à l'index comme s'il avait commis lui aussi des actes de viol ou de harcèlement répétés, pour un simple propos grossier lors d'une soirée alcoolisée, frôle la dénonciation abusive. Dans le confusionisme ambiant, cette mise à l'index a généré un tsunami d'insultes, finalement plus violent que le propos reproché. La faute à l'« esprit de meute », qui pourrit le meilleur de la mise en réseau. En revanche, profiter de l'élan #MeToo pour nommer un violeur récidiviste, un prédateur ayant acheté le silence de ses victimes, n'aurait pas été si choquant ni disproportionné. Surtout qu'en France, la personne qui nomme encourt le risque d'un procès en diffamation. Même entourée de ces précautions, la démarche révulse une journaliste comme Élisabeth Lévy, peu emballée par les campagnes menées contre DSK, Weinstein ou Polanski, et qui ne peut s'empêcher de voir dans BalanceTonPorc un grand « Délathon[11] ». De fait, l'exercice pose une vraie question : comment libérer la parole pour réclamer justice, sans piétiner la présomption d'innocence et commettre une autre injustice ?

Nommer ou ne pas nommer ?

Dans l'absolu, le « name and shame », nommer pour embarrasser, permet d'équilibrer le monde et les rapports de force asymétriques. Notamment s'il s'agit de pointer du doigt des multinationales dont les pratiques abusives, discriminatoires ou toxiques pour l'environnement échappent à la régulation. Dans un monde où la honte pèse depuis trop longtemps sur les victimes, où la justice a tant de mal à passer, pour des faits qui ne méritent pas toujours de gâcher sa vie en procédures, nommer un bourreau permet d'inverser la charge de la preuve, et de l'obliger lui à prouver son innocence. Cela reste violent, surtout lorsqu'on vise un individu et non une marque ou une enseigne. Cette démarche ne se justifie donc qu'en dernier recours, désespéré, pour briser un mur d'impunité, protégeant depuis trop longtemps des êtres réellement puissants et dangereux.

Les jours qui ont suivi l'affaire Weinstein, on a vu émerger d'autres noms soulevant un débat légitime et nécessaire. Répondant à l'appel de MeToo, et non de Balance ton porc, l'écrivaine Ariane Fornia (de son vrai nom Alexandra Besson) écrit ce post : « #moiaussi : pour que la honte change de camp », où elle raconte avoir vécu plusieurs agressions sexuelles, à 13 ans puis à 19 ans, avant d'ajouter : « La troisième agression, ou comment j'ai été agressée par un ancien ministre, n'est pas la "pire", mais celle qui m'a intellectuellement le plus ébranlée. » Son récit se contente de nommer les actes, pas la personne. Mais bien entendu, à partir du moment où il est question d'un ancien ministre, tout Paris s'est mis à le chercher… Sans l'avoir voulu au départ, l'autrice se voit contrainte de répondre aux questions des journalistes sous peine de passer pour une menteuse ou de laisser accuser d'autres hommes. Elle choisit donc de confier son histoire à *L'Express* : « Je ne voulais pas qu'on commence à soupçonner tous les anciens ministres de François Mitterrand », explique-t-elle d'emblée.

La scène se déroule à l'Opéra, un soir de 2010 où elle accompagne son père, Éric Besson, alors ministre de l'Immigration. Ce dernier confirme que sa fille lui a rapporté les faits, juste après. D'après Alexandra Besson, l'incident survient juste avant qu'il ne la rejoigne, alors qu'elle est déjà assise : « Un vieux monsieur à l'air éminemment respectable s'assoit donc à ma droite. Son épouse est à sa droite à lui. J'insiste. Son épouse est là. La représentation commence. Et au bout de dix minutes, le vieux monsieur a sa main sur ma cuisse. Je me dis qu'il doit être très âgé, perturbé. Je le repousse gentiment. Il recommence. Rebelote. Une troisième fois. » Ce n'est pas fini. À l'en croire, « Il commence à remonter ma jupe. Il glisse sa main à l'intérieur de ma cuisse, remonte vers mon entrejambe. J'enlève sa main plus fermement et je pousse un cri d'indignation étouffé, bouche fermée. Tout le monde me regarde. Il arrête. Dix minutes plus tard, il recommence. Je lui plante mes ongles dans la main. C'est un combat silencieux, grotesque, en plein opéra. »

Toujours d'après Alexandra Besson, ce vieil homme n'est autre que Pierre Joxe, ancien ministre de l'Intérieur et de la Défense de François Mitterrand. L'accusation est lourde. Mais le récit précis, et le ton posé. Cette autrice n'a rien à gagner à cette confidence, qu'elle a racontée le jour même à son père. Sur le moment, Éric Besson confie avoir été

« fou de rage, absolument fou de rage » : « J'ai envisagé d'aller attendre Joxe en bas de chez lui pour lui casser la gueule, et puis j'ai entendu les inquiétudes de ma fille, dans une situation qui était compliquée politiquement pour moi et dont elle souffrait. On s'est tus. » Se taire, c'est laisser filer. Parler aurait déclenché un scandale politique, qu'on aurait immédiatement soupçonné d'être une manœuvre. On peut comprendre qu'une jeune femme n'ait pas envie d'être ainsi exposée, ni d'exposer son père, en allant batailler médiatiquement ou en justice. En revanche, en nommant l'homme aux mains intrusives des années plus tard, Alexandra Besson dit laver l'affront que ce silence lui a coûté. Pierre Joxe a répondu à cette accusation. En se disant « abasourdi » par ce qu'il décrit comme « des trucs à dormir debout ». Il va porter plainte, contre Alexandra Besson et un blog reprenant ses propos… Et sera débouté au titre de « bonne foi ».

Bien d'autres polémiques illustrent combien la frontière est délicate entre nommer et diffamer. Quarante femmes journalistes politiques se sont posé cette question avant même MeToo et Balance ton porc, dans une tribune parue dans *Libération* en mai 2015 : « Nous, femmes journalistes politiques et victimes de sexisme[12]… » Dans ce texte, elles dénoncent des pratiques, sans nommer leurs auteurs. Une décision qu'elles justifient par « un combat de principes » : « Facile et tentant, un coup de projecteur sur un homme politique dédouane du même coup tous les autres et fausse le rapport de force. » La suite du débat va leur donner raison. L'une des anecdotes rapportées se voit déformée pour atteindre nommément un membre du gouvernement. Dans leur texte, ces journalistes politiques moquent « ce ministre qui, nous voyant penchées pour ramasser un stylo, ne peut retenir sa main en murmurant : "Ah, mais qu'est-ce que vous me montrez là ?" ». Dans un livre publié par Stéphanie Marteau et Aziz Zemouri, l'anecdote se transforme : ce ministre aurait « fait claquer l'élastique de la culotte de la reporter en pantalon taille basse[13] ». Les deux journalistes donnent en prime un indice permettant de l'identifier, en ajoutant qu'il s'agit du « locataire de Bercy », ce qui désigne Michel Sapin. Le voilà aussitôt crucifié dans la presse, qui se régale de l'anecdote, sommé d'expliquer un propos qu'il a tenu à la légère, mais aussi un geste qu'il n'a pas commis. Ce sont finalement les autrices de la tribune, à la fois féministes et journalistes, qui volent à son secours : « Ce qui s'est réellement passé entre l'une d'entre nous et un homme politique en marge du forum économique de Davos y figure en toutes lettres et nous invitons les journalistes à se référer à cette version factuellement exacte. » Et de tacler l'approximation raccoleuse de leurs collègues : « Nous invitons nos confrères et nos consœurs qui souhaitent s'emparer du sujet grave que constitue le harcèlement sexuel à le faire, via des enquêtes basées sur des faits recoupés[14]. »

En dehors de faits graves et de cas désespérés, il est toujours possible de mener le débat sans balancer un nom. Moi-même, il m'est arrivé une anecdote que je trouve assez parlante. Elle se déroule quelques années plus tôt, en marge de l'Université d'été du Parti socialiste de 2011, où l'on m'invite à intervenir. À peine descendue du train, gare de La Rochelle, je retrouve d'autres participants, politiques ou journalistes, dont un cadre montant du PS. Sans même un bonjour, le voilà qui m'accoste pour me proposer une partie de jambes en l'air : « On se retrouve à l'hôtel pour passer un moment agréable ? » Sur le coup, je me demande dans quelle caverne il vit pour m'adresser une proposition pareille. Je m'entends lui répondre : « Non merci. Je suis lesbienne. » Mais l'homme des cavernes, qui a visiblement regardé trop de pornos dans sa vie, s'en excite : « Ça ne me dérange pas, au contraire. » Nous sommes quelques mois après l'affaire DSK, et je m'entends ironiser à voix haute : « Vous êtes strauss-kahnien, non ? » L'orang-outan hoche la tête, le plus sérieusement du monde, sans saisir la vanne : « Comment avez-vous deviné ? » Je lâche « ça se voit » et pars rejoindre mes amis, un journaliste et un politologue, qui n'en reviennent pas. De mon côté, je suis vite passée à autre chose. Même s'il peut m'arriver de citer son nom à des confrères, histoire de les aider à bien situer le personnage. Une mise en garde que je trouve proportionnée. Pour des cas plus graves, où la terreur règne, nommer peut sauver.

L'affaire Ramadan

Il existe au moins un cas où Balance ton porc a permis de faire trembler un homme qui, jusqu'ici, terrorisait ses victimes en toute impunité. Le nom du prédicateur islamiste, l'un des ambassadeurs les plus redoutables de la mouvance des Frères musulmans, a été mis en ligne le 20 octobre 2017 sur Twitter, en réponse à l'appel de Sandra Muller… Par une femme que je ne connais pas alors, Henda Ayari, et qui écrit : « #BalanceTonPorc. C'est une décision très difficile, mais j'ai décidé moi aussi qu'il est temps de dénoncer mon agresseur, c'est Tariq Ramadan. » Ne se contentant pas de nommer sans prendre ses responsabilités, joignant le geste à la parole, elle annonce porter plainte dans un autre message : « J'ai décidé de déposer plainte contre Tariq Ramadan pour ce qu'il m'a fait subir ! »

Son message me parvient au Maroc, où je viens d'atterrir pour une conférence sur le pouvoir des réseaux sociaux, justement, pour enchaîner sur les repérages pour mon film. Ma femme me le signale à peine arrivée à l'hôtel. Le téléphone en main, je dois m'asseoir sur le lit et le relire plusieurs fois pour y croire. « Enfin quelqu'un a osé. » Au moment du départ, à Roissy, je suis passée par le kiosque à journaux, où l'un des employés, sans doute un fan de Ramadan, a décidé de consacrer un mur entier à ses livres, histoire de les recommander aux voyageurs en partance pour le Maghreb. Ce prosélytisme m'a tellement déprimée que j'ai appelé ma femme pour le lui raconter : « Ils ne comprendront jamais à quel point ce type est dangereux. » Fiammetta, comme toujours, m'a apaisée : « Tu as tout essayé pour alerter, tu ne peux pas faire plus. Pense à ton film. » Et de fait, je ne pense plus qu'à ça : réussir mon premier film de cinéma, raconter la revanche d'une Yézidie violée par un jihadiste. Ce film absorbe toute mon énergie, et me soigne de la période des attentats, où j'ai perdu mes amis de *Charlie Hebdo* avant de vivre une tempête infernale pour défendre leur mémoire et le droit au blasphème, sous protection policière.

Quand Henda Ayari balance le nom de Tariq Ramadan, cela fait déjà quelques années que je n'écris plus sur lui. J'ai le sentiment d'avoir tout tenté pour alerter : un livre, de nombreux articles, deux duels à la télévision, un documentaire audio… Rien que ma première enquête, pour écrire *Frère Tariq*, paru en 2004, a duré neuf mois. À travailler nuit et jour pour parvenir à décoder son double discours (typique des Frères), en apparence moderne et tiers-mondiste, en réalité islamiste et parfaitement fidèle à la doxa des Frères musulmans fondés par son grand-père, Hassan Al Banna – qu'il présente comme un modèle absolu à la jeunesse[15]. Lui tenir tête, subir sa contre-attaque et ses mensonges (me traitant bien sûr d'« islamophobe » et de « menteuse »), la rage et les menaces des fanatiques l'idolâtrant, m'a coûté dix ans de bataille acharnée. Je savais en acceptant d'écrire *Frère Tariq* que je signais pour l'enfer, je l'ai même dit à mon éditeur, mais je n'imaginais pas que les flammes seraient si hautes ni le marathon si usant… Comme un hommage au travail accompli, le prédicateur me tient directement responsable des obstacles ayant freiné son ascension en France et dans d'autres pays d'Europe. J'en prends fièrement ma part. Même s'il garde encore quelques idolâtres indécrottables, comme ce kiosquier de Roissy, l'alerte est largement passée lorsque son nom a jailli au milieu du déluge « Balance ton porc ». Un tweet qui me libère après huit ans de silence.

Cette affaire illustre parfaitement l'avant et l'après-MeToo. Car Henda Ayari n'est pas la première à accuser Tariq Ramadan de viol et de violences sexuelles. Depuis des années, sur des forums, de nombreuses femmes postent des commentaires qui crient la même chose. Mais sous pseudonymes, en le désignant de façon détournée. Je l'ai découvert en 2009, lorsqu'une femme, puis plusieurs, me contactent pour m'en parler. Des confidences que je n'ai pas cherchées, dont je me suis même méfiée au début… Pour être honnête, lorsque la première me contacte, je crois d'abord à un piège. La paranoïa n'est pas dans ma nature, mais enquêter sur un stratège des Frères musulmans vous change un tempérament. Or le message de celle qui se fait appeler Christelle me parvient à quelques jours d'un duel entre moi et Tariq Ramadan. Nous devons nous affronter dans quelques jours dans l'émission « Ce soir (ou jamais !) », et France 3 vient de l'annoncer. Le match est attendu. Et je le crois prêt à tout pour me déstabiliser.

Depuis la sortie de mon livre, cinq ans plus tôt, il n'a jamais voulu croiser le fer avec moi sur un plateau. À chaque fois, il accepte l'invitation, avant de se défiler à la dernière minute, et de dire à son public, bien sûr, que j'en porte la responsabilité. À part les Russes, je ne connais personne d'aussi doué que les Frères musulmans pour l'inversion accusatoire, et il est le plus doué d'entre tous. Mais avec Frédéric Taddeï, qui l'invite souvent et l'apprécie, il se sait en terrain ami, et nous allons enfin avoir une heure de temps pour débattre pied à pied. Face à un tel adversaire, l'autopsie s'annonce délicate. Et bien sûr, j'ai l'intention d'attaquer uniquement ses idées. Nous sommes avant MeToo. Viser un homme public sur la base d'accusations aussi intimes serait à coup sûr glisser dans le ravin. D'où ma première pensée… Que ces femmes, trois désormais, me racontent des choses terribles sur sa vie privée, pour me pousser à la faute, et à déraper en direct.

Christelle perçoit ma réticence au téléphone. Mais elle insiste. Et m'envoie des captures d'écran, des liens, qui prouvent que d'autres femmes l'accusent de violences sur les réseaux depuis des mois, bien avant l'annonce du débat. Or je découvre que je connais l'une de ces femmes. Elle est journaliste, et donc censée faire attention avant de porter une accusation. Nous nous appelons pour échanger. Elle m'avoue avoir été la maîtresse de Ramadan, ne se plaint pas d'avoir été violée, mais me raconte des scènes brutales, et des saillies d'un machisme si pathétique que j'hésite entre éclater de rire et la nausée. Plus les témoignages s'accumuleront, plus j'aurai du mal à penser à cet homme sans sentir mon estomac se soulever. La journaliste est en lien avec une troisième femme, suisse, Denise, également rencontrée via ces forums, qui confirme la peur que lui inspire son ancien amant, sans l'accuser de viol. La nuit que nous raconte Christelle est bien plus grave. Elle dit avoir vécu l'enfer, fait de déchaînements soudains, d'humiliations sadiques, de déchirements physiques et de torture.

Pour sentir si elles me disent vrai, toujours méfiante, je propose à ces trois femmes de se retrouver au café du Train bleu, gare de Lyon. La journaliste vit sur Paris, Christelle vient de Lyon, et la troisième arrive de Suisse. Comme la journaliste, elle ne se plaint pas de viol, juste d'avoir été la maîtresse d'un prédicateur hypocrite, qui vit à l'inverse de ce qu'il enseigne. En recoupant les messages, toutes sont convaincues qu'il envoie les mêmes sextos à plusieurs amantes, très crus. Rien d'illégal. Le cas qui me préoccupe vraiment est celui de Christelle. Elle approche en marchant à l'aide d'une béquille, et me précise que ce n'est pas lié à sa rencontre avec Ramadan, mais à un vieil accident de voiture lui ayant broyé la rotule. Sa blessure est ailleurs, plus intime. On sent une femme plutôt intelligente, capable d'une vraie force de caractère, mais réellement abîmée et tourmentée. Son récit à propos de cette nuit cauchemardesque est précis, terrible. Nous sommes quelques semaines après les faits, elle n'est pas remise, en tremble encore, et nous dit avoir été piégée par sa violence dans une chambre d'hôtel, où il aurait pris soin de cacher sa béquille pour s'assurer que son handicap l'empêche de fuir, avant de la traîner par les cheveux dans la salle de bains pour lui uriner dessus, de se servir de son corps avec une telle violence qu'elle en porte encore les séquelles. La nausée revient, comme chaque fois que l'une d'elles rentre dans les détails.

Je ne suis pas sûre de comprendre ce qu'elles attendent de moi. Visiblement, elles aimeraient que je les aide à se faire entendre, mais comment ? Je ne suis pas juge, ni avocate. Ce qui relève de la justice lui appartient. Le reste me semble protégé au titre de la vie privée. Comme journaliste, j'enquête sur les discours, pas sur les lits, fussent-ils intégristes. En revanche, je promets d'être là s'il venait, comme elles le redoutent, à les intimider. Au moment de les quitter, l'esprit tourné vers le duel télévisé qui approche, en me demandant comment je vais faire pour garder mon calme et ne pas vomir, Christelle me lance : « De toute façon, on se revoit bientôt puisqu'on vient au débat. » Sa phrase me fige : « Vous n'allez pas tenter quoi que ce soit ? Ce n'est pas le lieu. » Elles me rassurent et me promettent qu'elles veulent juste venir me voir « le défoncer ». Je n'ai plus qu'à croiser les doigts pour qu'elles tiennent leur parole, et moi sur le ring.

Le soir du débat, face à un Tariq Ramadan sinueux comme jamais, je tente d'oublier ce que j'ai entendu pour sourire et rester efficace. Mais je vais quand même utiliser un ingrédient de ce que j'ai appris, sans prendre le risque de tomber dans le ravin. Avant de faire entendre au public un extrait de ses prêches contre « les grands péchés », où le prédicateur gronde d'une voix de stentor contre ses ouailles commettant des péchés, « des choses incroyables qui ne sont pas islamiques », comme se rendre dans des piscines non mixtes… Je m'amuse à le fixer au fond des yeux, pour insister d'une voix légèrement ironique sur le fait que Tariq Ramadan est *en théorie* très à cheval sur la morale, et opposé aux relations sexuelles en dehors du mariage. Son œil frémit puis faiblit. Les débats télévisés sont des moments animaliers, où ce genre de messages subliminaux passent très bien entre débatteurs. Il a perçu que je sais quelque chose, et se demande quoi.

À la fin du débat, après une heure sur le ring à encaisser et à rendre les coups, j'ai porté l'estocade sur son appartenance aux Frères musulmans et son soutien au FIS ayant saigné l'Algérie, sur le fait que « l'extrême droite n'est pas passée dans ce pays, et qu'il ne passerait pas non plus ». Et cette fois, il ne sourit plus. Son arrogance a disparu. C'est la première fois que je le vois défait. Mais ce n'est rien à côté de sa mine hors antenne, totalement décomposée, lorsque Christelle et la journaliste bondissent du public pour me tomber dans les bras et me féliciter devant lui. Il est gris, paniqué.

Le laissant rejoindre les loges avec Frédéric Taddeï, je pars fêter la fin de cette heure éprouvante dans un café. Elles m'ont trouvée trop gentille avec lui. Et c'est vrai. J'ai pris soin de masquer mon dégoût pour ne pas heurter le grand public, loin de savoir ce que nous savons de lui. Je ne peux pas porter les coups que Christelle voudrait lui rendre. Pour que cette justice soit faite, le seul moyen est de porter plainte.

Elle l'a tenté, juste après cette nuit tragique, en se rendant dans un commissariat de Lyon… Avant de renoncer. Et ce soir, elle le regrette. Je sors d'une heure face à Ramadan, je sais ce qu'elle risque de traverser si elle choisit cette voie, je n'arrive pas à l'encourager, j'ai trop peur pour elle, mais je m'engage à lui présenter un magistrat, recommandé par un ami, pour qu'elle puisse lui raconter ce qu'elle a vécu et savoir si cette affaire a la moindre chance d'être prise au sérieux par un tribunal.

En matière de viol, c'est rarement le cas à cette époque.

Quelques jours plus tard, nous nous retrouvons dans un autre café, près du Palais de justice, face à ce magistrat, qui trouve son récit suffisamment grave et solide pour qu'elle dépose plainte. Christelle promet d'y réfléchir, mais elle préférerait parler à un journaliste, raconter ce qui lui est arrivé, sans avoir à payer un avocat. D'instinct, alors que nous sommes avant MeToo et que je n'ai pas pris le temps d'y réfléchir, cela ne me paraît pas éthique : « Je ne vois pas un journaliste sortir un article aussi accusateur et le nommer sans plainte. Moi, en tout cas, je ne le ferais pas. » Cette démarche juridique me semble indispensable pour justifier une médiatisation aussi lourde pour la réputation de l'accusé. Bien que convaincue de la dangerosité de Tariq Ramadan, malgré tout ce que je pense de lui, je ne souhaite pas déroger à cette règle, que je crois juste. Je ne veux pas non plus pousser Christelle à entamer une démarche dont elle sortira plus broyée encore. Sachant ce dont Ramadan est capable, je l'encourage plutôt à prendre le temps de peser le pour et le contre : « Si tu portes plainte, je ne vais pas te mentir, cela sera très dur, très violent, au-delà des mots. » Rien ne serait pire que de la voir se lancer et craquer en route. Pour être honnête, je ne suis pas sûre qu'elle puisse tenir le choc. Mais elle va y réfléchir. Et bien sûr, quelle que soit sa décision, je la soutiendrai.

Le temps de réflexion sera très court. Le soir même, à peine rentrée chez moi, Christelle m'appelle d'une voix paniquée : « Un homme s'est approché de moi dans la rue et m'a dit : on sait ce que tu fais, qui tu as rencontré. Arrête ça tout de suite ou on retrouvera ton corps dans la Seine. » Je mets un moment à réaliser, je lui demande de répéter ce qu'il a dit, où, à quoi il ressemble. L'homme l'a suivie alors qu'elle se rendait à un bureau de tabac pour acheter des cigarettes. Comment a-t-il su où la trouver ? Christelle n'est pas parisienne et loge chez cette journaliste, ancienne amante de Ramadan… Nous découvrirons des années plus tard, au cours de l'enquête, qu'elle n'a jamais cessé de communiquer avec lui. Sur le moment, cette incompréhension se rajoute à l'angoisse. Christelle est terrorisée et regrette d'avoir rencontré ce magistrat. Ma seule priorité est de la rassurer : « Christelle, ne t'inquiète pas, tu peux tout arrêter. On fera exactement ce que tu veux. » Il n'a jamais été question pour moi de porter de telles accusations sans plainte. Or elle n'ira pas devant la justice. D'une voix tremblante, elle me demande de tout oublier, de ne jamais évoquer son affaire publiquement. Je lui en fais la promesse. Et je vais tenir parole, pendant huit ans, enrageant parfois de le voir s'en tirer à si bon compte, continuant à alerter sur son discours dans les médias et parfois sur son comportement en coulisses, sans pouvoir faire plus. Ce silence – que l'extrême droite a eu le culot de me reprocher lorsque l'affaire est sortie – a duré jusqu'à MeToo et Balance ton porc. Entre-temps, Henda

Ayari a croisé la route de Tariq Ramadan, en 2011. Elle l'aurait peut-être évité si cette plainte avait alerté trois ans plus tôt… Nous ne le saurons jamais.

L'intimidation continue

Sitôt posté, en plein MeToo, le tweet d'Henda Ayari secoue la Toile et les médias. D'où vient ce sursaut ? « Ce matin-là, je suis seule chez moi devant mon ordinateur, dans mon pyjama gris. J'ai pris mon petit déjeuner. Je regarde Twitter et je vois tous les messages avec le hashtag MeToo et BalanceTonPorc. Les mots résonnent dans ma tête », raconte-t-elle dans *Paris-Match*. « L'idée surgit alors que, moi aussi, je veux crier la vérité, que je veux "lui" signifier, à lui, que je n'ai plus peur. Je me dis : "Je vais montrer au monde entier qui tu es." » Une pulsion qu'elle compare à celle « ressentie après les attentats du Bataclan, où j'ai enlevé mon voile ».

Lorsque je lis ce message sur mon téléphone, au Maroc, je suis à la fois soulagée et inquiète. J'ai beau chercher dans ma mémoire si elle fait partie des femmes à m'avoir confié des horreurs sur Ramadan au cours des huit dernières années (il y en a eu bien plus que trois par la suite), je ne pense pas avoir échangé avec elle. Mais son récit correspond. En voyant les sicaires de Ramadan se jeter sur elle, j'imagine le supplice qui l'attend. Treize ans qu'ils me traitent de « serial menteuse » pour avoir démonté son double discours, alors là… J'essaie de ne pas m'en mêler, d'écouter ma femme, de penser à la conférence que je dois donner dans un instant… Il fait beau à Essaouira… Je n'y arrive pas. Je ne pense qu'à cette femme, que je ne connais pas, et à cette meute. On doit venir me chercher d'un instant à l'autre, je n'ai que quelques secondes pour décider, et je rédige ce court message pour lui venir en aide sur Twitter : « Une première plainte contre Tariq Ramadan. Courageux. Beaucoup savaient. Celles que j'ai rencontrées avaient trop peur. » Une façon de lui envoyer des renforts, d'indiquer aux journalistes que son accusation est à prendre au sérieux, crédible, et non un délire isolé. J'ai fait ma part, à eux de se pencher sur le cas Ramadan. C'est ce que je me raconte. Car ma mission, décidément, n'est jamais terminée.

Le message parti, je me rends à ma conférence convaincue de subir un déluge de haine en retour. Ce n'est pas bien grave, je ne lis jamais les commentaires. En revanche, une fois dans ma chambre, je découvre un « merci » en messagerie privée… signé Henda Ayari. Je lui dis de tenir bon, l'assure qu'elle n'est pas seule. Son courage a déjà réveillé celui de Christelle. En voyant la meute se jeter à la gorge d'Henda, mais aussi les soutiens reçus, elle décide de porter plainte à son tour. « Je me suis dit : "Maintenant faut y aller. Tu ne peux pas la laisser toute seule." Je n'aurais pas pu me regarder en face », me confie-t-elle en interview quelques jours plus tard[16]. Nous ne nous sommes pas revues depuis huit ans lorsqu'elle me raconte à nouveau son histoire, mais cette fois j'enregistre et je vais la publier, dans *Marianne*. Comme je m'y étais engagée. Puisqu'une plainte existe.

Je suis la première à l'interviewer pour un média, et je l'entends me décrire, avec la même précision, les mêmes mots qu'il y a huit ans, l'horreur de cette nuit : « C'est l'idée de violer qui lui plaisait[17]. » Tout commence par un premier message échangé sur Facebook. Christelle a souhaité la bonne année 2009 à ses contacts, et le prédicateur lui a répondu. Elle est surprise et flattée. Depuis son accident de voiture, elle hésite entre plusieurs spiritualités pour surmonter cette épreuve, et vient de se tourner vers l'islam. Un flirt commence à distance. Dix mois plus tard, après lui avoir envoyé de nombreux SMS chaque jour, et mille promesses, le prédicateur vient donner une conférence à Lyon et veut la voir. Devenue pratiquante, Christelle exige un imam et un mariage religieux avant d'aller plus loin. Ramadan se contente de lui faire réciter une formule par Skype, sans imam, et lui demande de venir au café de son hôtel pour en parler. « On a discuté un petit moment. Mais il y avait énormément de passage. Un de ses fans l'avait reconnu et n'arrêtait pas de nous regarder en ricanant. Ça le mettait très mal à l'aise. Il m'a dit : “J'ai peur qu'on prenne des photos. Ça ne te dérange pas si on finit cette conversation dans ma suite ? Ne t'inquiète pas, il y a un coin bureau.” J'ai accepté », raconte Christelle. Honnête, elle ne cache pas son attirance, mais n'a pas désiré la suite : « Il y avait du désir réciproque, c'est certain. Mais je n'aurais pas accepté de coucher avant un mariage religieux, et certainement pas ainsi ! »

Ainsi ? Arrivée à la chambre, ses souvenirs sont précis : « Il m'a proposé un thé : “Earl Grey ou fruit ?” J'ai dit : “Earl Grey.” Le thé était brûlant. Je me suis relevée avec ma béquille pour poser la tasse sur un meuble. Là, j'ai vu un mégot écrasé dans un cendrier. Il était dans mon dos et je l'ai charrié : “Tu fumes ? Toi qui me fais tout le temps des réflexions parce que je fume au téléphone… Te voilà démasqué !" Quand je me suis retournée, je n'avais plus la même personne en face de moi. J'ai vu un monstre. C'était vraiment quelqu'un d'autre. Je me suis dit : "Ma petite, ça ne va pas, il faut que tu casses vite fait." Il a vu que j'essayais de partir. C'est là qu'il m'a fait une balayette pour faire éjecter ma béquille et me mettre au sol. »

Ce qu'elle raconte ensuite relève du déchaînement : « Avec mon genou déboîté, la douleur était terrible. J'ai essayé de me relever en m'appuyant sur le lit et c'est là que l'enfer a commencé. Il m'a dit : "Toi, tu m'as fait attendre longtemps, tu vas prendre cher !" » Et d'après son récit, l'enfer s'abat sur elle : « "Il m'a violée, battue et m'a traînée dans la salle de bains par les cheveux pour m'uriner dessus. Quand je suis sortie de la salle de bains, il avait planqué ma béquille et mes affaires personnelles. J'étais en terreur. J'ai commencé par hurler et appeler au secours. Plus je criais, plus il frappait. J'ai même perdu connaissance pendant un moment. C'est la douleur qui m'a réveillée. Il introduisait brutalement quelque chose de gros dans mon vagin. L'instinct de survie m'a fait comprendre qu'il fallait faire profil bas. Plus je me débattais, plus ça l'excitait, plus il était violent. Il me disait des horreurs. Notamment "Plus tu vas crier, plus ça va m'exciter et plus tu vas prendre." Ou encore "Je vais te chier dans la bouche", des choses comme ça. Je tremblais, j'étais complètement tétanisée, je n'arrivais plus à bouger, comme paralysée. Je ressentais des douleurs incroyables aux parties intimes, aux côtes et au niveau des lombaires, des jambes et de l'épaule. Mais j'ai fait la morte. Pour sauver ma vie. Tout simplement. »

D'autres femmes décriront le même changement de regard, soudain, suivi d'un assaut où elles ont cru mourir.

C'est également ce que dit avoir vécu Henda Ayari, après l'avoir elle aussi connu sur Facebook, en quête de conseils religieux après avoir enlevé son voile. « Il m'a apporté les réponses que je cherchais », avant de se montrer plus intime, et de lui proposer de la voir sur Paris. Comme plusieurs autres plaignantes, Henda envisage une relation, sans consentir pour autant à cette violence : « Le conte de fées s'est transformé en cauchemar, le prince charmant en monstre. Il m'a étranglée très fort, si fort que j'ai pensé que j'allais mourir. Il m'a giflée, car je résistais. Il m'a violée. Je me suis sentie en extrême danger », a-t-elle confié au *Parisien*[18]. Elle est catégorique, c'est un viol et « la pire nuit de ma vie ». Le prédicateur l'aurait « menacée de représailles » ou de « s'en prendre à ses enfants » si elle parlait. Les réseaux sociaux l'ont convaincue de surmonter cette peur. Désormais, elles sont deux, et bientôt trois puis quatre en France. On entend parler alors d'une cinquième en Suisse, et d'une sixième aux États-Unis. Comme au moment de mon duel face à lui, des dizaines d'autres femmes cherchent à me contacter, par messagerie ou par email. Il m'arrive d'en prendre au téléphone, et d'entendre à nouveau les mêmes horreurs, d'une voix terrorisée. Ce ne sont pas les mêmes histoires, ni les mêmes dates ni les mêmes lieux, mais toutes décrivent la même violence soudaine, et le même sentiment d'avoir été déshumanisées. Certaines hésitent à se joindre aux premières plaintes, puis reculent en voyant la rage qui se lève contre Henda et Christelle.

Les plaignantes se parlent pour se soutenir, et m'envoient des dizaines de messages par jour pour me raconter ou me demander comment tenir face à lui. Des interactions et de la solidarité que Tariq Ramadan et ses avocats utiliseront pour faire croire à un complot « Fourest » ! Comment expliquer autrement à ses ouailles qu'autant de femmes l'accusent du même crime, qui est aussi un péché selon ses prêches ?

Pour une fois, le prédicateur est obligé de reconnaître qu'il a menti. Il a commencé par nier farouchement ces relations sexuelles extraconjugales, mais tant de preuves existent, des photos et des textos, qu'il a dû changer de version. Et parle maintenant de relations… sadomasochistes. Malin. Ses fans les plus religieux vont quand même se détourner de lui. Certains me racontent plusieurs cas parmi leurs sœurs, qui s'en remettent à Dieu et non à la justice des hommes. Les rares plaintes parvenues jusqu'aux tribunaux de la République concernent des converties ou d'anciennes musulmanes. De rares rebelles dans une très longue vie de prédication, passée à donner des milliers de conférences devant un public l'idolâtrant, à échanger des milliers de messages Facebook avec des milliers de fans acquises, parfois soumises et perdues, en quête d'un guide spirituel. Or, avant même de devenir un prédicateur adulé, Tariq Ramadan semble avoir abusé de son autorité.

Un mois après le début l'affaire, plusieurs articles de la *Tribune de Genève* nous apprennent que « le professeur Tariq Ramadan séduisait ses élèves mineures ». Les faits remontent aux années 1980 et 1990, alors qu'il n'était qu'un simple professeur au collège de Saussure, et non le gourou d'aujourd'hui. Quatre anciennes élèves l'accusent de harcèlement et de les avoir contraintes à des relations sexuelles sous emprise. Selon ces témoignages, notamment recueillis par la journaliste Sophie Roselli, « il a tenté de séduire sans succès une de ses élèves de 14 ans » et « il est arrivé à ses fins avec trois autres, âgées entre 15 et 18 ans[19] ». Dans un autre article, du journal *Le Temps*, titré « Comment Tariq Ramadan envoûtait ses élèves », d'autres racontent le même modus operandi : un professeur qui s'intéresse à elles, leur donne des conseils de vie, les voit en dehors du collège, sort du cadre, leur demande le secret, les guide puis les manipule. « Il me disait que les autres ne pouvaient pas comprendre notre relation », confie Sophie. Delphine explique comment les rapports sexuels ont commencé : « Il est arrivé avec du retard, se souvient-elle. Au lieu de sortir pour discuter, il s'est couché sur mon lit et m'a demandé de venir sur lui. Il n'a pas eu besoin de me contraindre. J'étais sous son emprise, je n'ai pas pu dire non. » S'ensuivent quatre ans de relation malsaine qui lui ont, dit-elle, gâché sa jeunesse, entraînant des troubles alimentaires et psychiques. Comment un tel comportement de la part d'un professeur a-t-il pu passer inaperçu ?

En réalité, la rumeur courait, fortement, et Ramadan a fini par perdre son poste d'enseignant. Sans être sanctionné. Il ne le sera plus. Tous ces cas sont prescrits. Et l'impunité peut durer, puisqu'il a été relaxé dans un premier procès en Suisse, en mai 2023.

Lorsque mon livre est paru, j'ai mesuré les soutiens, politiques et journalistiques, dont il bénéficiait en terre helvétique. Son père, Saïd Ramadan, l'homme ayant orchestré les réseaux internationaux des Frères musulmans, a choisi cette terre précisément en raison des relais et de la protection qu'il pensait pouvoir y trouver. Ses fils, la famille Ramadan, ont longtemps été intouchables, en raison de ses relais politiques au début, puis en jouant sur la peur de leurs interlocuteurs d'avoir l'air « islamophobe », aussi parce que l'un des fils aînés (chirurgien) a soigné de nombreux notables, enfin parce que le plus jeune (Tariq) a su hypnotiser via la télévision suisse et fasciner de nombreux journalistes (dont certaines sont devenues ses amantes). Il a fallu des années, les déclarations infâmes de son frère, Hani Ramadan, directeur du Centre islamique de Genève, sur la lapidation comme « purification » ou le sida comme « châtiment divin »[20], mon livre, des enquêtes, le tweet d'Henda Ayari, plusieurs plaintes et le témoignage des anciennes élèves de Frère Tariq pour voir le ton changer... Mais la justice suisse reste un repaire conservateur, où la notion d'emprise n'est pas comprise, où Ramadan a pu s'offrir les services de ténors du barreau comme Marc Bonnant, et su séduire les magistrats de sa voix douce.

De l'avis des observateurs présents à ce procès helvétique, les trois juges se sont montrés incroyablement brutaux envers la plaignante, incapables de comprendre qu'on peut avoir été séduite, envoyer des textos enamourés, et ne pas avoir consenti à une nuit d'horreur. À la barre, Brigitte, 57 ans, dit avoir eu la peur de sa vie cette nuit-là, le 28 octobre 2008, à l'hôtel Mon Repos de Genève, dans la chambre 511. Elle parle de « coups reçus à la tête, à plusieurs moments », de tentatives d'« étouffement », au point qu'elle « a cru mourir ». À l'entendre, il la frappe, tantôt en lui demandant si Dieudonné (qu'elle a fréquenté) a « une grosse bite », tantôt en la soupçonnant d'appartenir aux « renseignements généraux », puis s'en s'excite : « À chaque fois qu'il était à califourchon sur moi, il me frappait la tête et me pénétrait, avec des injures. Tout était rythmé par les injures, les coups et les pénétrations », « ce n'est pas tant la force que le nombre de coups et de gifles reçus qui m'a effrayée ». Elle finit en larmes. Des faits que François Zimeray, l'un de ses avocats, décrit comme « au-delà du viol », relevant « de la torture et de la barbarie[21] ».

Quelques jours après cette nuit, Brigitte a consulté un psychiatre, qui témoigne à la barre, et confirme avoir écrit le mot « viol » dans ses carnets, ainsi qu'avoir diagnostiqué un « stress post-traumatique » : sentiment de dégoût, hypervigilance, flash-back, cauchemars... Des symptômes que les avocats de la défense ont tenté de mettre sur le compte d'un dépit amoureux. Car le prédicateur prétend ne pas l'avoir touchée dans cette chambre d'hôtel, « inhibé par l'odeur de renfermé de son foulard » et une tache de sang menstruel sur les draps ! À l'en croire, ce serait cette humiliation, ne pas avoir été honorée par Tariq Ramadan, qui expliquerait son état et ses larmes, cinq ans après à la barre, quand on sait ce que cela peut coûter à une plaignante, convertie à l'islam, face à un tel homme...

Et que dire de sa défense ? De la part d'un prédicateur qui passe sa vie à convaincre des femmes de se voiler pour lui plaire, l'homme déclare devant un tribunal qu'il n'a pas pu être excité car son foulard sentait trop mauvais. Freud aurait sûrement beaucoup à dire.

Le psychiatre de Brigitte, lui, est catégorique : « Non, ce n'est pas le fait d'être éconduite qui l'a menée à un stress post-traumatique, un état qui ne peut être simulé. » Parce qu'il est psychiatre, lui comprend qu'on peut être traumatisée et continuer à envoyer des messages tendres, comme les femmes battues à leur mari, pour se raconter que cette violence est une forme d'amour : « Je veux t'embrasser », « Tu es un homme merveilleux ». Près de quarante SMS qui ressemblent à des appels à l'aide, où la plaignante, perdue, manipulée, cherche à convaincre le prédicateur qu'il peut lui faire confiance et qu'elle ne travaille pas pour les renseignements ! Troublant pour les magistrats. Pourtant, les psychiatres connaissent ces mécanismes par lesquels une victime commence par chercher l'estime de son violeur pour ne pas réaliser tout de suite à quel point elle a été naïve et brutalisée : « Elle était obsessionnellement en quête d'explications, d'excuses », explique le psychiatre, qui a fait vivre à la barre les pensées qui traversaient alors Brigitte : « Que s'est-il passé, toi que j'admirais, intelligent, vif, humaniste ? Pourquoi es-tu devenu un monstre dans cette chambre d'hôtel, en octobre 2008 ? Si je comprends et si tu t'excuses, je pourrais t'accorder mon pardon. » Elle-même confirme avoir eu besoin de garder ce contact après cette nuit traumatique, « pour comprendre son geste », pour lui demander de s'en expliquer. Ce qu'elle n'a jamais réussi à faire : « Frontalement, c'était impossible. J'en étais incapable. »

C'est un mécanisme de protection vis-à-vis de soi-même, qui finit par se déchirer devant la réalité. Pourtant Yaël Hayat, l'une des avocates de Tariq Ramadan, n'a eu qu'à décrire Brigitte en « femme infiniment tentatrice », déçue d'avoir été éconduite, à se délecter du fait qu'il n'existe aucune preuve ni témoins, à s'alarmer des excès de MeToo et à se moquer de la notion d'emprise, cet « opium censé nous endormir », pour enchaîner sur les astuces habituelles de son client : la « Ramadan-phobie » de la société et bien sûr un complot

« Fourest », obsessionnellement martelé, à la barre et sur Twitter, par Ramadan lui-même.

Cuisinée par l'avocat de la défense, Brigitte dit m'avoir contactée après son viol, sans insister ni mentionner son agression : « Le mot viol, je n'ai même pas osé le mettre dans ma plainte. Je n'allais pas l'écrire à Caroline Fourest. Et je me suis dit que c'était la personne la plus mal placée pour parler de ça, vu qu'elle l'avait beaucoup critiqué. » Apprenant que mon nom a été cité à l'audience, j'ai cherché dans mon téléphone et je n'ai pas retrouvé ce message au nom de Brigitte. J'ai reçu tellement de témoignages sur Ramadan au fil des années… En réalité, elle semble bien m'avoir contactée mais sous un autre prénom. Au final, entre les textos et la défense qui a réussi à faire croire à du dépit amoureux, le trouble va gagner. Le procureur ne s'est pas laissé abuser puisqu'il a requis une peine de trois ans de prison, dont dix-huit mois ferme. Les juges, si. Ils ont relaxé Tariq Ramadan. De quoi donner raison aux féministes qui ne croient plus en la justice, et terroriser les plaignantes françaises.

Après cinq ans de procédures, d'insultes, de menaces et d'enfer, Henda Ayari et deux autres plaignantes ont failli ne pas avoir droit à un procès en France. Un avocat général, mis en valeur par Marine Turchi et Mediapart pour son souci des victimes, Matthieu Bourrette, a placé la notion d'emprise au cœur de son réquisitoire pour mieux la balayer, et leur dénier cette possibilité. D'après ses réquisitions, seule la plainte de Christelle lui paraissait devoir aller au bout. Heureusement, la cour d'appel n'a pas suivi. Trois plaignantes sur quatre vont pouvoir affronter Tariq Ramadan devant un tribunal. Ce qui ne garantit en rien qu'il sera condamné. Et si lui s'en tire, qui osera encore saisir la justice ?

Ce qui m'attriste le plus, c'est de savoir ces plaignantes, courageuses, insultées, traquées, menacées, si isolées. Où sont les féministes ? Quelques universalistes ont répondu présent. Les autres, décoloniales ou d'extrême gauche, ont préféré déterrer le cas Polanski.

Polanski, ce cas d'école

Depuis que le monde est MeToo et nomme les agresseurs à voix haute, il en tombe de partout. Des critères plus personnels ou secondaires entrent inévitablement en scène pour s'émouvoir d'une affaire plutôt que d'une autre. Aux yeux des féministes décoloniales, intersectionnelles ou révolutionnaires, le Weinstein français, celui qui mérite d'y consacrer un feuilleton qui dure depuis maintenant quarante ans, ne s'appelle pas Tariq Ramadan… mais Roman Polanski. Pourtant, les faits sont très anciens, prescrits, et le réalisateur ne semble plus présenter de danger, contrairement au prédicateur. Mais lorsqu'on vient de cette gauche, il est plus facile de s'intéresser à un violeur qui incarne la puissance – Wall Street ou Hollywood – qu'à un prédateur Frère musulman, perçu comme un « damné de la terre », victime de racisme, fût-il intégriste et violent. En face, après Weinstein et DSK, les amis de Polanski ne peuvent s'empêcher de penser que l'émoi tombe toujours sur les mêmes. Ils ne supportent plus de le voir pourchassé pour des faits anciens et prescrits. Ils n'ont pas entièrement tort. Reste que ni le fait d'être juif, ni le fait d'être musulman, ne devraient jamais empêcher de juger le comportement d'un homme. Revenons donc sur le cas Polanski.

Enfant du ghetto de Varsovie, le jeune Roman a survécu aux camps de la mort en se cachant pendant la guerre, avant de prendre sa revanche à Hollywood… Et d'y être fauché en 1969, en plein triomphe, par l'assassinat de sa compagne Sharon Tate, alors enceinte et poignardée à mort, seize fois, par une criminelle de la secte Manson. Son gourou, Charles Manson, un musicien raté et camé se présentant comme la réincarnation du Christ, plusieurs fois condamné pour proxénétisme et agressions sexuelles, a commandité ce crime. Depuis sa prison, il a déclaré vouloir « retrouver ce Polonais qui vit à Paris » pour « s'occuper de lui », et finira par se tatouer une croix nazie entre les deux yeux. C'est dire si la folie antisémite n'a pas épargné le cinéaste. Il a survécu en réalisant des films, et parfois en abusant de substances et de son statut pour consommer de très jeunes filles.

On connaît tous le cas de Samantha Geimer, qui lui a pardonné depuis. Elle le dit dans un entretien accordé à Peggy Sastre du *Point,* en avril 2023. Elle posera même en photo avec sa femme, Emmanuelle Seigner, « en toute solidarité », pour un entretien où elle explique ne plus supporter voir son histoire ressassée et instrumentalisée[22]. On comprend sa lassitude, de n'exister que comme « la victime de Polanski », quarante-six ans après les faits. Même si Polanski a largement payé pour cet abus (mal jugé, nous le verrons, c'est bien le problème), leur rencontre dit tout d'une époque et de sa folie.

Il faut lire coup sur coup leurs deux livres, celui de Samantha Geimer écrit en 2013, puis l'autobiographie de

Roman Polanski parue en 2016, pour mesurer le décalage entre leurs regards sur ce qui s'est joué entre eux un soir de 1977 à Los Angeles[23]. C'est un peu comme un film vu depuis l'intériorité de deux personnages, ayant vécu la même scène, sans vivre la même chose. Le gouffre qui sépare leurs perceptions est inouï, d'autant plus saisissant que ces deux êtres ne sont pas des tragédiens. Ils ne surjouent jamais. Ni lui ni elle ne cherchent à en rajouter ou à nous faire pleurer. Et pourtant, l'un des deux a bien perdu l'autre et le réel de vue. Commençons par lui.

Comme coupé de ses sentiments depuis la guerre, Roman Polanski a slalomé entre les cadavres toute son enfance, avant de renouer avec la vie en couchant avec une fille de 14 ans, alors plus âgée que lui. La sexualité sert quasiment de fil conducteur à son autobiographie, comme si elle était, avec le cinéma, sa seule pulsion vitale. Alors qu'il vieillit, ses conquêtes semblent devoir garder le même âge que son premier amour. Dans ce livre, il se vante de conquérir de très jeunes filles. Et nous raconte avoir couché avec Samantha Geimer, alors âgée de presque 14 ans, et lui de 43, comme un chapitre de plus de sa vie. Dans le livre de Samantha Geimer, la rencontre avec le réalisateur occupe l'essentiel de l'ouvrage. Celle qui tient la plume est alors âgée de 50 ans. C'est une femme apaisée, qui désire se confier pour se réapproprier son histoire, toujours racontée par d'autres, avant de tourner la page. Pas du genre à s'apitoyer, elle n'appartient pas à la génération woke et déteste « l'industrie des victimes ». Elle se contente de raconter, le plus sincèrement possible, presque cliniquement, ce qui lui est arrivé ce jour-là. La confrontation des deux versions reste impitoyable pour Polanski.

On a beaucoup lu que la mère de Samantha l'avait livrée, en quelque sorte, au cinéaste, fascinée par sa célébrité, par appât du gain et de la réussite. C'est l'une de ces légendes urbaines que tient à démentir sa fille dans son livre. À l'inverse, on comprend que le cinéaste a clairement abusé de sa notoriété, à une époque où tout semblait permis. Ce sont les années où Jodie Foster joue une adolescente prostituée dans *Taxi Driver*, où un quadragénaire tombe amoureux d'une adolescente dans *Manhattan* de Woody Allen. Où Roman Polanski repère des adolescentes et propose à leurs parents de les « auditionner », puis de les photographier, en vue de publier une série sur les « jeunes Américaines » dans *Vogue*. Très chic, mais qui ne tiquerait pas aujourd'hui ?

Il faut lire comment lui-même présente cette idée dans son livre : « Un récent numéro de *Vogue Hommes* avait consacré plusieurs pages à des photos d'adolescentes signées David Hamilton. Elles étaient dans son habituel style romantique, délibérément floues et brouillées. Je dis à Azaria que j'aimerais beaucoup réaliser ce genre de série, mais pas à la manière de Hamilton. Je me proposais de montrer les filles telles qu'elles étaient, désormais : sexy, effrontées, et bien humaines. » Hamilton aimait pourtant lui aussi photographier des adolescentes de façon sexy… Le photographe va même se suicider un an avant MeToo, à l'âge de 83 ans, après avoir été accusé de profiter de ces séances photo pour violer des mineures. L'animatrice Flavie Flament a été la première à raconter son agression dans un livre, *La Consolation*, où il n'est pas identifié, avant de finalement donner son nom dans la presse : « J'avais 13 ans, David Hamilton m'a violée[24]. » Mais à l'époque où Polanski s'apprête à croiser la route de son sujet, le photographe est encore en vogue.

Après une première prise de contact, le cinéaste se rend chez la mère de Samantha. Il suggère immédiatement de faire plusieurs essais avec sa fille, mais à l'écart. « Ma mère, écrit Samantha, proposa gentiment d'être présente durant la séance. S'ensuivit un long silence. Roman finit par répondre que cela me mettrait mal à l'aise et m'empêcherait de me détendre face à l'objectif. » Il emmène alors la jeune fille sur la colline de son quartier, et la photographie très rapidement seins nus : « Je lui demandai de changer de vêtements. Elle ôta son chemisier pour en prendre un autre. Elle ne portait pas de soutien-gorge mais parut parfaitement à l'aise. Elle avait de jolis seins. Je la photographiai en train de se changer et torse nu. Puis je lui demandai d'ouvrir la fermeture à glissière de son jean sur quelques centimètres et de glisser le pouce dans un des passants de sa ceinture. Elle posa avec un aplomb tout professionnel. » Tout au long de son récit, Polanski semble insister pour croire, ou faire croire, que l'adolescente, dont il nous dit lui-même qu'elle veut « paraître cool », est effectivement très libre et mûre sexuellement. De son propre aveu, il la pousse à parler de son petit ami, d'un suçon qu'il aperçoit dans son cou, lui demande à quel âge elle a eu ses premières relations sexuelles… Et finit par se convaincre que « l'effrontée » qu'il fantasme existe vraiment. Là où, à l'inverse, Samantha nous raconte ses efforts pour paraître cool, plus mature qu'elle ne l'est, ne pas laisser transparaître sa gêne et son malaise. Elle n'ose pas dire à sa mère que la première séance a fini seins nus.

Quand le cinéaste revient le lendemain, pour une deuxième séance, la jeune fille se raidit. Elle demande qu'une amie l'accompagne, mais Polanski se dit « pressé » et s'agace : « Allons-y, dit-il. Le soleil va bientôt se coucher. Dépêche-toi, va chercher tes affaires. » Pendant le trajet en voiture qui l'emmène vers la maison de Jack Nicholson, le cinéaste lui demande si « elle a déjà fait l'amour » et combien de fois. La jeune Samantha, qui a un petit ami et ne veut pas passer pour une oie blanche, lui répond « deux fois », ce qui n'est pas vrai : « C'était un mensonge. Je n'avais fait l'amour qu'une seule fois, qui n'avait pas été extraordinaire. » Ce « deux fois » va visiblement suffire à Roman Polanski pour se raconter que cette jeune fille de 14 ans est prête à coucher avec un homme qui a trois fois son âge, et même désireuse. « Nous ne disions plus grand-chose désormais et je sentis une certaine tension érotique s'installer entre nous », écrit-il. Ce n'est pas du tout ce que ressent Samantha, tendue et stressée. Pour l'aider à se détendre, le cinéaste la fait boire, beaucoup, comme elle le rapporte : « Je bois. Il remplit de nouveau mon verre. Je bois encore. Il ne cesse de me resservir mais je tâche de me calmer. J'essaie également de suivre ses instructions et de faire du bon travail. Puis il me dit de changer de tenue pour la suite de la séance. » Plus elle a peur, plus elle boit. Plus elle boit, plus elle obéit. Et lui regarde pendant qu'elle se change, lui fait lécher des glaçons sous prétexte de la prendre en photo, puis finit par lui demander de se mettre en maillot pour une séance dans le jacuzzi. C'est si *Vogue*… Et elle veut si bien faire. « À cet instant, je me sens bien ; jouer les mannequins me plaît beaucoup plus que la première fois, et même qu'en début de séance. Roman semble de plus en plus satisfait. Au moins, il ne ronchonne plus. Et il veut prendre d'autres photos. Je pose enfin correctement. »

C'est à cet instant qu'il lui donne un ordre de plus : « Tu devrais retirer ta culotte. » Soumise à son autorité et en état d'ébriété, elle se raconte que sa culotte n'est pas de la bonne couleur pour les photos (« Il doit y avoir une raison. Ma culotte est foncée, couleur rouille »), et s'exécute, mais elle ne se sent pas bien. Elle tousse de plus en plus, prétexte une crise d'asthme, pour pouvoir enfin rentrer : « Il faut que je rentre chez moi prendre mon traitement. » Mais le cinéaste veut continuer. Il propose de la soulager autrement, en lui tendant un comprimé de quaalude, une drogue euphorisante qui délie aussi la volonté et qui, mélangée à l'alcool, au champagne, forme une sorte de GHB. La jeune Samantha a la tête qui tourne. « Il me prend par les épaules et m'entraîne vers une chambre, où il m'assied sur un grand canapé de velours rouge. Il me demande si ça va. » Elle répond que non : « Non, ça ne va pas. Je ferais mieux de rentrer tout de suite ! » Lui promet que ça va aller. « Me bloquant les bras le long du corps, il m'embrasse. » Elle demande d'arrêter, et lui continue : « Entre le comprimé et le champagne, ma voix me paraît très lointaine. Il m'embrasse sur le visage et me tripote les seins, puis il me demande si j'aime ça, si c'est agréable. Je ne réponds rien mais, comme c'est un type qui fait des films, je l'imagine écrire ma réplique à ma place. » Et dans ce film, le réalisateur se raconte qu'il lui donne du plaisir… Avant de découvrir, très surpris, qu'elle pleure comme une enfant. Un moment qui n'est pas raconté dans le livre de Polanski, mais dans celui de Samantha Geimer : « Il ne voulait pas me faire de mal, mais il ne comprenait pas que j'étais trop jeune.

Il ne voyait pas que j'avais peur. » Pour voir, il faut se soucier de l'autre, et non de son seul plaisir. À cet égard, la façon dont Roman Polanski relate cet épisode, en se persuadant de l'avoir fait grimper aux rideaux, démontre un narcissisme aveugle.

Enfin de retour chez elle, la jeune Samantha part s'enfermer dans sa chambre, avant de tout raconter à son petit ami : « Roman m'a forcée à faire l'amour avec lui ! » « Quoi ? Qu'est-ce que tu racontes ? Tu inventes ! » lui répond son copain, âgé de 17 ans. Elle crie de nouveau : « Si ! Après la séance photo. Je n'ai pas su quoi faire. » Sa mère et son beau-père, eux, la croient, surtout en découvrant les clichés de la veille, seins nus. « Le salaud », marmonne le beau-père. Avec un certain cran pour l'époque, ils se rendent à la police pour déposer plainte. L'adolescente est amenée à l'hôpital pour y être examinée. L'acte sexuel est constaté. Commence alors un feuilleton interminable, dont seule la justice américaine a le secret. Puisque, aux États-Unis, les juges sont élus, en campagne permanente, et que tout est politique, surtout si une célébrité est impliquée.

Arrêté, Polanski refuse de voir « un lien quelconque entre un viol et ce qui s'est passé la veille ». Il est relâché contre une caution de 250 000 dollars et reprend, comme si de rien n'était, la préparation de son nouveau film. Lorsque Samantha témoigne devant un grand jury de Los Angeles, l'accusation s'alourdit. Cette fois, le cinéaste est inculpé pour avoir fourni une « substance prohibée à une mineure », s'être livré à des « actes licencieux et de débauche », s'être rendu coupable de « relations sexuelles illicites », de perversion, de sodomie et de « viol ». Il plaide non coupable. Et le juge

Rittenband le laisse quitter les États-Unis pour Londres et Paris, où il espère être « moins livré aux journalistes », avant de revenir à Los Angeles.

La presse, qui a couvert la mort sinistre de Sharon Tate et qui adore transformer des héros en martyrs, ne le lâche plus. Sa victime en souffre aussi. Sa mère lit partout qu'elle a cherché à piéger le réalisateur en se servant de sa fille. Parfois, il est même écrit que l'adolescente a fourni de la drogue à ce pauvre homme, pour abuser de lui ! La famille Geimer, qui n'en peut plus, entame une négociation pour éviter à l'adolescente de comparaître en public, en échange de l'abandon des poursuites les plus graves. Polanski plaide donc coupable pour « relations sexuelles illégales avec une mineure ». L'expertise psychologique de l'époque, visiblement très favorable à l'accusé, estime qu'il n'a « rien d'un délinquant sexuel mentalement dérangé » et que « la victime n'était pas seulement physiquement mature, mais désireuse ». Le cinéaste écope d'une peine maximale de quatre-vingt-dix jours, mais sort plus tôt, au bout de quarante-deux jours, pour « bonne conduite », après avoir été mis à l'isolement pour ne pas être violé ou poignardé par ses codétenus.

À sa sortie de prison, sous pression médiatique, le juge fait savoir à ses avocats qu'il envisage finalement de l'y renvoyer, pour une peine plus longue, mais qu'il le ferait libérer ensuite, dans les cent vingt jours. Le réalisateur n'y croit plus : « Comment puis-je faire confiance à un juge qui a menti deux fois ? » Il s'affole à l'idée que ce juge, visiblement sensible à la pression médiatique et qui dispose d'un pouvoir discrétionnaire, lui colle une peine pouvant aller jusqu'à cinquante ans. Une justice qui change de règles sans cesse a de quoi paniquer. Et Polanski ne se sent pas de retourner en prison. Son instinct de survie est réveillé. Et lui dicte la fuite. Elle va durer trente ans.

Longtemps, la justice américaine a demandé son extradition. Alors que la Suisse vient de signer un traité d'entraide avec les États-Unis, il finit par être arrêté le 27 septembre 2009, en route pour le festival du film de Zurich, où il doit recevoir un prix pour l'ensemble de sa carrière. Le tribunal pénal fédéral accepte finalement sa libération conditionnelle en échange d'une caution de 4,5 millions de francs suisses (environ 3 millions d'euros) et d'une assignation à résidence avec bracelet électronique dans son chalet de Gstaad. Un vice de procédure le sauve in extremis. Les autorités américaines refusent de faire parvenir aux autorités suisses le procès-verbal permettant d'apprécier si « les quarante-deux jours que Roman Polanski avait passés dans la division psychiatrique d'une prison californienne couvraient la totalité de la peine d'emprisonnement qu'il devait exécuter[25] ». Ce qui les convainc de ne pas l'extrader. Le réalisateur retrouve sa liberté et peut circuler librement dans trois pays : la France, la Pologne et la Suisse. Il est arrêté une seconde fois en Pologne, où il vient assister à l'inauguration du musée Polin d'Histoire des Juifs du pays. Là encore, la demande d'extradition des États-Unis, très confuse, ne parvient pas à convaincre les magistrats polonais. Nul ne sait ce qu'il adviendrait s'il remettait un jour un pied aux États-Unis, où il n'a pas pu aller pour recevoir l'oscar du meilleur réalisateur pour *Le Pianiste*, l'histoire d'un musicien juif polonais luttant pour survivre lors de la destruction du ghetto de Varsovie.

D'une certaine façon, entre la peine exécutée et ce qu'il a enduré ensuite, on peut dire que Polanski a payé sa dette. Sa victime, Samantha Geimer, le pense : « Tout le monde devrait aujourd'hui savoir que Roman a purgé sa peine. Qui était… longue, si vous voulez mon avis[26]. » Hélas, ce n'est pas si simple. Car d'autres femmes, six publiquement et d'autres anonymement sur un site internet, l'accusent également de les avoir violées ces années-là[27]. L'actrice britannique Charlotte Lewis reproche au réalisateur de l'avoir « abusée sexuellement » lors d'un casting organisé chez lui en 1983, alors qu'elle n'avait que 16 ans. Renate Langer, ancienne actrice allemande, dit avoir été violée à deux reprises à l'âge de 15 ans. Marianne Barnard, américaine, déclare avoir été agressée sexuellement lors d'une séance photo sur une plage de Californie, alors qu'elle n'avait que 10 ans. Valentine Monnier, actrice et photographe française, affirme avoir été violée par le réalisateur à Gstaad, dans son chalet, alors âgée de 18 ans. La plupart de ces accusations portent sur une période précise et prescrite, de 1973 à 1975. Elles ne seront jamais jugées. Ce qui rend le débat sur son droit à retrouver une vie normale encore plus compliqué. Tout comme l'est de savoir si Roman Polanski est un pédocriminel présentant le risque de la récidive, ou un homme qui consommait trop de drogues à l'époque. Ses propres déclarations ne le servent pas.

L'homme n'a jamais caché son goût pour les très jeunes filles. Il le confirme même fièrement, à la télévision française en 1979, deux ans à peine après avoir fui la justice pour le viol de Samantha Geimer. Alors que le réalisateur vient faire la promotion de son film *Tess* au micro de Jean-Pierre Elkabbach, le journaliste l'interroge sur le fait d'avoir été arrêté aux États-Unis pour des « relations avec une gamine de 14 ans qui n'avait pas l'innocence de Tess » (on notera le mot « innocence » comme sous l'Ancien Régime). Mi-martyr mi-fanfaron, Polanski raconte son arrestation, l'isolement en prison, le risque qu'il encourt à retourner aux États-Unis... Quant à sa « préférence pour les petites filles », soulignée par le journaliste, voici ce qu'il répond : « Ma préférence pour les jeunes filles, disons, ou jeunes femmes, ça sonne mieux en français. Je ne l'ai jamais cachée, j'étais toujours entouré de jeunes filles. » Loin de se remettre en cause, il en veut aux États-Unis pour qui toute personne ayant « une relation sexuelle avec quelqu'un en dessous de 18 ans est un criminel ». Sauf que nous parlons d'une jeune fille de 14 ans et non de 17 ans, qu'il a poussée à obéir en usant d'un prétexte, de son autorité, d'alcool et de drogue.

Dans son autobiographie, Polanski décrit avec la même légèreté, délice et ivresse, la période qui a suivi sa fuite vers les États-Unis. Il s'est réfugié en Suisse, et constate avec gourmandise qu'il s'agit de « la capitale mondiale des collèges de jeunes filles les plus huppés » : « des centaines de jeunes femmes au frais minois, de toutes les nationalités », des « Cendrillon autorisées à sortir jusqu'à minuit le samedi » dont « le comportement chaque jour plus émancipé inquiétait de plus en plus les responsables scolaires à mesure que la révolution sexuelle qui balayait l'Amérique envoyait des vagues jusqu'à ces bastions suisses », « Ce fut alors que Kathy, Madeleine, Sylvia et d'autres dont j'ai oublié les noms jouèrent un rôle passager mais thérapeutique[28] ». Plus loin, il raconte avoir attendu des heures ces « Cendrillon » à la sortie du lycée, à peine frappé par cet éclair de lucidité : « Parfois, attendant au volant, le moteur tournant au ralenti pour le chauffage, je me prenais à me demander ce que je pouvais bien fabriquer là. »

Encore aujourd'hui, le cinéaste semble regarder ces conquêtes adolescentes comme les trophées d'un libertaire. Une inconséquence qui sied à sa génération, où les hommes ont volontiers cru que la libération sexuelle n'avait pas de limites, pas même celle de l'âge. Ce décalage, c'est encore Samantha Geimer qui en parle le mieux : « En 1977, Roman Polanski était imprégné de ce paradigme culturel, un point non négligeable. Il a bien entendu commis un acte répréhensible, néanmoins j'ai l'intime conviction qu'il ne m'a pas considérée comme une victime. Même si tout le monde ne le comprendra pas, je n'ai jamais cru qu'il ait cherché à me faire du mal ; il voulait me procurer du plaisir. Il était arrogant et excité mais je suis convaincue qu'il n'a pas tenté de tirer profit de ma souffrance. »

Elle-même se sent mieux depuis qu'elle lui a pardonné : « Si vous avez constamment de la haine dans le cœur, il n'y a que vous que vous faites souffrir. Ce n'est pas pour lui que j'ai pardonné. Je l'ai fait pour moi. Le pardon n'est pas un signe de faiblesse. C'est une force[29]. » Touché par son témoignage dans un documentaire le défendant, le cinéaste lui a écrit cette lettre : « J'aimerais que vous sachiez à quel point je suis désolé d'avoir tant bouleversé votre existence. En vous voyant dans le film, j'ai été impressionné par votre honnêteté et votre intelligence. Et, vous avez raison, ce serait bien qu'ils fichent la paix à votre mère ! C'est ma faute, pas la sienne[30]. » Enfin l'aveu d'une responsabilité.

L'homme qui a écrit ces lignes est devenu entre-temps père, d'adolescents, à qui l'on souhaite de ne jamais croiser un cinéaste égocentré. Cette époque est-elle révolue ou toujours d'actualité ? La question se pose pour savoir si lui-même présente encore aujourd'hui un danger. De la réponse dépend l'attitude à adopter. Et comme nous ne sommes pas de vrais juges, notre réponse dépend largement de notre perception, forcément partielle et partiale.

Ils en ont parlé...

Comment démarre la seconde affaire Polanski, elle qui fera tant de bruit après MeToo et aboutira à la crise des César ? Par une rétrospective qui s'ouvre le 30 octobre 2017 à la Cinémathèque française, soit vingt-cinq jours après le début de l'affaire Weinstein. Remontées à bloc, des féministes cherchent un cas français sur qui braquer les projecteurs pour importer cette prise de conscience. Et elles tombent sur cette annonce en ligne de la Cinémathèque : « Roman Polanski : un art visionnaire ». Comme pour les provoquer, le texte parle de « corps qui ne répond plus », de « regard oblique » permettant de s'affranchir de la « tyrannie des genres[31] ». Une soirée hommage est annoncée en présence du réalisateur. D'autres rétrospectives Polanski ont eu lieu par le passé, sous les applaudissements, sans un souffle de contestation. Pas cette fois. MeToo est passé par là. Et la polémique s'annonce.

Osez le féminisme donne le ton, en diffusant une photo de Polanski légendée « Violeur pédocriminel multirécidiviste. En fuite depuis 1978 ». Le communiqué, assassin, fait référence à l'affaire Weinstein, à la libération d'une parole ayant « mis en lumière toute la misogynie du milieu du cinéma », avant d'asséner que « la Cinémathèque française participe à la culture de l'impunité des violences masculines », « à l'idée que violer une enfant, ce n'est pas si grave devant le "génie de l'artiste" ». Le collectif met aussi en cause l'ensemble de la programmation de la Cinémathèque : « 22 programmations consacrées à des femmes contre 198 consacrées à des hommes. » Avant de placarder également la photo de son directeur, Frédéric Bonnaud, comme s'il avait lui-même violé des adolescentes. Son péché est ailleurs. Venant de la gauche libertaire, Bonnaud a eu le malheur de confier un an plus tôt avoir « parfois des pulsions de transgression » face aux nouveaux censeurs dans une interview[32]. Deux gauches s'affrontent ; l'une est victimaire, et l'autre est libertaire. Le débat pourrait s'engager. Mais Osez le féminisme préfère attaquer sous la ceinture et accuse la Cinémathèque de « culture misogyne assumée ». Ce qui revient à tout mélanger. Le collectif demande également que l'on coupe les subventions de cet organisme indépendant, et bien sûr qu'on annule la rétrospective consacrée à Polanski. Un appel à la censure qui hérisse Frédéric Bonnaud. Lui voit un parallèle avec la campagne des intégristes catholiques contre *La Dernière Tentation du Christ*, en 1988. Et annonce qu'il tiendra bon.

Le comité de la Cinémathèque soutient sa démarche. À commencer par son président, le réalisateur Costa-Gavras, qui a grandi sous la dictature grecque et dont l'œuvre défend la liberté de penser. Lui aussi parle de « censure pure et simple » : « Nous ne décernons ni récompenses ni certificats de bonne conduite. Notre ambition est autre : montrer la totalité des œuvres des cinéastes[33]. » Une position équilibrée, entendable sur l'œuvre, qu'il compromet en défendant l'homme Polanski : « Y a pas de viol dans cette histoire », déclare-t-il à la radio[34]. Quand le journaliste insiste sur le très jeune âge de Samantha Geimer au moment des faits, il s'agace : « Mais vous avez vu les photos ? Elle fait 25 ans ! Donc, il faut cesser de parler de viol. » Comme si l'apparence changeait la nature de l'acte. Le réalisateur évoque aussi le climat qui règne à Hollywood, les sollicitations permanentes, pour défendre la thèse d'une relation consentie.

La rétrospective est maintenue. Mais deux Femen accueillent Polanski en lui criant « Pas d'honneur pour les violeurs ». Comme toujours, elles portent aussi un message ironique sur leur poitrine : « VIP » pour « Very Important Pedocriminal ». Elles sont évacuées. À la sortie, Inna Shevchenko, qui a mené l'action, en profite pour déclarer à la presse que « le temps du silence est terminé » : « La peur et la honte doivent changer de camp. » À l'extérieur, des dizaines de militantes féministes manifestent avec des pancartes et des slogans qui vont plus loin. La porte-parole d'Osez le féminisme, Raphaëlle Rémy-Leleu, exige de censurer l'œuvre de Polanski, « d'annuler la rétrospective » et demande « des excuses de la Cinémathèque ». Ce qui oblige les ministres à se positionner, chacun dans son rôle. La ministre de la Culture, Françoise Nyssen, défend la liberté culturelle : « Il s'agit d'une œuvre, il ne s'agit pas d'un homme, je n'ai pas à condamner une œuvre. » La secrétaire d'État en charge de l'Égalité et des Droits des femmes, Marlène Schiappa, regrette qu'on « déroule le tapis rouge » aux agresseurs sexuels.

La polémique ne fait que commencer. Elle rebondit lorsque des féministes découvrent qu'une prochaine rétrospective de la Cinémathèque prévoit de célébrer… Jean-Claude Brisseau ! Un cinéaste condamné douze ans plus tôt, pour le harcèlement sexuel de deux jeunes actrices qui espéraient décrocher un rôle dans l'un de ses longs-métrages, *Choses secrètes*, un thriller érotique. Cette fois, l'œuvre du réalisateur pose elle-même question. À l'image de son film *Noce blanche*, interprété par Vanessa Paradis et Bruno Cremer, qui nous conte la passion d'un professeur âgé pour sa très jeune élève. Ce n'est pas du tout le sujet de *J'accuse*, que des féministes menacent de boycotter ou même de censurer à sa sortie en 2019. Sans qu'il faille comparer le sort de Polanski à celui du capitaine Dreyfus. Le réalisateur s'est hasardé sur ce terrain au début de la promotion du film, évoquant ses propres persécutions, avant de corriger le tir : « Je n'oserai jamais me comparer à Dreyfus[35]. » Et de fait, s'il peut se mêler de l'antisémitisme à la rage contre ce réalisateur, le capitaine n'a pas été envoyé au bagne pour avoir drogué et sodomisé une adolescente.

Au final, la rétrospective Polanski est maintenue, mais celle consacrée à Brisseau est reportée *sine die*. Et le débat s'échauffe. À la veille des César où concourt *J'accuse*, la France est coupée en deux. Un dessin humoristique tourne sur les réseaux à propos de l'affaire Polanski. Il parodie le « dîner de famille », ce dessin de Caran d'Ache paru dans *Le Figaro* au moment de l'affaire Dreyfus. Des membres d'une même famille sont réunis pour dîner. Sur une première vignette, le chef de famille leur adresse une supplique : « Surtout, ne parlons pas de l'affaire Dreyfus. » La vignette d'après, la table est renversée, les chaises ont volé, tout le monde s'est sauté à la gorge, et la légende précise : « Ils en ont parlé. » Dans le dessin de mai 2021, le chef de famille s'inquiète : « Surtout ne parlons pas de l'affaire Polanski. » Le dessin d'après, les chaises ont volé.

III

La honte !

Lorsque le film *J'accuse* est sorti, bien qu'il porte sur une affaire Dreyfus qui me passionne, je n'ai pas eu envie d'aller le voir en salle, ni d'acheter un ticket. Il me serait encore moins venu à l'idée d'aller manifester devant le cinéma Champollion à Paris comme une poignée de féministes. Des mois plus tôt, le maire du quatrième arrondissement, à qui l'équipe de Polanski demandé l'autorisation de tourner quelques scènes dans le quartier, m'appelle pour connaître mon avis « en tant que féministe ». Sans y avoir trop réfléchi, spontanément, je lui réponds : « Si des gens ont envie de travailler avec Polanski, je ne vois pas au nom de quoi on l'empêcherait de tourner. » Comme citoyenne, je ne m'y sens aucun droit. Comme spectatrice féministe, membre de l'académie des César, je préfère attendre le coffret pour regarder *J'accuse* chez moi, sur mon écran… Et je m'endors (un peu). La première scène est sublime, la suite inégale. À mes yeux, forcément subjectifs, l'œuvre ne mérite ni d'être brûlée, ni de tout rafler aux César.

Le film est nommé dans douze catégories, au grand dam d'associations féministes. Un collectif, J'accuse Polanski, réclame même le retrait du film de la compétition[1] ! Une colère qui va retomber sur les chaussures d'Alain Terzian, le président de l'académie des César.

Invité pour se justifier à la télévision, l'homme tente en vain de rappeler qu'il s'agit de simples nominations, sur vote des membres de l'académie, qu'il n'y est pour rien et s'interdit même « d'exprimer un avis, ni sur les films ni sur les réactions » pour ne pas « influencer » le choix final[2]. De fait, ce n'est pas lui qui décide de ces nominations, mais les votants, de façon démocratique et constatée par huissier : un collège de plus de 4 000 électeurs, tous professionnels du métier. Leurs nominations sont un peu vite perçues comme un blanc-seing. En réalité, la plupart des électeurs, souvent des techniciens, ont nominé un cinéaste dont ils aiment l'œuvre, qui tourne ses films en France et qui les fait travailler, un critère important aux César. Mais le Collectif 50/50, militant pour la parité au sein du cinéma, en profite pour dénoncer un collège largement masculin. Il l'est essentiellement parce que les hommes font plus volontiers cette démarche, prestigieuse mais facultative, que les femmes. Terzian s'engage à tout entreprendre pour s'approcher de la parité, mais il n'est plus audible. D'abord parce qu'il a eu la mauvaise idée de vouloir confier la présidence de la cérémonie précédente à Roman Polanski (avant de reculer). Ensuite parce qu'il règne sur les César depuis dix-sept ans. Certes, il les a sauvés du gouffre financier, a su les faire rayonner sans jamais se les approprier, mais cela n'est pas porté à son crédit. En dix-sept ans de règne, il a eu le temps de se faire un nombre incalculable de rivaux, qui vont tous profiter de #MeToo et de la rumeur pour le dégager. La plus insistante clame qu'il serait visé lui-même par une enquête de Mediapart. En réalité, ses journalistes ont retourné tout Paris, en vain. Elle ne sortira jamais. Mais on ne le sait pas encore, et cette l'épée de Damoclès le fragilise. Une autre rumeur se demande s'il n'aurait pas piqué dans la caisse. C'est faux. Sa gouvernance a permis de sauver l'académie et de mettre de l'argent de côté. Ces mois d'attaques, parfois en dessous de la ceinture, le poussent à démissionner. « Je me suis fait assassiner avec une violence inouïe », confiera-t-il, blessé, et quasiment annulé. Au revoir César, l'ère des nouveaux César a commencé. MeToo ayant un rôle décisif dans cette nouvelle répartition des pouvoirs.

César et réglements de comptes

Les hostilités ont commencé avant même les douze nominations de Polanski, par une bourde de lèse-majesté propre à déchaîner les féministes en vue du célèbre dîner des révélations, qui précède la cérémonie. C'est une idée de Terzian, destinée à mettre à l'honneur les nouveaux talents de l'année. S'ils sont sélectionnés, on leur demande de choisir un acteur ou une actrice plus confirmée, ou une personnalité du métier, pour les accompagner à cette soirée comme parrain ou marraine. Alors qu'un jeune acteur a demandé Virginie Despentes, l'académie n'a pas donné suite. Le scandale est immédiat. Et Terzian aussitôt accusé. Comme je le croise à cette époque, pour réaliser une comédie lesbienne et féministe finalement impossible à monter en raison de l'hostilité qui se lève contre lui, j'en profite pour lui demander ce qui s'est passé… Il m'explique, un peu confus, qu'il préfère que les marraines ou les parrains soient des actrices ou des réalisatrices, pas des écrivaines, en omettant qu'entre deux livres, Despentes a aussi réalisé des films. Comme *Baise-moi*, qu'il a d'ailleurs défendu à l'époque contre les intégristes catholiques voulant le censurer. C'était il y a vingt ans et il a totalement oublié. Et je le crois car c'est bien son style. Mais le bureau des César a également omis de contacter Claire Denis, une réalisatrice féministe choisie par une autre « révélation », ce qui fait beaucoup. La polémique n'en finit plus d'enfler. La SRF, la Société des réalisatrices et réalisateurs français, très à gauche, longtemps présidée par Christophe Ruggia, désormais sous influence de réalisatrices comme Céline Sciamma, exige « des explications quant à ces agissements opaques et discriminatoires ». Deux cents personnalités du cinéma français en profitent pour dénoncer le fonctionnement « élitiste et fermé » de l'académie et réclamer « une réforme en profondeur » dans une tribune[3]. Omar Sy ou encore Agnès Jaoui l'ont signée.

Autant dire qu'à la veille de la 45e cérémonie, les couteaux sont tirés. Un climat qui retombe sur les épaules de l'humoriste choisie de longue date par Alain Terzian pour animer la cérémonie, la très talentueuse et très féministe Florence Foresti. L'enfer va s'ouvrir sous ses pieds. Un peu comme dans le dessin « Ils en ont parlé… ». Pourtant, au début de la cérémonie, on commence par en rire. Comme dans *La Haine*, jusqu'ici tout va bien. Après un premier sketch vidéo hilarant, l'humoriste se lance dans un monologue d'ouverture à la Ricky Gervais, où chacun en prend pour son grade. Ironisant sur le nombre de personnalités du métier qui lui ont souhaité « bon courage », elle se demande si elle devrait passer une IRM et se moque du risque contemporain d'être « annulé » : « Y a plus une seule photo de moi en black face en train de faire un salut nazi dans mon téléphone. » Puis elle promet, faussement, de ne faire aucune blague capable d'offenser : « On va se faire chier. » En quelques mots, l'humoriste a réussi à détendre ce petit monde, si inquiet de son image et des réactions que la cérémonie pourrait susciter. Mais le plus dur commence : « Pour qu'on soit tranquille, faut qu'on règle un dossier… Il y a douze moments où on va avoir un souci. Je pose la question, sinon ça va nous pourrir la soirée… kékonfait ? » Tout le monde perçoit bien sûr l'allusion à Polanski, nominé douze fois et que Foresti désigne de la main comme étant de petite taille. « Kékonfait avec Roro… kékonfait avec Atchoum ? Ne faites pas comme lui, ne faites pas l'innocent. Vous voyez très bien de qui je parle. On applaudit ? On n'applaudit pas ? Faut qu'on se mette d'accord. Non parce qu'il est hors de question que j'assume ça toute seule. Vous êtes très sympathiques, je vous aime beaucoup, mais allez vous faire enculer. »

Rires expiatoires. Et Foresti d'ironiser sur leur nouveau statut de juge conféré par MeToo : « Quarante-trois ans après les faits, je ne vais pas régler le problème comme ça. Moi à l'époque, au moment des faits, j'ai 3 ans, je suis à Lyon, pénard, en plein stade anal, en train d'essayer de faire rentrer des carrés dans des ronds… Lui, il est à Hollywood… Au même stade… Et je devrais me retrouver juge d'application des peines ! » Verdict de la maîtresse de cérémonie ? Une pirouette bien sentie : « De mon côté, le problème est réglé, j'ai décidé qu'Atchoum n'était pas assez grand pour faire de l'ombre au cinéma français et au reste de la sélection. » Tout le monde, ou presque, applaudit.

Après coup, les soutiens de Polanski reprocheront à Foresti de s'être moqué de sa taille, en rappelant qu'elle porte la marque de sa sous-alimentation et d'une enfance passée dans le ghetto de Varsovie. Sur le moment, dans la salle, on rit, et de bon cœur. Surtout qu'il faut du cran pour aborder ces sujets, et briser les tensions dans un éclat. Comme lorsque Foresti annonce les dix nominations de *Portrait de la jeune fille en feu*, « un casting exclusivement féminin et une équipe à majorité féminine » et les onze nominations pour *Les Misérables*, « que des hommes », avant de regretter qu'ils n'aient pas fait un film ensemble : « *Portrait des Misérables en feu*, on cochait toutes les cases. » Sous les rires, une réalité : celle d'une grande famille du cinéma polarisée comme jamais, à l'image de la société, entre clans et sensibilités. Même les œuvres en compétition le racontent.

Derrière Roman Polanski et *J'accus*e tremble un monde inquiet de l'antisémitisme. Derrière Céline Sciamma et son *Portrait de la jeune fille en feu*, bat un nouveau monde qui ne pense qu'à la révolution féministe. Derrière Nicolas Bedos et sa *Belle Époque* vibre un monde créatif et nostalgique d'une certaine liberté. Derrière Ladj Ly et *Les Misérables* cogne une masculinité en lutte contre les violences policières. Tous ces mondes pourraient faire résonner une corde en nous. Mais comment se sentir en harmonie quand la corde qui sonne l'alerte contre l'antisémitisme silencie MeToo, quand celle qui sonne la révolution féministe étouffe la présomption d'innocence, et quand celle qui tonne contre les violences policières chante en même temps la masculinité toxique ?

De la corde dépend la flèche qu'on peut avoir envie de décocher lors d'une compétition. Or ce soir-là, toutes les flèches sont tournées vers Polanski. Aucune ne visera Ladj Ly, pourtant condamné, plus récemment que lui, pour un raid machiste : avoir aidé un ami à enlever sa sœur, à l'enfermer dans un coffre de voiture, pour lui faire payer d'avoir flirté avec un homme[4]. En pleine tempête MeToo déferlant sur les César, personne n'a osé ce rappel, ni la moindre polémique, alors que *Les Misérables* vont tout rafler : prix du jury à Cannes, représenter la France aux Oscars, jusqu'au césar du meilleur film. À peine a-t-on entendu tousser en ne voyant que des hommes monter sur scène pour savourer leur triomphe. De toute façon, la fête est finie. Très exactement depuis le prix précédent. Depuis que Roman Polanski a remporté, pour la cinquième fois, le césar de la meilleure réalisation, un record pour cette catégorie.

Dans la salle, Céline Sciamma et l'équipe de *Portrait de la jeune fille en feu* repartent quasiment bredouilles… Et bouillonnent, même. Sur son siège, Adèle Haenel, son actrice principale, brûle d'indignation. Elle finit par se lever, suivie par sa réalisatrice, et quitte la salle en criant « la honte ! la honte ! », « vive la pédophilie ! ».

Sur scène, on a perdu la maîtresse de cérémonie. Même si Polanski n'est pas venu chercher son prix, Foresti refuse de venir remettre ce césar. On lui en voudra de cette défection. Dans les médias, les jours qui suivent, la polémique est vive. Chacun y va de son avis tranché sur la cérémonie, vécue comme un naufrage. Beaucoup de juifs soutiennent Polanski, beaucoup de femmes sont derrière Céline Sciamma, et beaucoup d'hommes, racisés ou non, se réjouissent du succès de Ladj Ly. Le camp Bedos, qui méritait pourtant le césar du meilleur réalisateur cette année-là, en sort laminé. Ce n'est pas la bonne année et Bedos sera lui-même bientôt annulé, visé par des plaintes et une enquête de Mediapart, où des femmes l'accusent de mal se comporter en état d'ivresse et en soirée…

En attendant, c'est cette soirée, infernale, que tout le monde a très mal vécue. Les uns y voient un référendum contre MeToo, les autres un autodafé antisémite. Invitée à m'exprimer, j'essaie de décrypter le message des votants. À mes yeux, le dernier film de Polanski ne valait pas un cinquième césar comme meilleur réalisateur, « c'est quand même une façon de dire qu'on n'a pas envie d'entendre MeToo ». Mais je m'étonne que Ladj Ly ne soulève, lui, aucun débat. Et je défends le geste d'Adèle Haenel : « Je comprends que son corps se soit levé[5]. » En revanche, plus les mois passent, moins je comprends ce qui se passe dans sa tête.

La triste vie d'Adèle

C'est l'histoire d'une comédienne adulée de la jeunesse, icône MeToo, qui va brûler tous ses vaisseaux sur l'autel de la « révolution », et passer en quelques mois d'un « moment Adèle Haenel » à son clap de fin. Une mise à feu qu'il faut raconter, pour mesurer à la fois les dégâts de l'emprise ; d'autant plus triste qu'Adèle Haenel avait beaucoup de talent et donnait de l'espoir à toute une jeunesse, à moi-même, en montrant qu'une jeune actrice pouvait à la fois assumer son lesbianisme et réussir au cinéma. C'est assez rare pour émouvoir. J'ai l'occasion de le lui dire un soir au festival de Cannes, très rapidement, lors d'une fête de plage autour de *Portrait de la jeune fille en feu.* Nous sommes un an avant les César de la honte et nos parcours se croisent en sens inverse.

À 20 ans, j'ai renoncé à faire du cinéma comme réalisatrice, tellement ce monde me semblait « genré » et machiste, avant d'y revenir à 40 ans, après avoir combattu l'homophobie et pour l'égalité des droits. En ayant l'agréable surprise de découvrir que les mentalités ont évolué. Adèle Haenel, passée d'actrice à militante, a fait le chemin inverse.

Elle est née dans un monde plus égalitaire que le mien, mais elle a tourné jeune, sans doute trop, avant d'en déduire que ce métier était irrespirable, sexiste, et de lui faire ses adieux. Pouvait-elle s'y épanouir sachant comment sa relation au cinéma a démarré ? Au départ de sa carrière, il y a un film, *Les Diables*, et un réalisateur, Christophe Ruggia, qui va la marquer de son empreinte. Le film dans lequel la jeune Adèle crève l'écran raconte l'histoire d'un frère et d'une sœur de 12 ans livrés à eux-mêmes, ayant une relation incestueuse. Même après le tournage, de ses 12 à 15 ans, la très jeune comédienne revoit le réalisateur, devenu son mentor. Toutes les semaines, elle se rend à son domicile, comme un rendez-vous particulier, parfois pour parler d'un livre, d'autres pour regarder un film, et parfois le réalisateur en aurait profité pour brouiller les frontières. Une relation qu'Adèle Haenel qualifie d'emprise. Elle parle même d'agression sexuelle. C'est le sens de sa prise de parole publique, deux ans après MeToo, et quatre mois avant de crier « la honte » aux César.

L'entretien, mis en ligne le 4 novembre 2019, a été annoncé par Médiapart comme un événement : « Adèle Haenel brise un nouveau tabou dans le cinéma. » Edwy Plenel, qui l'interroge, parle de « moment Adèle Haenel ». Jamais avare de mise en scène, il l'interroge de sa voix feutrée, la tête penchée, les yeux plissés, le sourcil marquant chaque silence comme étant historique. En face, de son aveu « très stressée », l'actrice donne à voir sa souffrance (perceptible à l'œil nu) et passe par tous les visages : de la petite fille blessée à la militante exaltée, les yeux écarquillés. À ses côtés, Marine Turchi, la journaliste MeToo de Mediapart, défend son enquête comme unique. Elle a bien des mérites, en effet, elle est fouillée, mais se résume à des dizaines de coups de fil et à une lettre de Ruggia, où chaque témoignage est choisi pour conforter la parole de l'actrice.

Que nous dit Adèle Haenel ce jour-là ? Elle décrit une relation où le cinéma sert de piège à adolescentes. L'influence d'un réalisateur qui la prend sous son aile, l'aime comme sa créature, cherche à la séduire malgré son immaturité. Un amour « déplacé » tentant de gagner du terrain, centimètre après centimètre, en la faisant asseoir toujours au même endroit, en passant parfois une main sous son T-shirt, dans l'espoir de caresser plus d'intimité. Ce qu'elle décrit comme du « harcèlement sexuel permanent », des « attouchements » répétés, des « baisers forcés dans le cou » et « un amour lourd à porter ». Ce dispositif, qui a duré des années, laisse des traces quand on se construit. Même si cela peut paraître peu à des femmes ou à des hommes violés par la force. Un ami du métier, proche de la comédienne, m'a raconté avoir baissé son pantalon pour lui montrer la cicatrice qu'il porte à l'anus en souvenir d'une agression : « Bon sang, Adèle, un viol c'est ça ! » L'actrice appartient à cette génération qui peine à voir la différence. Ce qui ne l'empêche pas de décrire un mal bien réel : un système d'emprise mis en place par un adulte pour séduire une adolescente au prétexte du cinéma : « Cette personne met en place un système d'isolement (...) pour m'avoir chez lui, à disposition tous les week-ends », dans le but de « la tripoter ». Dans son droit de réponse, Christophe Ruggia se présente comme « le premier admirateur d'Adèle Haenel », reconnaît avoir « commis l'erreur de jouer les pygmalions » et son « emprise à l'égard de l'actrice », mais réfute « les gestes physiques et le comportement de harcèlement sexuel dont elle (l)'accuse ».

Cette accusation, Adèle Haenel a mis longtemps à la formuler. Deux événements vont lui servir de déclic : la diffusion à la télévision d'un documentaire, *Leaving Neverland*, qui raconte comment Michael Jackson se servait de sa notoriété et de son immense aire de jeux pour attirer des enfants dans son lit. Et l'annonce d'un prochain film de Ruggia, toujours avec des adolescents, qui prévoit un personnage portant le même prénom qu'elle dans *Les Diables*... La peur de voir le même manège se reproduire, avec une autre Adèle, la pousse à parler. Sur le plateau de Mediapart, la féministe Iris Brey insiste pour y voir un tournant : « On vient d'assister à quelque chose de très important. Jusqu'à maintenant en France, depuis MeToo, on n'a pas vraiment voulu avoir ces conversations post-MeToo, on n'a pas voulu avoir notre Weinstein, on a voulu protéger les artistes, on a voulu protéger le cinéma, et en pensant qu'on protégeait ces hommes et ces œuvres, on a oublié d'écouter. »

Cette alerte mérite d'être entendue. Elle va l'être, de façon nucléaire. Les conséquences de cette accusation seront très lourdes pour Ruggia, figure du cinéma progressiste, immédiatement rayé de la SRF (qu'il a coprésidée avec Céline Sciamma du temps où la réalisatrice sortait avec Adèle Haenel), et qui ne tourne plus depuis. Dans un premier temps, qui rappelle l'hostilité des féministes révolutionnaires aux procès des années 1970, l'actrice refuse de porter plainte : « La justice nous ignore, on ignore la justice. » C'est ce qu'elle déclare à Mediapart. Mais le parquet va s'autosaisir, pour ne pas laisser pareilles accusations sans réaction juste après MeToo. Une enquête préliminaire est donc ouverte pour « agressions sexuelles » sur mineure de moins de 15 ans « par personne ayant autorité » et « harcèlement sexuel ». Dans la foulée, l'actrice finit par porter plainte, « pour ne pas se dérober ».

Après des mois d'investigation et une confrontation, la justice saura-t-elle trancher un cas si délicat ? De cette frontière fragile, au carrefour de l'emprise et l'abus, il n'existe que deux acteurs et témoins, et ils n'ont pas le même ressenti. C'est celui d'Adèle Haenel qui compte le plus puisqu'elle était mineure au moment des faits et qu'elle en souffre depuis : « Les agresseurs peuvent se raconter toute une histoire romantique au sujet d'une histoire qui n'est pas du romantisme, qui est de l'oppression. » Il faudrait être aveugle pour ne pas voir l'empreinte de cette rencontre sur sa façon d'être au monde, courant d'une emprise à une autre, toujours dans l'excès, selon sa dévotion au mentor du moment. On sent chez la comédienne, selon ses propres mots, « une colère qui part peut-être dans tous les sens ». Au point de finir sous emprise d'un groupuscule très en colère lui aussi, et même hautement sectaire : Révolution permanente, ravi de capter son aura.

Depuis qu'elle a rejoint cette secte anti-capitaliste et propalestinienne, sa nouvelle famille, Adèle Haenel n'est plus apparue que les yeux fixes, le visage tordu de haine. Comme en février 2023, lorsqu'elle demande à la jeunesse de mettre le « feu » contre la réforme des retraites : « Vous pouvez mettre la misère aux capitalistes et aux bourgeois et faire le portrait de la jeunesse en feu[6]. » À la tribune de Révolution permanente, ce jour-là, l'actrice traite l'ensemble des membres du gouvernement (dont des ministres ayant raconté avoir été violés enfants) de « violeurs ». Juste après cette sortie, on la verra brandir, aux côtés de Céline Sciamma, le portrait du terroriste du FPLP Georges Ibrahim Abdallah, condamné à perpétuité pour avoir assassiné des diplomates américains et israéliens à Paris dans les années 1980. Les deux femmes exigent sa libération.

Mordue du romancier Céline, Adèle Haenel semble visiblement adhérer à toutes les obsessions de Révolution permanente, notamment sur la Palestine. Avant de préciser, sous le feu des critiques, qu'elle ne partage pas forcément « les méthodes du Hamas », l'organisation marxiste révolutionnaire s'est réjouie des attaques du 7 octobre 2023. Un article paru sur son site se félicite le jour même d'« une offensive surprise » de « la résistance palestinienne » : « Des scènes spectaculaires montraient des combattants palestiniens traverser la frontière en parapente ou à bord de pick-up ; les forces palestiniennes ont aussi réussi à détruire des tanks, à occuper des bases militaires israéliennes et à reprendre des colonies près de Gaza. Il s'agit d'une offensive sans précédent qui a permis aux combattants palestiniens de prendre en otage des militaires, y compris des officiers, mais aussi certains civils[7]. » On notera qu'il n'existe plus aucune colonie dans la bande de Gaza depuis 2005… Sans que cela nuise à l'enthousiasme du groupuscule pour le kidnapping ou le massacre de jeunes pacifistes et de civils. Quand ils ne poussent pas des homosexuels du haut des murs à Gaza, les valeureux fanatiques du Hamas ont parfois coupé les seins des femmes qu'ils venaient de violer à plusieurs.

Voilà pour les nouveaux héros, si inclusifs, aux yeux du mouvement d'Adèle Haenel. Elle ne s'en est pas démarquée. Pas plus qu'elle ne s'émeut des positions sexistes du leader de Révolution permanente, Anasse Kazib. Un islamo-marxiste qui défend l'association salafiste Barakacity (qui efface les visages des femmes sur son site et se réjouit de l'arrivée au pouvoir des Talibans), les chauffeurs de bus intégristes refusant de serrer la main aux femmes, ou encore son grand ami Taha Bouhafs… accusé de violences sexuelles[8]. Or Kazib, c'est l'homme qui tient les ficelles de la révolution rêvée par l'actrice, celle qu'elle voudrait voir déferler sur le cinéma. Au point de s'impatienter, et de lui faire des adieux fracassants le 9 mai 2023.

Ce n'est pas la première fois. En 2022, déjà, Adèle Haenel avait annoncé qu'elle arrêtait de tourner avec des réalisateurs établis pour se consacrer à la révolution. Elle va donc refaire ses adieux, plus spectaculaires encore, dans une lettre envoyée à *Télérama.* Le magazine s'inquiétait de sa disparition. Il est ravi de recevoir une réponse et de la publier, en exclusivité et en accès payant. Dans ce courrier, très commenté, mais que beaucoup n'ont pas lu jusqu'au bout (seulement la partie gratuite ou les résumés dans la presse), l'actrice dit « vouloir politiser son arrêt du cinéma pour dénoncer la complaisance généralisée du métier vis-à-vis des agresseurs sexuels et plus généralement la manière dont ce milieu collabore avec l'ordre mortifère écocide raciste du monde ».

Tous les mots semblent avoir été choisis pour exagérer. Au cinéma, elle reproche son silence, de « ne surtout parler de rien », « alors que la biodiversité s'effondre, que la militarisation de l'Europe s'emballe ». Plus le manifeste déroule, plus il devient incohérent. Comédienne pour encore quelques minutes, Adèle Haenel crie au silence, comme si elle n'avait jamais été soutenue, ni entendue, ni couverte d'éloges par la presse, ni reçu de prix, comme si sa voix n'avait jamais porté, comme si rien n'avait changé... Juste parce que le festival de Cannes continue à exister, et que des films se tournent toujours : « Les chefs se lèvent et pètent, les larbins du capital ricanent et applaudissent. Ils sont agrippés à leurs coupes de champagne rosé, prêts à chanter à ces ultra-riches lobotomisés par le pouvoir toutes leurs plus belles chansons pour leur dire qu'ils seront toujours les plus innocents. Que c'est vrai, les pauvres sont pauvres et c'est malheureux, que les femmes sont violées et c'est malheureux aussi, mais que ce n'est la faute ni des riches ni du système qui les exploite. Et d'ailleurs la grande industrie produit à dose homéopathique des films sur des pauvres héroïques et des femmes exceptionnelles, histoire de capitaliser toujours davantage sur notre dos sans donner aucune force à notre mouvement. Que tout le monde reste bien à sa place. Je le redis : la HONTE. »

On croirait voir rejoué, en mode parodique, ce moment de Mai 1968 où Godard et Truffaut exigeaient d'annuler Cannes pour être solidaires de la révolte étudiante et sociale. Tout sonne faux. Pour une raison simple : le silence dénoncé n'existe pas. A moins d'oublier le torrent de réactions et le bruit médiatique déclenché par son fameux « La honte » lors de la 45e cérémonie des César, acclamé dans la presse, la révolution de palais ayant refondé entièrement les César, désormais quasiment à parité, ou que Polanski a été rayé des membres d'honneur de l'académie, ou que Ruggia et tant d'autres ont été annulés.

Il faut être malhonnête ou aveugle pour écrire que rien n'a bougé. Mais pour une jeune révolutionnaire, ce n'est jamais assez : « Dans un contexte de mouvement social historique, on attend de voir si les pontes du cinéma comptent – comme les sponsors de l'industrie du luxe – sur la police pour que tout se passe comme d'habitude sur les tapis rouges du festival de Cannes. » Au fond, ce n'est plus son sujet. Adèle Haenel n'est plus là pour nous parler de cinéma ou de MeToo. Rien n'ira, à ses yeux, tant que le capitalisme vivra. Elle l'écrit noir sur blanc : « Continuer de rendre désirable ce système est criminel. Il y a urgence : il n'y a plus d'avenir vivable pour personne à très court terme dans le cadre du capitalisme. » En vertu de quoi, Adèle Haenel, tragédienne jusqu'au bout, tire le rideau sur le cinéma français : « Face au monopole de la parole et des finances de la bourgeoisie, je n'ai pas d'autres armes que mon corps et mon intégrité. De la cancel culture au sens premier : vous avez l'argent, la force et toute la gloire, vous vous en gargarisez, mais vous ne m'aurez pas comme spectatrice. Je vous annule de mon monde. » Le manifeste se termine par une ode à Gisèle Vienne, la seule artiste digne de ce nom à ses yeux et sa nouvelle emprise amoureuse : une marionnettiste de théâtre qui manipule « des poupées cruelles ».

Tempête sur la Croisette

Après les César, c'est au tour de la 76e édition du festival de Cannes de subir la colère des partisans d'Adèle Haenel. Sa lettre est parue juste avant son ouverture, le 16 mai 2023. Et bien sûr, vu son écho médiatique, un parterre d'applaudissements, une ribambelle de comédiennes et de comédiens vont s'empresser de crier avec elle[9]. Cent vingt-trois acteurs et actrices se disent solidaires de ses adieux au cinéma : « Nous profitons de cette tribune pour dire avec elle : "LA HONTE". »

Je vous rassure, aucun des signataires, ni Julie Gayet ni Laure Calamy, n'envisage de quitter ce métier pour autant. Solidaires de son cri, pas de sa démarche, les signataires se contentent de dénoncer avec elle un « cinéma français » ayant « intégré un système dysfonctionnel qui broie et anéantit », un « système basé sur les principes de domination et de silenciation ». Aucun exemple n'est donné. Les auteurs de la tribune se contentent de se dire "indignés" par les « positionnements politiques affichés par le festival de Cannes », qui reçoit toutes les fléchettes pour avoir programmé *Jeanne du Barry* de Maïwenn (avec Johnny Depp) et *Le Retour* de Catherine Corsini : « En déroulant le tapis rouge aux hommes et aux femmes qui agressent, le festival envoie le message que dans notre pays nous pouvons continuer d'exercer des violences en toute impunité. » Des hommes et des femmes qui agressent ? De qui parlons-nous ?

Ces mots visent, en premier lieu, la réalisatrice Maïwenn, critiquée pour avoir choisi Johnny Depp pour interpréter son Louis XV, celui aux pieds duquel elle se met à genoux en incarnant Jeanne du Barry. On a bien le droit de reprocher au film et à sa réalisatrice de confondre féminisme et courtisanerie, mais de là à le censurer au nom de MeToo, il se dégage comme un fumet de terreur mal placé. Comme si Maïwenn avait violé son acteur ! Son crime de lèse-majesté est ailleurs : avoir molesté quelques semaines plus tôt dans un restaurant Edwy Plenel, le patron de Mediapart, média préféré de la gauche radicale et branchée.

Alors qu'ils déjeunaient à quelques tables l'un de l'autre, Maïwenn s'est levée pour lui tirer les cheveux et lui cracher dessus. Personne ne sait alors pourquoi, mais tout Paris s'en doute. La réalisatrice, maltraitée dans son enfance, connue pour son tempérament volcanique, n'a pas digéré la façon dont Mediapart a mené l'enquête contre Luc Besson. Alors que la comédienne n'a pas voulu s'exprimer sur le père de sa fille en public, Mediapart a forcé sa parole : en faisant fuiter des extraits de son témoignage recueilli au cours de l'enquête par la police. Un récit franc et détaillé, intime, peu flatteur pour son ancien mari, mais qu'elle croyait réservé à la justice... Et qu'elle a vu s'étaler dans la presse. Ce qui, sous prétexte de donner des leçons de consentement, représente un viol de son intimité. D'où le crachat contre le directeur de Mediapart. Voilà pour la « femme qui agresse ». Quant à l'homme agressé, Edwy Plenel, il a parlé de « sidération », comme après un viol, pour un crachat. Une « honte », nous disent les signataires. On est pourtant loin de l'affaire Weinstein.

L'autre reproche vise l'acteur choisi par Maïwenn pour incarner son roi dans *Jeanne du Barry*. Il y a de quoi tiquer en voyant l'acteur monter le tapis rouge, quelques semaines seulement après le procès en diffamation gagné contre son ancienne compagne, Amber Heard ; sachant qu'elle se remet douloureusement du flot de haine masculiniste reçu à l'occasion de cette confrontation ultra-médiatisée, suivie dans le monde entier. On peut le relever, le commenter, sans réclamer pour autant de censurer un film. Un festival de cinéma n'est pas un tribunal. Il est censé juger les œuvres et non les êtres. Est-ce à lui d'annuler une sélection et l'espoir de toute une équipe, juste parce que Johnny Depp y tient un rôle ? Sur quel critère ? Les faits reprochés ? Leur réalité ou leur perception ? En l'occurrence, qui peut prétendre connaître la vérité sur le couple Depp-Heard ?

La justice elle-même n'a jamais tranché sur le fond. Johnny Depp a gagné son procès, mais il en a perdu un autre, trois ans plus tôt, contre un tabloïd, *The Sun*, qui l'accusait d'être « un batteur de femmes ». Dans les deux cas, nous parlons de procès en diffamation, et non au pénal. Dans l'opinion, pourtant, les avis sont très polarisés sur ces verdicts. Chacun s'est forgé une intime conviction selon sa sensibilité, et ses sources d'information. Ceux qui ont regardé *Johnny Depp vs Amber Heard* sur Netflix, ou *La Fabrique du mensonge* sur France 2, sont convaincus que cet acteur, accro à toutes sortes de substances, est un homme battant. Ceux qui ont suivi l'intégralité du procès ont perçu une relation toxique, cousue de dynamiques perverses, où Johnny Depp, sous l'emprise de l'alcool et de stupéfiants, peut en effet mettre sa femme sous la peur d'un dérapage physique… qu'Amber Heard alimente parfois en lui refusant de s'éloigner, comme il le souhaite, pour se calmer. Ce qui raconte une toxicité plus partagée. Amber Heard n'étant pas exempte de violence. On ne compte plus le nombre de bouteilles qu'ils se sont envoyées à la figure, les coups et les blessures, des hématomes pour elle et un doigt coupé pour lui. On peut se réjouir de les savoir séparés. On peut même trouver ce couple éminemment dysfonctionnel et pathétique. La question demeure : faut-il, pour autant, interdire à Johnny Depp de travailler ? Les studios américains l'ont pensé, pendant six ans, moins par féminisme que pour éviter un risque commercial. Une annulation qui s'est infléchie après le procès, lorsque sa cote de popularité est repartie à la hausse.

En France, pendant cette traversée du désert, une réalisatrice lui a donné une seconde chance. C'est son choix, et son risque. La réception de son *Jeanne du Barry* s'en trouve logiquement affectée. Les uns verront dans sa du Barry une transfuge de classe, prête à tout pour devenir la favorite, osée et gonflée. D'autres, l'éloge de la séduction en guise de réussite. Si notre époque passait plus de temps à débattre des œuvres qu'à juger la vie privée des artistes, cette dispute sur l'âme d'un film, enrichie par MeToo, deviendrait réellement passionnante. Au public de juger. À lui d'aller ou non voir un film en salle, de l'aimer ou de le détester. En revanche, exiger de ne pas le montrer, de ne pas le sélectionner, non pas en raison de son message mais d'une accusation portée contre un membre de son équipe, relève de l'intimidation abusive, et même tyrannique.

Bizarrement, aucune de ces voix parlant de « honte » à propos de Maïwenn ne s'est fait entendre l'année précédente, lorsque le festival comptait parmi ses jurés le réalisateur Ladj Ly, condamné pour des faits de violences sexistes et pourtant érigé au rang de juge et donc de modèle. L'année même où le collectif s'est mis à rougir de « honte », son manifeste n'a pas dit un mot sur le documentaire de l'ancienne chanteuse Diam's, convertie au salafisme, programmé à Cannes. Cette fois, pourtant, l'œuvre elle-même porte un message antiféministe. Puisqu'elle célèbre l'arrêt du chant et le voilement des femmes. L'ancienne chanteuse a même refusé qu'on entende ses anciennes chansons dans le film (car la voix des femmes est impure), ou qu'on montre les cheveux des autres femmes interviewées ne portant pas de voile… grâce à un gros plan caméra sur leurs visages, plongé dans un ovale d'obscurité qui, de fait, les voile ! Beau signal dans un pays frappé par des attentats comme celui du Bataclan, où des professeurs luttent pour éviter qu'une jeunesse ne se radicalise en suivant des prédicateurs salafistes qui leur interdisent d'écouter de la musique et leur conseillent d'excommunier les non-voilées. Lors d'un shampoing, une jeune coiffeuse, d'origine algérienne, pas du tout salafiste, botoxée et maquillée, me confiait son envie de voir le film de Diam's depuis qu'elle le savait programmé à Cannes… Mais là, non, ce n'est pas la « honte »[10].

Ce débat sur les œuvres, et leurs messages parfois mortifères, me paraît pourtant plus intéressant que d'exiger la censure d'un film au prétexte qu'un acteur a connu une relation toxique, ou que sa réalisatrice a tiré les cheveux d'un éditorialiste. Quant à englober Catherine Corsini dans l'accusation de « dérouler le tapis rouge aux hommes et aux femmes qui agressent », comme le sous-entend ce manifeste, on marche sur la tête.

Cette fois, l'accusée est une réalisatrice féministe, très engagée à gauche, qui soutient MeToo, Adèle Haenel, et embauche des techniciens syndiqués… qui l'accusent d'avoir été autoritaire sur le tournage. Ce qui est possible, mais toujours plus reproché aux femmes qu'aux hommes. Et ne mérite certainement pas de voir son film annulé au nom de MeToo !

La polémique a commencé dès l'annonce de la sélection du film *Le Retour*, par l'envoi d'emails anonymes parlant de

« harcèlement et gestes déplacés » sur le tournage, et même de « comportements inacceptables » selon un communiqué de la CGT… qui mélange tout. Un accident lié à la fatigue après une nuit de tournage, un cascadeur accusé d'avoir eu un geste déplacé sur une comédienne (qui accuse la production de l'avoir écartée après ce signalement mais que la production accuse en retour d'avoir lancé cette accusation pour avoir été écartée) et enfin une question purement administrative, tournée de façon si tendancieuse et si fantasmagorique qu'elle laisse croire à un abus sexuel de la réalisatrice, notoirement lesbienne, sur des adolescents… alors qu'elle met en scène une masturbation mimée, par deux acteurs âgés de 15 et 17 ans. Catherine Corsini et sa compagne Élisabeth Perez, productrice du film, ont dû rectifier dans un communiqué : « Stoppons là les fantasmes ! Les adolescents étaient habillés et la scène est filmée sur les visages. Il n'y avait ni attouchement ni contact inapproprié entre eux deux. » Sur fond d'amalgames relevant plus de la paranoïa que de MeToo, les jeunes acteurs ont eux aussi dû prendre la parole pour calmer la tempête. Esther Gohourou, 15 ans et demi au moment du tournage, a souhaité « mettre fin à cette histoire », en précisant avoir refusé, comme son partenaire, les doublures et le coach d'intimité proposés par la cinéaste : « On savait ce qu'on allait devoir tourner, qu'on ne verrait que les visages et qu'on n'aurait pas à se toucher en vrai. Et c'est ce qui s'est passé. » Elle précise qu'ils n'ont pas été traumatisés : « Harold (l'autre jeune comédien) va bien et je vais bien. » Faut-il y voir des déclarations sous pression, pour protéger le film, comme le sous-entend (sans citer le film) le manifeste « La honte » ? Ou est-ce au contraire un appel à la raison, à respecter les faits au lieu de céder à la tyrannie de l'accusation sans preuves ?

Denis Podalydès, qui joue l'un des parents dans le film, dénonce « une addition de faits, en réalité hétérogènes » et une « malveillance incroyable ». La seule irrégularité reconnue est « un manquement administratif », puisque cette scène de masturbation, réécrite à la dernière minute, n'a pas été déclarée à temps à la commission des enfants du spectacle. Ce qui reste loin de constituer, on le concédera, une nouvelle affaire Polanski. Dans le climat post-MeToo, où le directeur du CNC est lui-même visé par une plainte, ce manquement a néanmoins été durement sanctionné par le Centre national du cinéma, qui a retiré l'intégralité des 680 000 euros que le film attendait. Une sanction jugée « hallucinante » par la productrice, et qui met en péril les comptes de sa société.

Fallait-il, en prime, priver le film de sa sélection à Cannes ? Thierry Frémaux l'a envisagé, avant de mener l'enquête. Il a demandé à entendre les dénonciateurs (qui n'ont pas répondu), à auditionner l'équipe, pour se faire son idée, avant de décider (courageusement) de maintenir son choix artistique. Un cran qu'il a payé. Depuis, la polémique ne le lâche plus. Comment ne pas imaginer, à terme, que des sélectionneurs, déjà débordés et incroyablement sollicités, ne finissent par refuser de considérer un film s'ils savent qu'un des membres de l'équipe est accusé ou susceptible de l'être ? Même à Cannes, sans doute le plus robuste et réfléchi des festivals, cette pression peut changer le destin d'une œuvre.

Ne pas séparer l'homme de l'artiste, mais l'œuvre de l'homme

S'il faut cesser de tout pardonner aux hommes artistes, et donc ne pas séparer l'homme de l'artiste, il faut absolument continuer à séparer l'œuvre de l'homme. C'est une nuance que certains jeunes ont du mal à saisir. Et pourtant, il s'y joue la beauté du monde, la différence entre révolution et terreur, contre-pouvoir et abus de pouvoir, féminisme et vandalisme. Un discernement vital pour préserver la liberté culturelle.

On a bien raison de ne plus pardonner aux hommes le viol ou la violence sous prétexte qu'ils ont du talent ou du « génie ». Parfois même, on leur trouve bizarrement un surcroît de génie parce que violents et pédophiles. Cette époque est finie, comme j'en rêvais à 20 ans, et je m'en réjouis. En revanche, il n'y a rien de féministe à vouloir annuler ou brûler une œuvre sous prétexte que son créateur, ou sa créatrice, l'un de ses acteurs ou l'une de ses actrices, a mal agi ou se voit reproché d'avoir mal agi. C'est un réflexe iconoclaste, moraliste, puriste, et même intégriste.

Les œuvres possèdent une âme propre. Elles méritent d'être jugées pour elles-mêmes, et ce qu'elles nous inspirent. MeToo peut influencer ce jugement. Mais à part si une œuvre met en danger la construction d'un enfant, tout spectateur adulte doit pouvoir se faire une idée par lui-même, sans être infantilisé. Personnellement, je ne regarderai plus une toile de Gauguin sur l'extase sans penser à ses relations avec des Polynésiennes de 13 ou 14 ans. Je n'ai pas plus envie de voir ces toiles affichées dans des lycées que de les voir retirées des musées, comme le demandent certains. Ce n'est pas le même lieu, et ces murs n'ont pas la même vocation. Dans un musée, les œuvres ne sont pas des modèles, mais des reflets. Le clair-obscur y a tous les droits de siéger. Si l'artiste a sombré, qu'il s'agisse d'accusations de viol ou d'un suicide, une notice peut toujours enrichir le regard pour le préciser. Comme celui qui regarde peut choisir de plonger dans cette œuvre sans lire de légende. À propos de Gauguin, ses toiles nous rappellent surtout que les codes de 1891 ne sont pas ceux d'aujourd'hui. Cela ne mérite ni de les censurer ni de les brûler, juste un esprit critique plus affûté. L'anachronisme et la décontexualisation n'y contribuent guère.

Pour ce qui est des films, plus encore que les tableaux, il n'est pas besoin de connaître l'intention de l'artiste, ou de l'homme derrière l'artiste, pour juger d'une histoire en mouvement. Ses personnages, ce qui leur arrive, ce qu'ils se disent, parlent d'eux-mêmes. On peut reprocher bien des choses à Polanski et à Brisseau comme hommes, on ne peut pas rapprocher leurs œuvres. Du point de vue des œuvres et non des hommes, leurs empreintes n'ont rien à voir. Il serait troublant de montrer *Noce blanche* à des élèves, et tout à fait nécessaire de leur projeter *J'accuse*. Puisqu'il transmet l'envie de refuser l'antisémitisme… Va-t-on refuser de le montrer en classe parce que son réalisateur s'est très mal comporté il y a quarante ans ?

Censurer un film pour les travers d'un réalisateur ou d'un acteur paraît d'autant plus injuste qu'il s'agit d'œuvres collectives. Il faut au minimum une centaine de mains et d'avis pour fabriquer une œuvre de cinéma, depuis le scénario jusqu'à sa distribution. Va-t-on brûler *Thelma et Louise*, bijou féministe, parce que Brad Pitt s'est emporté contre Angelina Jolie ? *La Vie d'Adèle* parce que son réalisateur, abusif et voyeur, s'est montré tyrannique d'après ses actrices ? *Police* parce que Gérard Depardieu harcelait Sophie Marceau pendant le tournage ? *Le Dernier Tango à Paris* parce que Maria Schneider a été humiliée lors de la scène du « beurre » ? Non. Mais on les regardera autrement.

Personnellement, je ne pourrai pas revoir cette scène où le personnage joué par Brandon décide de la sodomiser avec « du beurre » sans avoir en tête le livre de la journaliste Vanessa Schneider, sorti après l'affaire Weinstein, ni sa belle adaptation au cinéma : *Maria*. Il raconte la violence subie par sa cousine en 1972, pendant cette scène puis moquée dans la rue, et la déflagration qui s'est ensuivie dans son parcours déjà fragile[11]. « La séquence du beurre est une idée que j'ai eue avec Marlon le matin même », a reconnu Bertolucci, conscient d'avoir été « horrible avec Maria » et qui regrette de ne pas lui avoir demandé pardon avant sa disparition. Il avoue avoir voulu une vraie agression et avoir ajouté l'idée du beurre en guise de lubrifiant à la dernière minute, sans la prévenir, pour accentuer sa réaction : « Je ne voulais pas que Maria joue son humiliation et sa rage, je voulais qu'elle ressente… la rage et l'humiliation. Depuis, elle me hait[12]. »

Il y a de quoi. Et cette fois, c'est Maria Schneider qui raconte : « Ils me l'ont dit juste avant qu'on filme cette scène et j'étais révoltée. J'aurais dû appeler mon agent ou faire venir mon avocat sur le tournage car on ne peut pas forcer quelqu'un à faire quelque chose qui n'est pas dans le scénario, mais à l'époque, je ne savais pas. » La scène est terrible.

Une agression véritable. Même si l'actrice en a plus voulu au réalisateur qu'à l'acteur, elle a mal vécu la réaction de son partenaire : « Marlon m'a dit : "Maria, ne t'en fais pas, c'est juste un film." Mais pendant la scène, même si je savais que ce que Marlon faisait n'était pas pour de vrai, mes larmes étaient vraies. Je me suis sentie humiliée et pour être honnête, j'ai eu un peu l'impression d'être violée, par Marlon et Bertolucci. À la fin de la scène, Marlon n'est pas venu me consoler ou s'excuser. Heureusement, une prise a suffi. » On peut regarder cette scène avec en tête la voix de Maria Schneider, sans demander à la brûler.

Malgré les accusations d'Angelina Jolie contre Brad Pitt, je continuerai à voir et revoir *Thelma et Louise*, l'un de mes films féministes préférés. Malgré la perversité de son réalisateur, je continue d'admirer l'incandescence de *La Vie d'Adèle*. Je ferme juste les yeux pendant les scènes de sexe, qui suintent le faux et le voyeurisme. En revanche, je ne verrai jamais le deuxième volet de la série de films d'Abdellatif Kechiche, *Mektoub My Love : Intermezzo*, encensé à Cannes comme un « chef-d'œuvre sensuel et naturaliste » par certains et décrit par d'autres comme un « film pornographique », puisqu'il n'est jamais sorti en salles… en plus d'être un gouffre financier, tellement le réalisateur a fait de prises pour regarder ses actrices jouer à l'infini des scènes de sexe. Un distributeur, qui porte le risque financier du film, a le droit de décider qu'il a plus à perdre financièrement en sortant un film raté qu'en le gardant sur ses étagères. Le spectateur, lui, peut choisir de le boycotter à sa sortie sans exiger la censure.

Idem pour les livres. Les autodafés, on le sait, finissent toujours mal. Le nazisme et l'Inquisition sont là pour nous le rappeler. C'est pourtant au nom de l'« éveil » que trente écoles de l'Ontario, au Canada, ont cramé 5 000 ouvrages, dont des albums de Tintin et Astérix, en guise « de réconciliation avec les Premières Nations ». Brûler des livres n'enseigne jamais à la tolérance, juste à vandaliser[13]. On ne fait pas de feu de joie avec des pages d'ouvrages, fussent-elles écrites par Gabriel Matzneff. Mieux vaut ne pas abattre des arbres, en amont, pour fournir le papier qui servira à imprimer des journaux intimes pédocriminels. Ici, l'œuvre consiste à glorifier la « conquête » de jeunes adolescentes. Il est bien normal que Matzneff ne trouve plus d'éditeur, et choquant qu'il en ait trouvé pendant si longtemps. Les ventes étaient pourtant modestes. *Les moins de 16 ans* ne s'est vendu qu'à 1 400 exemplaires. Ceux qui ne le lisaient pas ont une excuse. On peine à comprendre comment les autres, critiques et journalistes, ont pu y voir de la seule littérature.

Les mêmes ne verront dans *Le Consentement* de Vanessa Springora qu'un simple témoignage, alors qu'il dissèque cette relation malsaine, dans toute son ambiguïté, jusqu'aux tréfonds de la douceur et de la brutalité, dans un véritable souffle littéraire. L'écrire ainsi demande du talent. Et il n'est pas garanti. Être victime et non bourreau handicape souvent pour s'élever au-dessus de soi. Il faut du génie pour transcender un drame que l'on a subi, écrire un chef-d'œuvre et non un simple témoignage. Un jour viendra où l'on se fatiguera de cette mode consistant à applaudir le moindre récit égo-plaintif. Comme on s'est lassé de crier au génie chaque fois qu'un salaud nous contait ses crimes.

S'il existe un acteur français qui ne doit plus être protégé par l'aura de son génie, c'est sans doute lui. La présomption d'innocence ne peut pas davantage servir d'excuse pour éviter de condamner des comportements inadmissibles, commis au vu et au su de tous. C'est l'erreur d'Emmanuel Macron, lorsqu'interrogé sur Gérard Depardieu dans l'émission « C à vous », le 20 décembre 2023, il a défendu l'acteur en convoquant cette présomption, ou son talent, pour dénoncer « une chasse à l'homme » et un « emballement ». Sans connaître visiblement les accusations en détail, ni avoir vu « Complément d'enquête », qui vient de raviver la colère et ne laisse aucun doute sur ce qu'on lui reproche[14]. La présomption d'innocence peut être invoquée pour ne pas se prononcer sur les plaintes pour agressions sexuelles en cours. Elle n'exempte en rien d'avoir un avis sur le comportement choquant de l'acteur, filmé, et visible par tous.

Les images ont été tournées en 2018 lors de son périple en Corée du Nord avec Yann Moix, qui voulait au départ en faire un film. Il n'a finalement jamais vu le jour, mais l'équipe de « Complément d'enquête » a récupéré les rushes, et ils sont accablants. Fidèle à son habitude et à son goût prononcé pour les dictateurs, comme son grand « ami » Kadyrov (le boucher tchétchène), Poutine ou le tyran biélorusse, avec qui il coupe les foins et fait la nouba, en échange de cadeaux comme un appartement en Tchétchénie, Depardieu semble s'épanouir en Corée du Nord. Le projet de film a bien sûr été validé par le régime, qui y voit une belle occasion de faire sa propagande à l'occasion des cérémonies célébrant le 70e anniversaire de sa dictature. Nos deux larrons se prêtent à ce folklore, avec une joie déconcertante. Était-il seulement prévu de dire un mot sur les camps de concentration pour dissidents, les pendaisons, les noyades, les expériences médicales, ou le déchiquetage de prisonniers par des chiens dans ce film ?

Si l'on écoute Yann Moix, l'idée était de filmer le choc entre Depardieu, d'une extrême liberté, et même sans gêne, et ce pays. « Voir ces deux monstres opaques mêlés l'un à l'autre était une expérience absolument hors norme », dira-t-il à son retour[15]. Il n'a cessé de vanter « l'humanité incroyable » de la rencontre de Gérard Depardieu avec la Corée du Nord : « Grâce à Gérard, j'ai vu des êtres humains qui me ressemblaient, je les ai vus s'ouvrir comme des fleurs. »

À l'image pourtant, ça ne sent pas vraiment la rose. On voit surtout des femmes harcelées par le feu roulant de remarques sexuelles se fermer de peur. L'acteur ne cesse d'éructer et de grogner à la moindre présence féminine, traductrice ou hôtesse, leur parlant constamment de « leur chatte » et de s'en saisir. Alors qu'il visite un haras, il s'excite : « Les femmes adorent faire du cheval. Elles ont le clito qui frotte sur le pommeau de la selle. Elles jouissent énormément, c'est des grosses salopes. » Même réaction à propos d'une petite fille qui chevauche devant lui : « Si jamais il galope, elle jouit. C'est bien ma fifille, continue. Tu vois elle se gratte là (rires). » Dans la foulée, il s'adresse à une interlocutrice nord-coréenne : « Pourquoi tu ne montes pas à cheval, ça fait du bien tu sais (grognements). Généralement, les femmes qui font du cheval aiment beaucoup autre chose. » Toute conversation avec un être féminin ne semble avoir qu'un intérêt à ses yeux, se palucher verbalement, lui éjaculer des mots au visage, comme lorsqu'il se pèse devant une accompagnatrice : « 124 (kilos) chérie. Attends, et là je ne suis pas en érection. En érection c'est 126. » À une autre guide nord-coréenne qui décrit le décor en bois où ils se trouvent, l'acteur rétorque : « C'est comme ma bite. J'ai une poutre dans le caleçon. » Idem au moment de prendre une photo souvenir : « Vas-y, prends la photo pendant que je lui touche le cul. Sa petite moule qui doit être bien touffue, bien poilue. Elle sent déjà la jument. » Un enfer pour cette traductrice et ces accompagnatrices, qui vivent en dictature, et doivent encaisser en souriant. Comme si l'acteur prenait un plaisir particulier à les humilier, sachant qu'elles ne pourront réagir.

Ces images recoupent les accusations portées contre le monstre du cinéma français, trop longtemps sacré. Mediapart et *Le Monde* ont recueilli plusieurs témoignages, seize en tout. Une actrice de la série *Marseille* se souvient avoir dû batailler pour protéger son intégrité physique lors d'une séance photo avec des fans : « Depardieu était à côté de moi et pendant que la foule nous prenait en photo, il avait sa main dans mon dos, il l'a descendue dans le bas de mon dos, il l'a rentrée dans mon short et dans ma culotte. Il l'a fait à deux reprises, à deux reprises j'ai enlevé sa main. » Le plus violent pour elle fut la réaction d'un membre de l'équipe : « J'ai dit : "Il y a Gégé qui met sa main dans mon short." Il a répondu à ça : "Bah quoi ? Je pensais que tu voulais réussir dans le cinéma !" Quand il a dit ça, tout le monde a rigolé et moi je suis partie en pleurant. »

Une technicienne s'est plainte d'avoir été menacée de viol tout au long d'un tournage : « Il faisait rire le plateau en me prenant à partie. Il a commencé à dire “je vais t’emmener manger, je vais t’enivrer, on va passer une bonne soirée”, toujours avec des grognements. Il me mettait au centre de l’attention pendant que j’étais en train de travailler, j’ai compris que j’étais dans sa ligne de mire. » Alors qu’elle doit régler une mise au point délicate, l’intrusion arrive : « J’ai tourné le dos à Gérard Depardieu pour dire à l’assistante mise en scène que j’étais prête. J’ai senti sa grande main, sa grosse main dans mon entrejambe, me choper l’entrejambe avec volonté, en laissant échapper un gros rire graveleux. J’étais liquéfiée, pétrifiée. C’est ce moment-là qu’il a choisi pour m’humilier[16]. »

Une assistante mise en scène, Léa, raconte la même ambiance sur le tournage d’un téléfilm en 2015 : « Au début ce sont des remarques lourdes et vulgaires sur le physique. Il me disait “Je te péterais bien la rondelle”, ou encore “Ah toi, t’es gaulée comme une Ukrainienne, des filles comme toi je m’en tape quand je veux”. » Puis les propositions sont devenues insistantes et physiques : « Il y avait les mains baladeuses, sur les fesses, et à l’entrejambe. » Non seulement, personne ne réagit, mais sa supérieure hiérarchique lui demande un jour de rester seule dans une pièce avec l’acteur, pour qu’il n’entre pas dans le décor pendant une prise. Ce qui revient à l’exposer à une agression est arrivé : « Il a baissé son pantalon et m’a montré son sexe. Donc là j’ai vraiment paniqué. J’ai quitté la pièce comme j’ai pu, mais il m’a rattrapée dans le couloir et bloquée contre le mur. Son ventre bloquait tout donc il n’a rien pu faire, mais dès que j’ai pu avoir un peu de répit, j’ai couru et je me suis enfermée dans une autre pièce. » La jeune femme se fera rabrouer pour ne pas avoir réussi à maintenir l'acteur hors champ !

Autre témoignage de poids, celui de Sophie Marceau. L'actrice raconte les mains baladeuses « insistantes, omniprésentes, inutiles et invisibles à la caméra » subies pendant le tournage de *Police*, alors qu'elle n'avait que 18 ans. Pour elle, « Depardieu est un prédateur ». C'est aussi l'avis d'Anouk Grinberg, qui va plus loin : « Tous ceux qui ont travaillé avec Depardieu dans le cinéma savent qu'il agresse les femmes[17]. » La réalité est toujours plus compliquée. Si beaucoup d'acteurs du cinéma l'ont vu mal se comporter, la plupart ont cru à de simples abus de langage, toutefois suffisamment répétitifs pour être pénibles à endurer. Ses plus proches, au contraire, le croient incapable de violer. Sans comprendre que viser sexuellement et nommément, de façon insistante, des collègues de travail, surtout en position de star, constitue un harcèlement sexuel. Ou que l'on peut agresser avec ses doigts.

Ce dont l'accuse Charlotte Arnould, une jeune comédienne anorexique, fragile, dont le père est un ami de Depardieu. Elle n'a pas imaginé une seconde se faire tripoter puis entraîner dans une chambre en venant lui demander des conseils. Sous le choc de ce qui s'est passé, elle reviendra à son domicile pour le confronter, avant de revivre, sidérée, la même scène. Ce que seuls des psychiatres travaillant sur l'emprise peuvent comprendre : il arrive que des victimes retournent vers leurs bourreaux dans l'espoir de changer ce qu'elles ont vécu, qu'ils s'excusent et leur rendent leur humanité, pas d'être à nouveau agressées. Depardieu préfère sa version : celle d'une jeune femme « venue chez (lui) une première fois, le pas léger, montant de son plein gré dans ma chambre », avant d'y retourner. En plus de cette jeune actrice, deux autres femmes ont porté plainte pour viols, pour des faits prescrits. Sans établir de lien, la première à avoir porté plainte, Emmanuelle Debever, s'est jetée dans la Seine, juste avant la diffusion de « Complément d'enquête ». Elle avait 60 ans, et disait porter en elle la façon dont le monstre sacré l'avait traitée tout au long du tournage de *Danton*, en 1983, « glissant sa grosse patte sous mes jupons, pour soi-disant mieux me sentir » pendant qu'ils tournaient une scène dans un carrosse.

Des persécutions que des actrices ayant partagé la vie de Depardieu, plus solides ou connaissant sa face lumineuse, fragile et plus féminine, ont du mal à croire. Sans doute parce qu'il n'a sûrement jamais osé se comporter avec elles comme avec les petites mains du cinéma ou cette traductrice en Corée du Nord. Ce qui rend son côté transgressif encore plus odieux : faible avec les forts, mais fort avec les fragiles. On en vient même à se demander si ce côté « sans filtre » ne fait pas partie de ce qui l'excite en dictature. Mais il lui arrive aussi visiblement, sous l'effet de l'alcool, de franchir toutes les limites avec des stars et des puissants. Comme embrasser par surprise Julia Roberts à la cérémonie des Golden Globes de 1991. Ce qui lui a coûté, on s'en souvient, un oscar, à lui et au film *Cyrano*.

La presse y a joué un rôle central. Entre les deux cérémonies, une journaliste s'est emparée de l'incident et a déterré une vieille interview de 1978 où Depardieu se vantait d'avoir « participé » à un viol collectif à l'âge de 9 ans. Une fois l'article paru, l'acteur reprochera à la journaliste d'avoir traduit « assister » par « participer », sans vraiment clarifier son rôle.

Même avant MeToo, cela ne passe pas aux États-Unis. Des producteurs vont en profiter pour disqualifier ce concurrent. En l'occurrence, comme le racontent Raphaëlle Bacqué et Samuel Blumenfeld dans *Le Monde*, la tempête médiatique va profiter à un autre film nommé pour l'oscar du meilleur film étranger : *Voyage vers l'espoir* de Xavier Koller. Un long-métrage distribué par Miramax… la compagnie d'Harvey Weinstein[18].

Et bientôt des César de la vertu ?

Le monde du cinéma est sans doute celui où l'après-MeToo est allé le plus loin dans l'instrumentalisation et le jeu de pouvoir. À force de redouter le moindre scandale, une académie professionnelle comme les César a même failli se transformer en ligue de vertu à la demande de quelques procureures improvisées ou intéressées, et d'une foule de suivistes. J'ai vécu ce moment charnière de l'intérieur, comme membre élue au nouveau Collège paritaire des César de 2020, juste après la démission d'Alain Terzian. 182 nouveaux administrateurs en tout : 82 hommes et 82 femmes, plus 18 membres historiques. Des « membres de droit », bénéficiant de ce statut de façon automatique car ils ont gagné un oscar. Parmi eux figurait Roman Polanski. Ce qui empêchait de dormir certains nouveaux membres, pressés d'afficher un changement de régime. Il a donc été convenu, sans véritable débat, emporté par le dégagisme du moment, de modifier les statuts pour rayer d'un trait de plume tous les membres d'honneur : Polanski, mais aussi Costa-Gavras, la directrice photo Caroline Champetier, Danièle Thompson, Régis Wargnier, l'ancien président du festival de Cannes Gilles Jacob, Philippe Labro, Jean-Jacques Annaud, Claude Lelouch, Michel Hazanavicius, Jean Dujardin, Juliette Binoche et Marion Cotillard… « Il n'y a désormais plus de membres de droit. Le cinéma français a choisi pour le représenter de respecter intégralement la parité et la démocratie », s'est réjoui Marc Missonnier, l'un des producteurs de *Podium* de Yann Moix, et l'un des plus ardents à souhaiter cette révolution de palais.

En réalité, le débat fut rapide, en vertu d'un appétit unanime pour régler le « cas » Polanski. Lors de cette commission chargée d'examiner la refonte des statuts, entourée de professionnels du cinéma d'autant plus zélés qu'ils étaient fraîchement convertis au féminisme, je crois avoir été la seule à prendre la parole (sous les regards courroucés) pour souligner la violence symbolique de ce geste : rayer des membres d'honneur pour un problème Polanski que personne n'osait nommer. D'autres noms circulaient en coulisses. On se demandait dans des courriers si des producteurs ayant connu un divorce conflictuel ou soupçonnés de MeToo, sans le moindre témoignage, ne méritaient pas d'être également exclus. Ce comité, à l'ambiance suffocante, prenait des airs de salut public.

Malgré l'envie de guillotiner quiconque émettait une réserve, je me suis permis d'alerter sur la tentation de transformer une académie professionnelle en tribunal du vice et de la vertu. Un souci d'équilibre qui n'a guère été apprécié. Il ne faisait qu'anticiper, peut-être trop, les douloureux débats et réglages qui n'ont pas tardé à s'imposer, allant jusqu'à faire dégriser certains coupeurs de têtes parmi les plus excités.

L'ambiance était largement retombée après deux cérémonies et mille scandales ayant frappé, de près ou de loin, à peu près tous les membres se croyant du côté des purs. Au départ, si l'on avait écouté quelques comédiennes et certains producteurs pressés de faire le morale, il ne resterait plus grand monde au sein de cette académie. Le plus intelligent fut d'encourager, comme l'a fait la nouvelle direction, des femmes à s'inscrire. La part de votantes est passée de 35 % à 44 %, sans que cela garantisse d'ailleurs qu'elles se mettent toutes à voter en fonction de leur genre ou de MeToo.

En revanche, suite à ces débats, les films à thèmes féministes ont effectivement recueilli plus de suffrages. Après des César « de la honte » sous haute tension, suivis d'une cérémonie des « nouveaux César » catastrophique, revancharde et donneuse de leçons, la 48e cérémonie des César s'est plutôt bien déroulée. Mais jusqu'au bout, ses équipes ont craint de revivre un psychodrame. Notamment au moment du dîner des révélations. On se souvient que la précédente crise était partie de ce dîner, de la non-invitation de Virginie Despentes ou de Claire Denis. Cette fois, c'est le nom de l'un des « révélés » qui a causé des remous. L'un des acteurs ténébreux du film *Les Amandiers*, Sofiane Bennacer, s'est retrouvé placardé à la une de *Libération*[19]... Accusé par deux anciennes compagnes de violences sexuelles. Nouveaux César obligent, il s'est vu aussitôt écarté de la liste des révélations célébrées par ce dîner, dans un endroit chic, au Trianon, entourées de sponsors de luxe peu désireux de scandale. Et ce n'est pas choquant. Ce dîner facultatif n'est pas le fruit d'un vote, mais d'une sélection subjective, et vise uniquement à mettre en valeur des talents. Il n'est pas illégitime que le bureau des César refuse de promouvoir un poulain ou un « parrain » (par exemple si l'une des révélations avait choisi Gérard Depardieu) pouvant mettre mal à l'aise ou en danger les autres invités. C'est même l'une des avancées de MeToo.

Plus douteux serait que l'académie prive un film ou un artiste du droit de concourir aux César. La liste soumise aux 4 700 votants et votantes comprend tous les films, tous les acteurs et tous les techniciens de l'année, sans distinction ni sélection. C'est à eux de choisir les nominés puis de les primer. Et c'est très bien ainsi, le signe d'une démocratie. Aux membres de l'académie de décider s'ils veulent voter pour Sofiane Bennacer malgré les accusations portées contre lui, ou s'ils veulent pénaliser le beau film *Les Amandiers*, qui traite par ailleurs de l'abus et de la mise en danger au nom de l'art. Personnellement, je n'ai pas voté pour l'acteur, mais j'ai voté pour le film. Toujours par souci de juger l'œuvre pour son âme. Et je ne vois pas pourquoi on me l'interdirait.

La tentation existe, et revient régulièrement sur la table à la demande d'un petit noyau de procureurs du métier. La direction tient, mais fléchit d'année en année, sous la pression et parce qu'il faut, à chaque affaire, trouver quelque chose à annoncer. Un communiqué publié par le bureau des César dans la foulée de la polémique Sofiane Bennacer au dîner des révélations témoigne de cette fébrilité : « Par respect pour les victimes (même présumées en cas de mise en examen ou de condamnation non définitive), il a été décidé de ne pas mettre en lumière des personnes qui seraient mises en cause par la justice pour des faits de violence. » Par ce texte, le bureau se réserve le droit d'écarter toute personne mise en cause et même « toute prise de parole “au nom de cette personne” lors de ces mêmes événements – y compris si un César devait lui être attribué ». De quelle violence parlons-nous ? D'une réalisatrice mise en examen pour avoir tiré les cheveux d'un journaliste ? D'un acteur, célèbre, condamné pour avoir renversé une femme en voiture sous stupéfiants ? Pourtant personne n'a trouvé incongru qu'il soit acclamé sur la scène des nouveaux César comme remettant... Et tant mieux. Doit-on bannir seulement les artistes accusés d'agressions sexuelles, même sur simple dénonciation ? Sans plainte ni condamnation ? Jusqu'à quand doit durer ce bannissement ? Jusqu'au procès, jusqu'à l'exécution de la peine ou à vie ?

Voilà le tourment, abyssal, dans lequel se débattent les nouveaux César. La lecture de ce communiqué m'a inquiétée. Grâce à sa présidente, Véronique Cayla, j'ai pu faire part de mes inquiétudes au comité mis en place pour mener des auditions sur le sujet. L'ambiance n'était plus à la guillotine, comme aux premiers jours, mais plus encline à la réflexion. Il faut dire que j'avais face à moi, ce jour-là, le producteur des *Amandiers*, une productrice amie de Catherine Corsini, une actrice passionnée par Gérard Depardieu, et un acteur militant à la fois pour MeToo et le droit à une seconde chance pour les prisonniers... Et puis il n'y avait pas foule. Enfin, on pouvait se parler. Juste avant mon audition, une association féministe est venue plaider pour une purge maximale, du sol au plafond, à la moindre accusation. Je suggère plutôt de concilier le principe de précaution, le respect du droit du travail et la liberté culturelle. Ne pas mettre en valeur de possibles agresseurs aux dîners des révélations, mais respecter la démocratie des votants. Et surtout ne jamais censurer aucun nom, ni œuvre, dans la liste soumise à leurs suffrages. Un réglage que le bureau a trouvé de lui-même en écartant Sofiane Bennacer de la soirée des révélations, sans le retirer de la liste des votes. Mais il hésite depuis à durcir la règle. Le déroulement de la dernière cérémonie, réussie, plaide pour le maintien de cet équilibre. Soumis au vote d'un collège électoral rajeuni et féminisé, Sofiane Bennacer n'a pas été élu César du meilleur espoir, malgré une prestation réellement convaincante. En revanche, c'est un film féministe, réalisé par un homme, *La Nuit du 12*, qui a reçu le prix du « meilleur film ».

Incontestablement, le très beau film de Valeria Bruni-Tedeschi, *Les Amandiers*, a souffert de la mise en cause de son acteur. N'y songeant pas, la réalisatrice s'est entêtée à défendre son coup de cœur, qu'elle pense innocent et accusé à tort. Des membres de son équipe ont appris ces accusations en début de tournage, et lui ont reproché de les avoir mis dans cette situation. Pourtant la production, tout en respectant son choix artistique, a renforcé sa vigilance. Et de fait, aucun incident n'a été rapporté. Un making-of témoigne plutôt de l'ambiance exaltante qui régnait sur le plateau. Pour accoucher d'un film sur la mise en danger, où l'on voit de jeunes talents se frotter à la puissance d'hommes qui rêvent d'en profiter. Une mise en abyme, inspirée de la troupe de Patrice Chéreau. Et bien sûr, l'héroïne incarne la réalisatrice. C'est touchant, troublant, comme peut l'être le cinéma. À chacun de juger si le jeu en valait la chandelle, et le risque de s'y brûler. La démocratie des César, en tout cas, ne l'a pas récompensé. Elle changera peut-être de regard sur un autre film, une autre affaire, dans quelques années. Laissons-la décider.

Toucher à cet équilibre, décider de ne même plus soumettre aux suffrages certains noms ou certains films, serait changer de régime : passer de la démocratie à l'autoritarisme. Les César prendraient le risque d'entrer dans une autocratie moraliste infernale, à l'appétit de censure insatiable, où les règles pouvant exclure ne cesseraient de s'allonger à chaque nouvelle polémique. Le risque s'est présenté dès l'année suivante, lors d'un nouveau communiqué.

Après avoir promis de réfléchir, d'approfondir, avoir mené des auditions, le bureau des César est arrivé à la même conclusion mais « amplifiée ». Il faut bien prouver qu'on est les « nouveaux César » et nourrir l'arène des pouces vers le bas. Cette fois, on a sorti la grosse artillerie, et l'écriture inclusive : « Dans l'hypothèse d'une mise en examen ou d'une condamnation judiciaire d'un·e participant·e à un film éligible pour des faits de violences, notamment à caractère sexiste ou sexuel, la personne ainsi mise en cause ne ferait l'objet d'aucune mise en lumière. » Rideau, « pour toute la durée de la procédure ou de la condamnation pénale », et le moindre événement organisé par l'académie. Le tout, nous promet-on, « sans préjudice de la présomption d'innocence ». Et tant pis si annuler un simple « mis en examen », ni jugé ni condamné, revient exactement à la piétiner.

À vrai dire, c'est peut-être ce qui inquiète. Non pas tant le réglage actuel que ce besoin insatiable d'annoncer chaque année un cran de plus. Si l'académie devait un jour aller plus loin, jusqu'à bannir à vie toute personne condamnée, ou pire, retirer de la liste ouverte au suffrage toute personne mise en cause, ce ne serait plus une académie culturelle mais une académie de police, doublée d'un tribunal alternatif. Et le cinéma, après avoir trop pardonné aux pervers et aux écorchés vifs, tomberait dans l'excès inverse. Un repaire de purs, aux casiers vierges, où la seconde chance n'est plus permise. On se battrait moins pour entrer dans ce théâtre. Peut-être même qu'il resterait des sièges vides à force de bannir tous les êtres mis en cause une fois dans leur vie. La compétition serait plus facile. Mais attention tout de même. Car il suffira d'orchestrer une accusation pour dégager un rival. Cet art où Harvey Weinstein régnait en maître et qui lui a permis de rafler des oscars… La vie est ainsi. Au royaume des purs, il y a toujours plus vicieux que vous.

Les réserves de Deneuve

C'est un sketch qui a beaucoup fait rire les Américains, et quelques Français. Sur le plateau du célèbre *Saturday Night Live*, les humoristes Kate McKinnon et Cecily Strong, fardées en Brigitte Bardot et en Catherine Deneuve, cigarette au bec et verre de vin à la main, se moquent de MeToo. Dans la vraie vie, les deux comédiennes ont en effet critiqué certains excès, chacune à sa manière. De quoi régaler cette parodie outre-Atlantique. Sur le plateau, la fausse Catherine Deneuve drague ostensiblement l'animateur : « Ne soyez pas nerveux à côté de deux magnifiques femmes, vous savez, nous pouvons encore nous amuser, nous n'allons pas vous décourager d'être un homme. » Elle réclame le droit de débattre de tout sans « tuer la romance », même si elle est désolée d'avoir offensé quelques femmes. À ses côtés, la fausse Bardot ne l'est pas : « Moi, je maintiens tout ce que j'ai dit, et j'irai même plus loin. Libérez Harvey Weinstein ! C'est un homme, un vrai », avant de s'emballer : « Pourquoi les femmes ont-elles une poitrine ? C'est pour que les hommes les attrapent et tirent dessus. C'est la nature. Un tiroir a une poignée. Une femme a deux poignées ! » Rires dans la salle.

Le sketch est hilarant, et beaucoup y ont vu un fond de vrai. Dans la vie, l'actrice Brigitte Bardot, qui ne tourne plus depuis des décennies et que tout le monde sait proche de l'extrême droite, s'est emportée contre les actrices « qui font les allumeuses avec les producteurs pour décrocher un rôle », tout en disant trouver charmant qu'on lui ait dit, en son temps, combien elle « avait un joli petit cul[20] ». C'est bien ce qui a rendu célèbre BB. Jouer à la poupée, idiote et docile, objectifiée pour la postérité dans la première scène du *Mépris* de Godard : « Et mes fesses, tu les aimes mes fesses ? » Le nu et le plan sur ses courbes ne sont pas en cause. Ils sont osés pour l'époque. C'est la partition du personnage féminin, son manque d'épaisseur et de dialogues, et plus encore la pauvreté de son personnage, un simple jouet entre les mains d'hommes plus possessifs qu'amoureux, qui datent terriblement ce film. Si l'on comprend l'excitation qu'a pu susciter *Le Mépris* en 1963, juste avant la libération sexuelle, il reste confondant d'arrière-garde concernant les relations de couple. Bien que produite par un Américain (qui a insisté pour voir Bardot nue), la Nouvelle Vague contribue aujourd'hui à la réputation d'avant-garde arriérée du cinéma français. Gérard Depardieu n'a rien arrangé en embrassant de force Julia Roberts à la soirée des Golden Globes de 1991. Mais croire que les États-Unis étaient fondamentalement en avance sur la France à cette époque serait oublier que Harvey Weinstein régnait au même moment sur Hollywood.

Depuis, c'est vrai, le monstre est tombé, mais Depardieu aussi. Et si Catherine Deneuve refuse de lui retirer son amitié, ses réserves sont bien plus subtiles que celles de Brigitte Bardot. Elle qui incarne justement l'opposé : une actrice qui n'a jamais voulu tourner nue ni jouer la carte de la séduction, plutôt le mystère et la cérébralité. On se souvient qu'elle fait aussi partie des comédiennes qui ont soutenu le droit à l'IVG en 1971, en signant courageusement le manifeste dit des « 343 salopes » où elle reconnaît avoir avorté. Aujourd'hui, c'est une autre signature qui lui est reprochée : celle apposée sous une tribune collective parue le 9 janvier 2018, peu après MeToo, un peu trop vite résumée au titre choc choisi par *Le Monde* : « Nous défendons une liberté d'importuner, indispensable à la liberté sexuelle[21] ». Le texte est plus nuancé.

Dans ce texte, 100 femmes, dont Catherine Millet, Brigitte Lahaie ou Catherine Deneuve, dénoncent ce qu'elles perçoivent comme des excès au nom de MeToo : « Le viol est un crime. Mais la drague insistante ou maladroite n'est pas un délit, ni la galanterie une agression machiste », « nous sommes aujourd'hui suffisamment averties pour admettre que la pulsion sexuelle est par nature offensive et sauvage, mais nous sommes aussi suffisamment clairvoyantes pour ne pas confondre drague maladroite et agression sexuelle », « la liberté de dire non à une proposition sexuelle ne va pas sans la liberté d'importuner ». Et elles ajoutent : « Nous ne nous reconnaissons pas dans ce féminisme qui, au-delà de la dénonciation des abus de pouvoir, prend le visage d'une haine des hommes et de la sexualité. »

Il est bien tôt pour le dire. Quelques semaines avant sa parution, une amie, plutôt féministe mais allergique au victimisme, me l'envoie en me demandant si je veux signer. Nous nous fâchons, tellement je trouve ce texte maladroit et déplacé. Les réactions, à sa sortie, seront bien plus violentes que la mienne. Une véritable bronca contre les signataires, qui courent les plateaux pour tenter de s'expliquer, ajoutant parfois des commentaires glissants à ce texte déjà déséquilibré. Comme Brigitte Lahaie qui, lors d'un débat, croit nécessaire de préciser « On peut jouir lors d'un viol », avant de s'excuser. Cette sortie n'arrange rien. Les signataires se font lyncher[22].

Avec le recul, le texte originel alerte sur de vrais dangers, comme le fait d'enfermer les femmes dans un statut d'éternelles victimes ou de mettre sur le même plan une « proposition sexuelle » maladroite et une « agression sexuelle » intentionnelle. Mais cette inquiétude arrive tôt, trois mois seulement après MeToo : la libération de l'écoute ne fait que commencer. Et il n'est pas temps de s'alarmer. Comme le feront remarquer certains esprits, le texte est principalement signé par des femmes de plus de 40 ans ou de 50 ans, qui ont appris à naviguer, et ne souffrent plus, comme on en souffre à 20 ans, de propositions incessantes, d'hommes qui vous sifflent comme des chiens dans la rue ou se frottent à vous dans le métro.

Reste que la ligne défendue par Catherine Deneuve est bien plus subtile que celle de Brigitte Bardot. Elle critique moins MeToo que Balance ton porc. Et s'en explique dans un second texte, de sa main cette fois, et qui lui ressemble : « Oui, j'ai signé cette pétition, et cependant, il me paraît absolument nécessaire aujourd'hui de souligner mon désaccord avec la manière dont certaines pétitionnaires s'octroient individuellement le droit de se répandre dans les médias, dénaturant l'esprit même de ce texte. Dire sur une chaîne de télé qu'on peut jouir lors d'un viol est pire qu'un crachat au visage de toutes celles qui ont subi ce crime. » La comédienne précise ce qui l'inquiète avec Balance ton porc : l'annulation sur simple délation : « Je n'aime pas cette caractéristique de notre époque où chacun se sent le droit de juger, d'arbitrer, de condamner. Une époque où de simples dénonciations sur les réseaux sociaux engendrent punition, démission, et parfois et souvent lynchage médiatique. » Au moment où Deneuve prend la plume, la série *House of Cards* vient d'annoncer le renvoi de l'acteur Kevin Spacey, également effacé à la palette de scènes déjà tournées du prochain film de Ridley Scott, alors qu'il n'a pas été jugé. On sent que cela joue dans sa réaction : « Un acteur peut être effacé numériquement d'un film, le directeur d'une grande institution new-yorkaise peut être amené à démissionner pour des mains aux fesses mises il y a trente ans sans autre forme de procès. Je n'excuse rien. Je ne tranche pas sur la culpabilité de ces hommes car je ne suis pas qualifiée pour. Et peu le sont. » Sur ce point, elle persiste et signe : « Non, je n'aime pas ces effets de meute, trop communs aujourd'hui. »

Plus loin, elle explique pourquoi défendre la différence entre l'homme et l'œuvre lui tient à cœur : « J'ai enfin signé ce texte pour une raison qui, à mes yeux, est essentielle : le danger des nettoyages dans les arts. Va-t-on brûler Sade en Pléiade ? Désigner Léonard de Vinci comme un artiste pédophile et effacer ses toiles ? Décrocher les Gauguin des musées ? Détruire les dessins d'Egon Schiele ? Interdire les disques de Phil Spector ? Ce climat de censure me laisse sans voix et inquiète pour l'avenir de nos sociétés. » Elle poursuit en livrant sa vision du combat contre l'abus sexuel, et en profite pour rappeler qu'il est toujours plus grave lorsqu'il est assorti d'un réel abus de pouvoir, lorsqu'il peut vous priver d'un emploi dont dépend votre autonomie financière et non d'un rôle parmi d'autres : « Je suis actrice depuis mes 17 ans. Je pourrais évidemment dire qu'il m'est arrivé d'être témoin de situations plus qu'indélicates, ou que je sais par d'autres comédiennes que des cinéastes ont abusé lâchement de leur pouvoir. Simplement, ce n'est pas à moi de parler à la place de mes consœurs. Ce qui crée des situations traumatisantes et intenables, c'est toujours le pouvoir, la position hiérarchique, ou une forme d'emprise. Le piège se referme lorsqu'il devient impossible de dire non sans risquer son emploi, ou de subir humiliations et sarcasmes dégradants. Je crois donc que la solution viendra de l'éducation de nos garçons comme de nos filles. » Entre les lignes, Catherine Deneuve s'agace de voir des comédiennes se plaindre aujourd'hui d'avoir cédé à la séduction pour obtenir des faveurs et des rôles, alors qu'elles n'y étaient pas obligées, contrairement à une caissière ou une femme de ménage harcelée par son employeur, qui risque de perdre son seul travail si elle dit « non ».

Qu'on le veuille ou non, il y a de la sagesse dans ce texte. Et de la liberté de penser. À celles et ceux qui lui reprochent d'être antiféministe, Deneuve rappelle qu'elle n'a pas de leçon d'émancipation à recevoir et qu'elle ne s'est jamais laissé intimider ni récupérer : « Je voudrais dire aux conservateurs, racistes et traditionalistes de tout poil qui ont trouvé stratégique de m'apporter leur soutien que je ne suis pas dupe. Ils n'auront ni ma gratitude ni mon amitié, bien au contraire. Je suis une femme libre et je le demeurerai. Je salue fraternellement toutes les victimes d'actes odieux qui ont pu se sentir agressées par cette tribune parue dans *Le Monde*, c'est à elles et à elles seules que je présente mes excuses[23]. » Un texte intelligent, trop sans doute pour l'époque, en tout cas pour Twitter. Depuis l'autre côté de l'Atlantique, l'actrice Rose McGowan lui répond par l'insulte : « Elle et les autres femmes qui ont signé ça me font de la peine. Elles ont un certain âge, l'idée qu'un homme peut draguer comme ça… Qu'elles la ferment[24]. » Évidemment, c'est plus court. Mais peu argumenté.

Quel retard français ?

C'est un cliché que l'on entend sans cesse. La France ne serait pas très MeToo, ou très en retard sur cette révolution. Au moment de l'affaire DSK déjà, le site du *New York Times* se demandait ouvertement, sur un forum, si les Françaises ne l'avaient pas un peu cherché. « Les femmes françaises sont-elles plus tolérantes » envers les abus sexuels ? C'était la question ! Que croyez-vous qu'il se déversa ? Un florilège de stéréotype anti-français. La contribution la plus grossière venant, sans surprise, de l'historienne américaine Joan Scott, dont la grande spécialité est de caricaturer la France, son modèle laïque et universaliste, comme raciste. Ce jour-là, elle va se surpasser. « La culture française tolère depuis longtemps des conduites comme celle de Strauss-Kahn », expliquant que c'est un trait du caractère national, une part de ce que l'historienne Mona Ozouf appelle « l'art de la séduction », écrit-elle dans un texte intitulé « Féminisme : une importation étrangère[25] ? ». Le titre de son papier, « Féminisme à la française », suggère que l'ensemble du féminisme français ferme les yeux ou considère la lutte contre les violences sexuelles comme un puritanisme à l'américaine. Le fait d'en attribuer ce travers à Mona Ozouf, une historienne dont les travaux sont ici totalement déformés, et confondus avec ceux de Claude Habib sur la « galanterie française », réellement vieux jeu, relève de l'amalgame. Mais ce que vise réellement Joan Scott arrive à la phrase suivante, lorsqu'elle reproche aux féministes françaises de ne pas accepter le port du voile (couvrir le corps des femmes pour qu'elles portent le poids de la honte sexuelle). Ce qu'elle présente comme une façon d'obliger les musulmanes à céder à la « séduction » française ! L'essentiel étant, comme toujours, de réduire le moindre débat français à son « islamophobie » supposée[26].

Cette tribune et d'autres du *New York Times* ont choqué plus d'une féministe en France. Irène Théry a pris le temps d'écrire une réponse, hélas parue dans *Le Monde* et non dans un journal américain : « Non seulement les femmes françaises ne ressemblent pas aux clichés francophobes qui se déversent sur elles en ce moment, mais elles portent haut l'étendard d'un féminisme plus complexe, plus subtil, plus heureux peut-être, que celui où le schéma "dominants/dominées" et la "politique des identités" semblent avoir enfermé celles qui les attaquent[27]. » Elle en profite pour développer un féminisme qui correspond à la subtilité de nos débats, en revendiquant le droit à la « présomption d'innocence » pour l'accusé (DSK) mais aussi la « présomption de véracité » pour la plaignante (Nafissatou Diallo). Ne pas présupposer qu'il est coupable, ne pas présumer qu'elle ment. C'est un réglage passionnant, équilibré, mais qui peine à traverser l'Atlantique, où le débat est parasité par la polarisation partisane, doublée d'un simplisme et d'une mauvaise foi stupéfiants.

Ainsi, Joan Scott est allée jusqu'à déformer la phrase d'Irène Théry pour lui faire dire exactement l'inverse de ce qu'elle écrit : « Irène Théry s'est inquiétée de ce que la parole de la victime compterait davantage que la présomption d'innocence de l'accusé[28]. » Comprenant moins bien le français qu'elle ne le pense, l'universitaire va citer à l'appui une phrase de la sociologue féministe française qui dit précisément le contraire : « Sommes-nous prêts, dans la culture politique française, à considérer la présomption de la véracité comme un véritable droit ? » Irène Théry reviendra sur ce mauvais procès dans un beau livre soutenant MeToo. N'en revenant pas d'« être montrée du doigt comme l'opposante à la "présomption de véracité" que j'avais moi-même inventée en faveur des plaignantes », elle cherche à comprendre comment une théoricienne américaine de renom peut se montrer « si grossièrement malhonnête », et met le doigt sur un rapport de pouvoir très pratiqué : « Il était probable qu'à peu près personne, dans les universités américaines, ne lirait ni mes tribunes ni les siennes », et « donc elle ne courait aucun risque » à tout déformer[29]. C'est hélas vrai.

Comme il est vrai que de jeunes doctorantes françaises ayant fait leurs études aux États-Unis ou rêvant d'y faire carrière jouent ce jeu. La critique et cinéaste Iris Brey, qui a étudié à NYU, va jusqu'à parler de « culture du viol à la française » sur le plateau de Mediapart consacré à Adèle Haenel, comme si la France n'abritait que des complices et l'Amérique que des féministes[30]. Faut-il rappeler que la France, contrairement aux États-Unis, n'a pas élu un président qui se vante d'attraper les femmes par la chatte… Ce n'est pas parce que le *New York Times* a fait de MeToo son combat que toute l'Amérique suit ! Seuls 49 % des Américains, un peu moins de la moitié, disent soutenir MeToo. Il reste une bonne moitié de sceptiques, dont 21 % d'Américains ouvertement réfractaires[31]. En France, ils existent aussi, bien sûr, mais l'effet MeToo se voit à l'œil nu. Quatre ans après le séisme, 68 % des sondés se disent féministes, soit 16 points de plus que lors d'une précédente enquête réalisée en 2016 par le même institut. La progression est encore plus importante chez les hommes[32]. Dans un autre sondage, plus récent, 60 % des Français approuvent que des « gestes déplacés » puissent donner lieu à des accusations ou à des plaintes. Très sévère envers le monde du cinéma, la moitié des sondés approuve même qu'on ne donne pas de prix à un film « si l'un de ses acteurs » est accusé de « comportement sexiste »[33] !

La culture de l'impunité est bien terminée. Et l'idée d'une tolérance à la française pour les agressions sexuelles dépassée. Les livres de Matzneff se vendaient peu, ils ne se vendent plus. En revanche, *Le Consentement* de Vanessa Springora, dénonçant son emprise, a cartonné : 300 000 exemplaires. Tout comme le livre de Camille Kouchner sur *La Familia grande*[34], dépeignant cette ambiance libertaire, en réalité malsaine, ayant permis à son beau-père d'abuser son frère jumeau. Un récit et un succès qui ont conduit le constitutionnaliste Olivier Duhamel, mis en cause, à quitter tous les postes prestigieux qu'il occupait : à la radio, à Sciences-Po, sur LCI. Il vit depuis reclus, et crie par SMS qu'il n'a « violé personne » à tous ceux qu'il voit débattre de MeToo à la télévision. Annulé en bonne et due forme, sans que personne ne songe à lui trouver des circonstances atténuantes. Même l'ancien directeur de Sciences-Po où il enseignait, Frédéric Mion, a dû démissionner pour ne pas l'avoir licencié en raison de ce soupçon ! On est loin d'un climat d'impunité et d'une « culture du viol à la française ».

Non seulement ces deux livres MeToo ont reçu un écho très favorable, mais le débat qui s'est ensuivi a permis de faire évoluer la réflexion politique et la loi sur l'âge du consentement sexuel. Marlène Schiappa, ancienne secrétaire d'État à l'Égalité, raconte cette bascule : « Nous avions tenté en 2018 d'établir un âge de non-consentement aux relations sexuelles, nous heurtant à une montagne d'hostilité. Après la publication du *Consentement* et de *La Familia grande*, nous avons repris les travaux en montrant que c'était un fait de société, qui faisait l'objet d'une condamnation unanime[35]. » D'autres œuvres n'ont pas attendu MeToo pour dénoncer le viol, la pédocriminalité et rencontrer écho et succès. On a parlé du roman *L'Inceste* de Christine Angot paru en 1999, du roman autobiographique *La Consolation* de Flavie Flament paru en 2016, il faut y ajouter le succès des *Chatouilles* d'Andréa Bescond qui a cartonné à Avignon l'année précédente, avant d'être adapté en film. Plus récemment, l'adaptation cinématographique du livre de Vanessa Springora a bouleversé la nouvelle génération. Qui peut encore parler de retard ?

IV

L'emballement

Depuis MeToo, pas un mois ne s'écoule sans que l'arène publique ne soit secouée par une nouvelle affaire, comme les enquêtes chic et choc de Mediapart. En quelques années seulement, ce média les a comptées, le nombre de personnalités françaises clouées au pilori pour un « MeToo », s'élève à plus de cent. Un phénomène qui touche surtout les domaines en « vue » : le cinéma, la politique, les médias, partout où la mise en cause d'une célébrité peut passionner, faire vendre du papier et générer du clic.

Du côté des politiques, au sens large, après DSK et Denis Baupin, ont défilé Pierre Joxe, François Asselineau, André Santini, Pierre Aidenbaum, Christophe Girard, Jean-Michel Baylet, Joël Guerriau, Jean-Vincent Placé, Maxime Cochard, Gérald Darmanin, Damien Abad, Adrien Quatennens, Julien Bayou, Taha Bouhafs, Tariq Ramadan et Patrick Pelloux, mais aussi la ministre féministe Chrysoula Zacharopoulou. Du côté des artistes, après Roman Polanski et l'écrivain Gabriel Matzneff, ce fut au tour du réalisateur Christophe Ruggia, du musicien Ibrahim Maalouf, du réalisateur Luc Besson, du plasticien Claude Lévêque, du metteur en scène Philippe Caubère, du chanteur Jean-Luc Lahaye, des acteurs Gérard Depardieu, Richard Berry, des réalisateurs Philippe Garrel, Régis Wargnier, Nicolas Bedos ou encore de la productrice féministe Juliette Favreul. Du côté des médias, les projecteurs se sont braqués sur Nicolas Hulot, PPDA, Gérard Louvin, Jean-Marc Morandini, Jean-Jacques Bourdin, Pierre Ménès…

Sur ce bûcher, des hommes et quelques femmes ont été jetés dans le même sac « MeToo », frappés d'infamie et brûlés en place publique, pour des accusations très diverses. Certains sont visés par des plaintes, d'autres seulement accusés par des anonymes dans la presse. Certains ont été reconnus coupables et d'autres ont été relaxés. Quelques-uns sont soupçonnés d'avoir employé la force ou la ruse pour violer, d'autres se voient simplement reprochés d'avoir proposé une relation avant d'être éconduits. Dans cette liste, il y a des mis en cause par une seule accusatrice, et des prédateurs que plusieurs proies dénoncent. Dans ce sac, on trouve un réalisateur mis en cause sans preuves pour avoir dit son « trouble » à un acteur et un géant du cinéma pointé du doigt pour avoir humilié et touché des dizaines de collaboratrices au vu et au su de tous. Un chanteur mis en examen pour deux viols sur mineures, sous contrôle judiciaire, et un chanteur innocenté.

Sur le même billot, on croise un ministre accusé d'abus de faiblesse innocenté, un conseiller municipal accusé par son ex pour un « trouple » consenti, un chef de parti qui a dû démissionner pour avoir trompé ses petites amies, et un député conspué pour avoir giflé sa femme en plein divorce. Sur le même échafaud, il y a même une ministre féministe accusée d'« agressions sexuelles » pour avoir pratiqué un examen médical comme gynécologue en vue de soigner l'endométriose ! Dans cette liste, il y a des coupables, et des innocents. En principe, contrairement aux réseaux sociaux, le rôle de la presse, son devoir même, devrait être d'aider son lecteur à trier.

L'exposition de prédateurs

Il existe des cas où l'exposition médiatique permet de sanctionner des comportements jamais condamnés et même trop longtemps couverts par le monde des médias. Ces affaires, qui auraient dû sortir bien plus tôt, honorent le journalisme. C'est le cas des deux enquêtes, très fouillées, ayant permis à des dizaines de victimes de dévoiler le modus operandi de Patrick Poivre d'Arvor ou de Nicolas Hulot. Deux anciens animateurs de télévision qui, au sommet de leur notoriété, le premier comme présentateur vedette du 20 heures de 1976 à 2008, le second comme animateur-producteur de l'émission « Ushuaïa » de 1987 à 1996, ont cru pouvoir tout se permettre. Dans les deux cas, ces témoignages sont si nombreux, si détaillés, si concordants, si accablants, qu'ils racontent effectivement une époque où notoriété rimait avec impunité.

Dans le cas de PPDA, le nombre d'accusatrices s'élève à quarante-cinq ! Un record. La première à porter plainte, l'écrivaine Florence Porcel, lui reproche une première relation sexuelle non consentie puis de l'avoir contrainte à une fellation quelques années plus tard. Sa déposition, immédiatement médiatisée, a brisé le silence le 15 février 2021. À sa suite, pendant des jours, la police va recevoir des dizaines de femmes se plaignant de faits similaires. Encouragée par cette déflagration, Hélène Devynck, ancienne journaliste à TF1, raconte à son tour l'enfer professionnel vécu entre les griffes de l'animateur, à l'âge de 24 ans, et le dégoût qui s'est ensuivi : « La peur du suicide professionnel vous amène à faire comme si rien ne s'était passé, mais savoir de soi qu'on est capable de cette soumission-là est une douleur persistante[1]. » Neuf mois plus tard, elles seront huit en tout à faire la une de *Libération*[2], puis vingt à parler chez Mediapart. Toutes décrivent un animal, capable d'attaquer par surprise, sitôt la porte de son bureau fermée. Un piège vers lequel ont été conduites de jeunes collaboratrices, qui ont gardé le souvenir d'un assaut aussi fulgurant que salissant, mêlé de honte et de culpabilité. Sur les quarante-cinq femmes s'étant manifestées auprès de la police, vingt ont porté plainte, dont douze pour viols. Mais à l'exception d'une seule affaire, toutes ces plaintes concernent des faits prescrits, et ont donc été classées sans suite[3].

Dans le cas de Nicolas Hulot, le nombre d'accusatrices s'élève à six. Et leurs témoignages concernent surtout les années où il était animateur et non ministre de la Transition écologique. Sans doute parce qu'il s'agit d'une période plus ancienne et que la politique est plus scrutée. Ses ennuis commencent très exactement un an après être entré au gouvernement, le 6 février 2018, dans les colonnes d'un tout nouveau journal : *Ebdo*. L'article est signé par deux journalistes confirmés, Anne Jouan et Laurent Valdiguié. Il correspond à un devoir d'information légitime, puisqu'il s'agit d'un ministre (Nicolas Hulot est alors numéro trois du gouvernement d'Édouard Philippe) et qu'il s'appuie sur une plainte. Le nom de la victime ne sera pas cité, à la demande de sa famille, mais il finira par fuiter : Mitterrand. Un signe de crédibilité au plan journalistique, car le clan n'a pas voulu cette publicité et n'a rien à y gagner.

La femme qui a porté plainte sans vouloir ce tapage médiatique s'appelle Pascale Mitterrand, petite-fille de l'ancien président de la République. Elle a débuté dans le journalisme photo à l'agence Sipa Press très jeune et n'a que 19 ans, en 1997, lorsque son patron lui demande de passer trois jours en Corse chez Nicolas Hulot, pour photographier sa maison, à la demande expresse de ce dernier. Cet ami du patron semble l'avoir repérée sur photo. Il tient à ce qu'elle vienne en personne et seule. La jeune Pascale ne se sent pas assez qualifiée pour un sujet si plat, si dur à mettre en images, et demande à être accompagnée d'un photographe plus expérimenté. Mais le jour du départ, alors qu'il est trop tard pour reculer, on lui apprend qu'elle partira seule. Et son patron insiste. Alors elle y va, pour ne pas avoir l'air d'une enfant gâtée, capricieuse. D'après sa plainte, le séjour tourne mal le dernier soir.

À son retour, elle s'en ouvre à ses proches et à sa famille. Selon Laurent Valdiguié, « c'est Danielle Mitterrand, la chef de tout ce clan, qui aurait donné pour consigne à l'époque "on ne dit rien"[4] ». En 2008, onze ans après les faits, Pascale Mitterrand a, comme souvent chez les femmes agressées, un sursaut… Elle sait que sa plainte est sans doute prescrite, mais se rend tout de même dans un commissariat des Landes, pour laisser une trace, peut-être une tache. Aux gendarmes qui lui demandent pourquoi maintenant, elle explique : « C'est maintenant que les choses ressortent. J'attends un enfant et je ne me vois pas lui expliquer que j'ai pu être victime de tels actes sans réagir, même onze ans après. » Même si la plainte est prescrite, Hulot est convoqué et entendu. Lui dit tomber des nues, reconnaît une relation sexuelle, mais qu'il estime consentie, à l'issue d'un désir réciproque, sans la moindre pression.

La rumeur de cette plainte courait dans Paris. Lorsque Nicolas Hulot est nommé ministre, des journalistes commencent à fouiller. Anne Jouan et Laurent Valdiguié savent que cela concerne le clan Mitterrand, les contactent, et finissent par remonter jusqu'au procès-verbal. « Ça a pris du temps, raconte Laurent Valdiguié au micro de France Culture, mais quand on a pu établir avec certitude l'existence de cette plainte, je pensais que le boulot était fait[5]. » L'article réveille un flot de témoignages, que les deux journalistes imaginent pouvoir publier au numéro suivant. Sauf qu'entre-temps, Nicolas Hulot a pris les devants. Contacté au titre du contradictoire, il décide de livrer sa version, la veille, chez Jean-Jacques Bourdin, en mode : « Y en a marre », « c'est un cauchemar », « ça me poursuit depuis des mois », « mais je suis debout », avant d'envoyer une punchline taillée pour être reprise : « J'ai peur de la rumeur, mais il y a une chose dont je n'ai pas peur, c'est de la vérité[6]. » Bien joué. En prenant la parole en premier, le ministre impose son prisme, son cadre, et sa version : celle d'une rumeur dégueulasse et putassière, destinée à lui nuire. Et ça lui réussit. Notamment parce qu'à ce moment-là, Nicolas Hulot jouit d'un immense capital sympathie. Avec son émission « Ushuaïa », il a fait voyager les Français aux quatre coins du monde, leur a permis de découvrir les plus beaux endroits de la planète. Bien que richissime grâce à des produits dérivés en plastique, l'homme est vécu comme un champion de l'écologie, une cause qui monte. Ce n'est pas un politique comme un autre, mais la caution « écolo » du gouvernement, issu de la société civile, celui qui met son énergie et son grand cœur au service du pays. Assurément, ce bouclier réputationnel va le protéger durant un temps. Surtout que face à lui, la victime reste pour le moment anonyme. Et que nous parlons, à ce stade, d'une simple parole contre parole. Le gouvernement va faire corps autour de lui et même envoyer la ministre des Droits des femmes, Marlène Schiappa, défendre sa présomption d'innocence dans une tribune : « La justice se rend dans les tribunaux, pas les médias[7]. »

À cet instant, c'est assez juste.

Tout va changer, y compris la position de cette ministre, lorsque d'autres témoignages vont affluer. Entre-temps, attaqué de toutes parts, *Ebdo* a dû arrêter de paraître, au bout de onze numéros. Mais Anne Jouan a gardé tous les contacts et va s'associer à une autre journaliste, Virginie Vilar, qui travaille à « Envoyé spécial », pour poursuivre son enquête à la télévision. L'émission passe le 26 novembre 2021, quatre ans après l'article et quelques mois après l'affaire PPDA. Cette fois, elle va faire grand bruit. Enfin, les victimes ont un visage et sont écoutées. Pascale Mitterrand n'a pas voulu s'exprimer. Mais d'autres femmes, Sylvia, Cécile, Claire, parlent, et racontent. Sylvia, par exemple, dit s'être retrouvée coincée à seulement 16 ans, en 1989. Fan, elle avait envoyé une lettre à la Maison de la Radio, où Nicolas Hulot présentait chaque samedi une émission. Elle n'en revenait pas d'avoir été invitée à le rencontrer, encore moins à prendre un petit déjeuner, avant qu'il ne propose de la raccompagner en voiture. D'après sa version, l'animateur se serait arrêté sur un parking extérieur, lui demandant si elle a rêvé de cette rencontre, avant d'ouvrir sa braguette et de la contraindre à une fellation. « Il a pris ma main, il m'a demandé si je l'avais déjà fait avec des garçons, raconte-t-elle. Il me force à lui faire une fellation, que je ne fais pas réellement parce que je suis tétanisée. »

L'animatrice Maureen Dor raconte s'être fait sauter dessus lorsqu'elle n'avait que 18 ans. Pour Claire Nouvian, journaliste, il l'aurait embrassée de force lors d'un tournage pour « Ushuaïa » en 2008, « il y a clairement un dysfonctionnement dans son rapport aux femmes ». Une autre journaliste, à peine recrutée, dit avoir vécu la même scène. Plusieurs ont reçu pour consigne de ne jamais se trouver seule avec lui, ni de lui ouvrir la porte dans un hôtel. Sans que ses supérieurs décident de sanctionner ce comportement.

Trente ans plus tard, c'est pourtant le pouvoir des médias qui le confronte enfin à ses démons. Enregistré au téléphone par Élise Lucet, Hulot nie en bloc, « Jamais ! Jamais ! Jamais ! ». À l'entendre, ces accusations sont « abjectes », mais le ton n'y est plus. L'image se fissure, et l'époque a changé. La veille, le ministre a tenté de prendre les devants en annonçant « quitter définitivement la vie politique » sur le plateau de BFM. Mais sa langue a fourché en dénonçant les « esprits malins qui vont conforter le doute » et voir en lui « le monstre que je suis ». Tout se voit, en effet. Et lui se cache depuis.

On ne l'a plus revu sur le plateau de Jean-Jacques Bourdin. En revanche, l'animateur y a convié Tariq Ramadan en septembre 2019, là aussi pour se victimiser, alors que les plaintes s'accumulaient contre lui. Une invitation d'autant plus gratuite que Ramadan n'est pas ministre. Et d'autant plus troublante que l'animateur, d'ordinaire pugnace, ne va lui poser aucune question réellement embarrassante, se contentant d'une agressivité de façade, qui sert en réalité l'accusé. Comme si une complicité virile liait le prédicateur et l'animateur. Elle me frappe en regardant l'émission, et ne m'étonne pas. L'animateur finira par quitter l'antenne de BFM, trois ans plus tard, visé par deux accusations dont une plainte pour agressions sexuelles[8]... classée sans suite pour cause de prescription.

Il existe d'autres cas, moins graves, où la surmédiatisation étonne davantage.

Le bûcher des célébrités

Sous l'Ancien Régime, plus l'agresseur était riche ou puissant, moins une plainte avait de chances d'être considérée. Notre époque est à l'opposé. Elle raffole des histoires de pot de terre contre le pot de fer. Plus l'accusé est riche, plus il est célèbre, plus il risque le tribunal médiatique, et même le bûcher. Il faut être connu ou puissant pour intéresser la presse. La moindre tache sur votre réputation peut vous coûter la mort sociale, parfois même la mort tout court. C'est arrivé à l'un des premiers accusés de l'ère MeToo. Un chef cuisinier français d'origine japonaise, Taku Sekine, qui s'est suicidé dans la nuit du 28 au 29 septembre 2020.

Formé à l'école d'Alain Ducasse, ancien sous-chef d'Hélène Darroze, avant d'ouvrir ses premiers bistrots, l'étoile montante de la gastronomie s'est mise à pâlir un an plus tôt, à cause d'un post Instagram. Une jeune Canadienne y raconte avoir subi de sa part une tentative de viol après une soirée arrosée entre amis : « Tu es entré dans ma chambre pendant que je dormais, tu as essayé de coucher avec moi et tu as commencé à m'agresser sexuellement. » Elle ne porte pas plainte, expliquant avoir gardé un mauvais souvenir d'un passage au commissariat à la suite d'un cambriolage, mais elle prétend connaître dix autres femmes assaillies par le même homme, sans plus de précisions[9]. Un « Balance ton porc » qui aiguise la curiosité d'un site gastronomique. Ce qui aurait entraîné ce suicide, selon son épouse et son communiqué : « Taku Sekine a mis fin à ses jours, emporté par une grave dépression consécutive à sa mise en cause publique – sur les réseaux sociaux et sur un site spécialisé. [...] Cette atteinte à son intégrité et son honneur était profonde[10]. »

Le site en question s'appelle Atabula et son rédacteur en chef, Franck Pinay-Rabaroust, s'explique : « Le nom de Taku Sekine n'est pas arrivé par hasard dans nos articles. Depuis 2014, et mes premiers articles sur les violences en cuisine, je n'ai cessé de recevoir des témoignages et des messages en lien avec ce sujet. Des dizaines de noms de chefs ont été cités, avec des accusations parfois bancales, parfois précises. Nous avons su faire le tri. » Dans le cas du chef ayant attenté à ses jours, ce journaliste maintient qu'il existait un bruit persistant et plusieurs accusations, qu'il a recoupées, avant d'écrire son article : « J'ai contacté de nombreuses personnes, dont certaines faisaient partie du premier cercle de Taku Sekine, pour croiser au maximum les informations. À chaque fois, il y avait confirmation des faits reprochés. »

Nous ne saurons jamais ce qui a poussé ce chef cuisinier à se donner la mort : la honte sociale ou ses remords. Cette décision tragique peut avoir été facilitée par une conception archaïque de l'honneur, si ancrée au Japon, qui possède une longue tradition de hara-kiri et l'un des taux de suicide les plus élevés au monde. On y parle même de « fléau social ». Or ce chef cuisinier y a non seulement grandi, fait ses études politiques, mais il songeait à s'y présenter un jour aux élections présidentielles. Cette atteinte à sa réputation lui a semblé pire que la mort. Un autre que lui aurait peut-être choisi de porter plainte pour dénonciation calomnieuse. Reste qu'une mise en cause peut détruire un accusé. Quelle éthique adopter ? Peut-on nommer à la moindre accusation, même isolée, au risque de ruiner une réputation ?

Personnellement, j'ai deux astuces pour me forger un début de conviction lorsqu'un MeToo vise une personnalité : l'une personnelle, et l'autre professionnelle. La première, c'est le « test de l'ascenseur ». J'essaie de me demander si je serais montée dans un ascenseur, seule avec lui, l'esprit tranquille, lorsque j'avais 20 ans. La seconde, plus professionnelle, consiste à évaluer le nombre d'accusations de même gravité. Si plusieurs victimes présumées accusent un homme d'agressions sexuelles graves, et répétées, et osent porter plainte, j'ai du mal à croire à une fumée sans feu. En revanche, si plusieurs racontent des interactions pénibles, mais qui ne relèvent pas du viol et ne vont pas jusqu'à porter plainte, c'est possiblement plus fumeux. Cela ne veut pas dire qu'il n'y a pas un problème de comportement, simplement qu'il ne mérite pas d'être étalé au titre de MeToo comme une nouvelle affaire Weinstein.

Médiatiser ces affaires relève d'une très lourde responsabilité. Elles exigent, chez un journaliste, d'avoir la main qui tremble et la « conscience intranquille », chère à Camus. Même en étant convaincue que les victimes de Tariq Ramadan disaient vrai, je ne me suis pas sentie de relayer leurs accusations tant que la justice n'était pas saisie. Presque instinctivement, organiquement, je me suis fixé cette ligne de conduite. À mes yeux, une accusation aussi lourde ne mérite pas d'être médiatisée en cas de parole isolée, sans plainte à l'appui. Elle devient un sujet s'il existe une plainte, au minimum, et si plusieurs accusations non anonymes se recoupent. Et encore, la décision de les relayer doit être prise en tenant compte de la gravité des faits reprochés, en vérifiant qu'il s'agit bien d'un délit ou d'un crime, et non d'un comportement déplacé : si le risque d'une mise en danger justifie d'alerter.

Tous les journalistes n'ont pas cette « conscience intranquille », ni la main qui tremble à l'idée d'accuser. Certains paraissent plutôt excités. Il faut dire que les affaires MeToo des personnalités ne font pas que sauver le monde, elles rapportent aussi, des clics et des lecteurs. La justice ayant parfois du mal à passer, il existe des cas, nous venons d'en parler, où la médiatisation de bourreaux multi-accusés a permis de briser l'omerta, l'impunité de prédateurs, de réparer des victimes et peut-être d'éviter d'autres viols. Mais il en existe d'autres où donner de l'écho à une accusation mal intentionnée, voire infondée, allume un bûcher au risque d'attenter à la présomption d'innocence et de ruiner une vie. Parfois, l'incendie démarre d'abord en ligne. Il arrive alors que la presse serve noblement à contrer la rumeur ou à démasquer des accusations mensongères. Bien plus souvent, sous le prétexte de dénoncer les violences sexuelles, on voit des journalistes muter en paparazzi… en se prenant pour des chevaliers blancs du *New York Times.*

Les cibles choisies de Mediapart

En France, le procureur médiatique MeToo le plus actif, Mediapart, vient de la gauche radicale. Et il choisit ses cibles en fonction de l'appétit de son public, qui aime surtout croquer du people et du puissant : blanc ou juif, moins musulman. Dans le cas de Tariq Ramadan, malgré le nombre élevé de victimes, et le risque encore plus élevé de récidive, le média s'est contenté de faire le service minimum, pour ne pas être accusé de regarder ailleurs. Après les attentats de 2015 contre *Charlie*, Edwy Plenel, son fondateur, a passé beaucoup de temps à faire la tournée des banlieues en compagnie du prédicateur, « un intellectuel très respectable » à l'entendre, pour défendre son livre attaquant la laïcité française, *Pour les musulmans*, traduit en arabe par les bons soins du Qatar. Un aveuglement qui lui vaudra d'être moqué en une de *Charlie Hebdo*. Un dessin croquant un Plenel dont la moustache pousse, telle une barbe, au point de lui fermer la bouche, les oreilles et les yeux, avec pour titre ravageur : « Affaire Ramadan, Mediapart révèle : “On ne savait pas[11].” »

Cet aveuglement n'étonne personne connaissant son parcours militant. Convaincu d'être la voix du peuple et des « damnés de la terre », le fondateur de Mediapart a fait ses classes à la Ligue communiste révolutionnaire. À l'époque, il s'enthousiasme sans réserve (mais sous pseudonyme) pour les attentats du groupe terroriste palestinien Septembre noir :

l'enlèvement et l'assassinat de onze athlètes israéliens aux JO de Munich de 1972[12]. Depuis cette rouge jeunesse, il a gardé une tendresse exotique pour la révolte des « racisés », à qui il pardonne tout, comme son média. Sous pression, Mediapart a dû finir par mener une enquête en cinq volets, signée Mathieu Magnaudeix, sur Ramadan. Étonnant choix d'enquêteur. Quelques années plus tôt, ce journaliste m'a violemment critiquée pour mes alertes contre les Frères musulmans et ce prédicateur, sous le titre « Les croisades de Caroline Fourest : la trajectoire dévoyée d'une propagandiste de "gauche" », me peignant en militante homosexuelle devenue « islamophobe » et « réac' » dans une revue coéditée par Mediapart[13]. Autant vous dire qu'il ne m'a pas contactée pour son « enquête ».

Apprenant l'existence de cet article par son rédacteur en chef, lors d'une conversation tendue sur un autre sujet, j'ai dû prendre l'initiative d'envoyer deux informations montrant les liens de Tariq Ramadan avec le théologien en chef des Frères musulmans et le Qatar, en expliquant à ce rédacteur en chef qu'il serait troublant de ne pas les y retrouver dans l'article. Elles ont bien dû y figurer. Le reste de l'enquête servant surtout à expliquer combien cet homme est victime d'« islamophobie », à l'image du titre de la série : « Tariq Ramadan : enquête sur un épouvantail[14] ». Rien sur son comportement sexiste ou sur le décalage entre sa vie et ses sermons. Le journaliste confiera plus tard avoir entendu un ancien ami de Ramadan l'accuser de vivre « dans la fornication et l'alcool », mais il n'a pas souhaité creuser. On est loin de la détermination que peut mettre Mediapart à suivre la moindre rumeur visant un ministre, un acteur ou un producteur.

Il faut voir l'exaltation de ce même journaliste, Mathieu Magnaudeix, au sujet de l'affaire Weinstein lors de l'émission en ligne de Mediapart consacrée à sa chute. Comme il l'explique à l'antenne, il insiste pour prononcer « ein » et non « in » à la fin de Weinstein[15]. Certains commentateurs le font, d'abord parce que c'est ainsi que cela se prononce en anglais, mais aussi pour éviter d'insister sur son appartenance juive en pleine récupération antisémite, alors très vive en France. Le journaliste de Mediapart préfère insister sur « ein ». Sur Tariq Ramadan, il n'a pas creusé son problème de comportement avec les femmes et trouve « islamophobe » de le critiquer. Mais sur WeinstEIN, en revanche, il se félicite de « l'onde de choc » qu'il observe aux États-Unis contre les « puissants », des gens d'Hollywood mais aussi « des journalistes, des gens qui travaillent dans la banque », et raille, bien sûr, l'omerta et le retard français !

On peut dire que Mediapart ne va pas chômer pour le rattraper, notamment sous la plume de Marine Turchi. C'est elle qui a convaincu Adèle Haenel de dénoncer Christophe Ruggia. Depuis, elle ne quitte plus ce registre, au point de terroriser le cinéma français. Une réussite en termes de prestige et d'abonnés. Avec 200 000 abonnés et un chiffre d'affaires de plus de 20 millions d'euros, Mediapart ne va cesser de gagner des lecteurs grâce aux affaires MeToo, sa deuxième recette après celle du scandale politique. Et le média les traite de la même manière : sensationnaliste. En politique, Mediapart est connu pour son péché mignon : traiter toute révélation comme une « affaire d'État », en mettant parfois sur le même plan un soupçon d'enrichissement personnel et le fait qu'un ministre serve du homard à ses invités dans son ministère, comme dans « l'affaire » François de Rugy[16]. Il va fonctionner exactement de la même manière pour MeToo : n'enquêter que sur des hommes présentant les signes de richesse et de pouvoir, nourrir l'envie de les voir tomber, et parfois mélanger des plaintes pour viols, graves, à des accusations plus légères de comportements déplacés, pour gonfler ses scoops. Même s'il s'agit de plaintes ou d'accusations finalement infondées, il en restera toujours un parfum de soupçons et de ragots, de confidences extirpées ou exagérées, et bien sûr un buzz salissant pour l'épinglé.

Après Roman Polanski et Ruggia, l'une de ses premières cibles sera le réalisateur et producteur Luc Besson. Incarnation d'une réussite financière, il a tout pour agacer Mediapart et lui fournir son Weinstein français. L'enquête est justifiée, puisqu'il existe une plainte. Une comédienne, Sand Van Roy, avec qui il entretient une liaison amoureuse depuis deux ans, l'accuse de l'avoir droguée et malmenée lors d'un rapport anal douloureux dans une suite du Bristol, où ils se sont donné rendez-vous. Elle a porté plainte le lendemain. En pleine vague MeToo, l'affaire est prise très au sérieux. Ce qui permet de mener une enquête immédiate, rarement possible : de retrouver tous leurs échanges par texto, avant et après cette nuit, les images du couloir de l'hôtel qui montrent son arrivée à la chambre et leur départ (enlacés), de saisir les draps de leur nuit, et les verres (sans aucune trace de GHB ou même d'alcool, juste de la camomille), mais aussi d'interroger le chasseur qui lui a appelé un taxi et même de retrouver le chauffeur l'ayant ramenée chez elle. Autant de pièces à conviction qui vont vite affaiblir la version de l'accusatrice et conduire à la relaxe du réalisateur, prononcée par trois juges, toutes des femmes. Une instruction implacable.

Sauf que la procédure a duré cinq ans et que pendant ces cinq ans, Mediapart n'a cessé d'entretenir le suspens et le feuilleton, l'alimentant par d'autres témoignages. Des assistantes gênées par des « bisous dans le cou » et des demandes de câlins intempestives, montrant une capacité à brouiller les frontières entre l'affect et le professionnel, une ancienne directrice de casting d'Europa Corp qui dit avoir subi un chantage amoureux et même avoir été embrassée par surprise, une mannequin choisie sur photo qui raconte un chantage à la séduction en vue d'obtenir un rôle. Une série d'articles qui ont porté un vrai coup à la réputation du réalisateur-producteur, au succès de ses films en France, en plus de la déflagration et du déballage subi par sa famille. Il y a du bon. Une prise de conscience qui l'a conduit à une thérapie et à un début de réflexion sur l'asymétrie de ses rapports avec ses collaboratrices et ses collaborateurs : « Si j'ai eu un comportement qui a pu incommoder quelqu'un, qui que ce soit, je m'en excuse platement. C'est involontaire, j'ai ma sensibilité, 95 % des gens qui sont autour de moi ne sont pas gênés par cette sensibilité, car ils ont la même », a-t-il expliqué au début de la tourmente. Après cette épreuve, il va plus loin : « Aujourd'hui, je comprends que le pouvoir d'un seul coup pouvait paniquer quelqu'un. Maintenant, j'y ferai très attention. » Des propos cités dans Mediapart[17]. Lors d'une conversation que j'aurai avec lui pour ce livre, encore déstabilisé par cette plainte à l'issue d'une liaison qu'il croyait sincère, ne sachant plus s'il peut être aimé pour Luc et non Besson, il confie : « Pendant des années, je me suis raconté qu'avec le succès on devenait plus beau que le petit garçon ou l'adolescent qu'on était, et qui se prenait des râteaux. Avec cette affaire, j'ai réalisé que non. On reste exactement le même. »

Dans son cas, le réalisateur-producteur a les reins solides. Et une réussite qui lui permet de continuer à tourner des films malgré la rumeur et le déshonneur. Ce n'est pas le cas des réalisateurs ou des acteurs mis en cause pour des faits s'éloignant de plus en plus, au fil des articles, de l'affaire Weinstein et de sa gravité. À l'image de Philippe Garrel, visé et brisé par une enquête de Mediapart parue juste avant la sortie de son film *Le Grand Chariot*. L'histoire d'une famille de marionnettistes, comme toujours inspirée de sa vie et jouée par ses enfants : Louis, Esther et Lena Garrel. Cinq ans d'écriture, de répétitions, de tournage et de montage partis en fumée. Le film est mort-né, en raison d'un article de Mediapart publié le 30 août 2023, dans lequel trois femmes l'accusent de gestes déplacés, sans porter plainte ni parler de viols[18].

De quoi, alors ? D'une actrice lui reprochant une main sur la hanche et de tentatives de baisers, et d'une comédienne-scénariste (Anna Mouglalis) qui lui reproche d'avoir besoin de « tomber amoureux des actrices » pour travailler avec elles… En réalité, elle a pu tourner avec lui, dans le film *La Jalousie* en 2013, sans avoir à céder à ses avances puisqu'elle-même dit qu'il « ne s'est rien passé », mais elle se plaint d'avoir été draguée l'année suivante, lors d'un second projet, où le réalisateur feint un malaise pour s'allonger sur son lit… avant de se faire éconduire et mettre à la porte. « Il dit clairement qu'il a besoin de coucher avec ses actrices, moi je n'ai pas vécu ça. J'avais déjà tourné le film, mais il m'avait demandé de lui donner à lire des textes féminins écrits sur le désir féminin. Et donc je lui ai proposé de lire des extraits de textes. Pendant ce moment où il est venu chez moi, il est allé s'allonger sur mon lit. Il voulait que je lui explique le désir féminin d'une façon sans doute un tout petit peu plus littérale. Mais il n'y en avait pas, de désir, donc je l'ai renvoyé. » Petit joueur, d'accord, mais violeur ? L'actrice insiste : « Je dénonce une attitude de prédateur. » Le mot est fort. Est-il juste ?

Il est clairement pénible de devoir éconduire un partenaire de film avec qui on désirait travailler, sans avoir à subir ses avances, mais très excessif de le présenter comme une contrainte insoutenable, comparable à la situation de femmes précaires harcelées tous les jours au travail par leur chef, et qui tremblent à l'idée de perdre leur emploi. Cela reste une proposition déplacée que l'on peut décliner (la preuve), même si cela coûte de sacrifier une chance de voir aboutir son projet. Ce genre de chantage affectif mérite d'être moqué, pas de traiter quelqu'un de « prédateur ». Nous parlons d'un réalisateur de 75 ans, et de témoignages qui portent sur soixante ans de carrière, commencée dans les années 1960... épinglé au tableau de chasse de Mediapart comme le nouveau Weinstein français, au prix de mettre à la poubelle un film, et le travail de toute une équipe.

Si l'on comprend que la presse dénonce des abus graves, des viols en série ou du harcèlement sexuel au travail, on voit aussi le côté racoleur qu'il y a à nommer des célébrités pour des accusations plus légères ou privées, au point de se transformer en presse à scandale, pour vendre du papier en se servant du beau prétexte de MeToo.

La différence tient à la gravité des faits reprochés et au sérieux de l'enquête. Quand Mediapart publie une série d'enquêtes très fouillée sur Gérard Depardieu, basée sur treize puis vingt témoignages – dont plusieurs femmes qui assument leurs propos à visage découvert et qui décrivent des scènes relevant clairement du harcèlement sexuel au travail[19], alors qu'une comédienne et une décoratrice ont porté plainte pour agression sexuelle et que le parquet de Paris a ouvert une enquête préliminaire –, le média joue son rôle. Cette alerte paraît même d'utilité publique pour mettre en garde contre un monstre sacré du cinéma, tout-puissant et qui a clairement sévi pendant des années en toute impunité. Lorsque Mediapart feuilletonne contre des acteurs ou des réalisateurs pour des comportement pénibles en privé, des propositions insistantes ou des mains aux fesses en soirée, sous l'effet de l'alcool, la nécessité de médiatiser est moins évidente.

Quand le même média, à défaut de trouver le moindre MeToo, consacre plus de quatre articles en six ans au directeur du festival de Cannes et de l'Institut Louis Lumière, Thierry Frémaux, pour lui reprocher d'avoir « trop de casquettes », et y voir un « conflit d'intérêts », ou dénoncer un « management brutal », à partir d'articles aux titres racoleurs mais au contenu totalement creux, sur la base de confidences de jeunes salariés n'ayant pas supporté de travailler sous pression (le nouveau filon de Mediapart), ou qu'on leur crie dessus avant de s'excuser… On touche le fond de la curée[20].

Pas du genre à se laisser intimider, Frémaux, qui dénonce un « acharnement », a rendu public son droit de réponse. Une mise au point précise et sans appel qui n'a pas empêché

Mediapart de continuer à feuilletonner ni de dégainer un énième article, à partir de témoignages souvent anonymes. Une démarche clairement répétitive et disproportionnée, mais qui marche, comme tous les articles consacrés à des célébrités ou à ceux que l'on voit en smoking à leurs côtés, et qui engendre des clics et des abonnés.

Une liste et des corbeaux

À force de révélations croustillantes, le monde du cinéma s'est mis à bruisser de rumeurs terrorisantes sur l'existence d'une « liste » de comédiens et de réalisateurs bientôt exécutés en place publique. Des noms ont commencé à circuler dans tout Paris. Les agents de ces comédiens vivant dans la hantise de voir Mediapart s'en emparer. Des producteurs, frileux, ont préféré geler leurs propositions ou stopper des contrats pour ne pas prendre de risques, le temps de voir venir… La rumeur, qui prétendait que cette « liste » allait sortir, s'est mise à gronder de façon insistante à la veille de l'ouverture du 77e festival de Cannes, en mai 2024.

Heureusement, son directeur a su garder son sang-froid. Il faut dire qu'il connaît par cœur les méthodes de Mediapart, pour les avoir subies… Sans cette expérience et une solide colonne vertébrale, un autre que lui aurait pu céder à la tentation d'annuler certains films pour ne pas avoir à affronter une nouvelle tempête, comme celle essuyée l'année précédente pour avoir maintenu *Le Retour* de Catherine Corsini ou *Jeanne du Barry* de Maïwenn. Cette fois, la pression ne vient même plus de procédures en cours ou de pétitions, mais d'une simple rumeur ! Au lieu de se précipiter, d'annuler des films pour si peu, la présidente du festival, Iris Knobloch, elle aussi très solide, a fait savoir que l'équipe « veillerait à prendre la bonne décision au cas par cas » dans l'hypothèse d'une mise en cause… qui n'est jamais venue, malgré un bouillonnement dans la presse et sur les réseaux sociaux.

Dès le 6 mai, *Le Canard enchaîné* évoque la possibilité d'une liste et parle de panique à bord : « Le #MeToo du ciné affole les producteurs. Après la série de révélations sur les violences sexuelles lors des tournages, ils se font un film d'horreur : sorties reportées, projets fragilisés, acteurs à remplacer[21]… » *Le Figaro* enchaîne par une enquête sur le climat de terreur qui règne dans les coulisses du 7e art à la veille de Cannes[22]. Toujours à propos de la « liste », *Le Parisien* évoque une possible « fake news », tout en expliquant que « certaines équipes de films prévoient des plans B, des scénarios bis et même des retours express de la Croisette[23] ». Comme toujours, c'est une émission sensationnaliste à l'affût du moindre délire sur les réseaux sociaux, « Touche pas à mon poste », qui va aller trop loin… Sur son plateau, l'animateur Cyril Hanouna sort les tambours et annonce une « liste explosive de dix gros noms du cinéma français liés à des affaires sexuelles », « c'est pratiquement tout le cinéma français qui est touché ». Tout est fait pour faire passer la fake news pour une information. L'un des collaborateurs de l'émission, Gilles Verdez, va jusqu'à déclarer dans la même phrase : « On ne sait pas de quoi il retourne » mais « ça résulte d'une longue enquête ». En réalité, ce n'est qu'un délire, mais Cyril Hanouna vient de lui donner du crédit : « La liste va sortir là. » Il sert même de GPS pour guider le spectateur : « Les noms sont sortis sur les réseaux. Nous aussi, on les a. » Et pour cause !

L'homme qui a balancé une première liste de noms sortis de son chapeau n'est autre que l'ancien bras droit de Cyril Hanouna, l'agent Clément Garin. Il l'a envoyée à ses abonnés avec pour consigne de ne pas la divulguer… On sourit. La voilà aussitôt récupérée et mise en ligne par le compte complotiste Zoé Sagan. Derrière ce pseudonyme, faisant croire à une femme écrivaine, se cache en réalité une bande de délateurs paranoïaques et complotistes. Son principal animateur, Aurélien Poirson-Atlan, a écrit quelques livres et fréquenté le festival de Cannes, sans percer. Un échec qui nourrit son amertume et lui sert de moteur pour se répandre en rumeurs, chaque fois qu'il le peut, sur le monde des médias, de l'édition ou du cinéma, sous prétexte de « décortiquer le système ». Un peu à la façon « Mister Q », ce délateur trumpiste qui prétendait détenir des secrets sur l'« État profond » et qui a lancé la paranoïa QAnon en voyant des complots pédophiles partout, en vue de favoriser l'élection de Trump… En France, le compte Zoé Sagan est à l'origine d'un scandale politique ayant coûté sa carrière à un candidat à la mairie de Paris, Benjamin Griveaux, en 2020. C'est ce compte qui a fait connaître la sextape par laquelle l'agitateur russe Piotr Pavlenski et sa compagne voulaient le faire chanter. L'homme politique a préféré se retirer de la vie politique plutôt que de subir plus longtemps cette infamie. Les maîtres chanteurs ont tous deux été condamnés depuis. Leur avocat d'extrême gauche, Juan Branco, qui avait mis Piotr Pavlenski en relation avec Zoé Sagan, a été mis en cause comme témoin assisté. On le soupçonne d'alimenter le compte maléfique. Aux côtés de Xavier Poussard, un homme qui vient de l'extrême droite et tient la lettre de délation antisémite *Faits et Documents*, à l'origine de la rumeur poisseuse, reprise par Zoé Sagan, prétendant que Brigitte Macron est en fait un homme, et même son frère, devenu transgenre !

C'est dire si l'affaire de la « liste » sent mauvais. La moindre personne sérieuse s'en méfie. Judith Godrèche, qui vient de dénoncer Benoît Jacquot et d'autres réalisateurs avec qui elle a tourné étant jeune, et qui a pris la suite d'Adèle Hanel dans le cœur du public *Télérama*-Mediapart, se retrouve dans une position délicate. Son court-métrage dénonçant les abus sexuels, *Moi aussi*, est sélectionné à Cannes et la presse, ainsi que son public, attend de connaître sa position. Elle choisit de prendre ses distances avec la rumeur sur son compte Instagram : « Non, je ne fais pas des listes (...) J'ai entendu ces rumeurs mais les propager n'a rien à voir avec mon engagement. » Elle y voit « une forme de panique » mais aussi « une manière de faire passer des victimes pour des corbeaux »... Des délateurs anonymes zélés, très souvent menteurs. Et de fait, il est nécessaire de séparer les victimes des corbeaux.

La victime assume de dénoncer ce qu'elle a vécu, pour tenter de se réparer mais surtout d'alerter, en vue de prévenir d'autres abus. Le corbeau balance des noms par goût de la délation, en racontant des histoires qu'il n'a pas vécues, qu'il ne connaît pas, sans quitter le confort de son anonymat. C'est le cas du compte complotiste Zoé Sagan. Et Mediapart ne veut rien avoir à faire avec lui. Or tout le monde guette son prochain article pour savoir s'il doit annuler un acteur ou un réalisateur. Sur X, Marine Turchi doit se fendre d'un démenti : « Mediapart ne publie pas de "listes", mais des enquêtes qui sont le fruit de plusieurs semaines ou mois de travail, portent sur des informations recoupées, et sont respectueuses du contradictoire. » Fin de la rumeur, et de la farce. Le mot « respect » paraît toutefois abusif. Ce qui est certain, c'est que Mediapart passe beaucoup de coups de fil avant de balancer, et préfère feuilletonner sur un nom, parfois plusieurs articles sur une seule célébrité, que de faire des listes. Le problème de ce climat n'est pas seulement qu'il brise des réputations, des vies et des films, mais qu'il dégage un drôle de fumet. À force de ne s'intéresser qu'aux accusés célèbres, du monde du cinéma ou de la politique, même lorsqu'il s'agit de peu, l'opinion publique finit par croire, les sondages le montrent, que le viol est un fléau réservé aux élites… perçues en croqueuses d'enfants.

Heureusement, il existe des enquêtes moins glamour, plus sociales, comme celle menée par Anne Jouan pour *Paris-Match* sur #MeTooHôpital. Elle met en cause le célèbre urgentiste Patrick Pelloux, mais dévoile surtout un « monde féodal » où les médecins décompressent trop souvent, à force de côtoyer la mort, en mode sexuel, sur le dos de leurs collaboratrices… qui luttent aussi contre la mort et les maladies, mais doivent en plus subir ce harcèlement, verbal et parfois physique[24]. De quoi se rappeler que la domination masculine sévit partout, dans tous les milieux et dans tous les métiers. Ce qui ne justifie pas tous les amalgames.

Vous pensiez, bêtement, que la révolution MeToo concernait tout le monde et toutes les sexualités ? C'est oublier que nous vivons à l'âge identitaire, où il faut un hashtag pour chaque communauté. Place donc à #MeTooGay ! Et pourquoi pas, si cela peut permettre une nouvelle libération de la parole. D'après l'INED, les hommes gays sont à la fois plus exposés au risque de violence sexuelle, étant en relation avec des hommes, mais aussi huit fois plus nombreux à en avoir subi dans l'enfance ou à l'adolescence : 5,4 % contre 0,7 % chez les hommes hétérosexuels[25]. Soit que ces violences aient marqué leur orientation, soit qu'il soit plus facile d'en parler lorsqu'on défie déjà la norme en matière de masculinité. Le problème du hashtag #MeTooGay ne vient pas de cette mise en lumière, mais de règlements de comptes pouvant virer au lynchage pour des relations consenties, sous l'effet de l'homophobie ou de la haine de soi, ou sur ordre de procureurs woke très actifs dans ce milieu ; et qui tirent à vue au moindre soupçon ou au moindre écart, d'âge ou d'argent. Deux affaires nous le racontent, chacune à sa façon.

La première vise Christophe Girard, ancien conseiller municipal à la mairie de Paris. Elle révèle un emballement à la fois politique et médiatique… Jusqu'à lui valoir une page entière dans le *New York Times* sous ce titre : « Un ex-adjoint au maire de Paris accusé d'abus sexuels[26]. » Il faut lire l'article, pour découvrir, à l'intérieur, qu'il s'agit en réalité d'un seul témoignage : celui d'un homme de 46 ans, d'origine tunisienne, Aniss Hmaïd, qui lui reproche une relation sexuelle épisodique sur près de dix ans, de ses 16 ans à ses 24 ans (une vingtaine de rapports), dont il dit aujourd'hui qu'elle était asymétrique socialement, qu'elle lui a laissé des « blessures psychologiques durables », mais… qu'il était « consentant » ! On s'éloigne, une fois de plus, d'une révélation à la Weinstein. Ce qui n'empêche en rien deux journalistes américains basés à Paris d'y consacrer une page entière, racoleuse, digne de la presse à scandale, doublée de leur obsession habituelle : faire passer les Français pour des arriérés. « L'histoire que retrace M. Hmaïd repose sur des disparités similaires en âge, en pouvoir et en prestige mais aussi sur le déséquilibre persistant entre la France et ses anciennes colonies, dont la Tunisie, où certains Français se rendent en quête d'aventures sexuelles occasionnelles », nous dit-elle.

Voilà ce que le *New York Times* reproche à cette liaison, non pas de violer le consentement, mais d'avoir eu lieu entre un blanc et un maghrébin moins riche. « C'est du racisme, c'est de l'abus sexuel, une forme d'abus culturel, de colonialisme », déclare aujourd'hui M. Hmaïd, que l'article décrit sous « l'emprise émotionnelle d'un homme plus âgé qui lui faisait découvrir le monde de la culture et qui représentait "une porte vers le succès" en France ». Un succès qui n'est finalement pas venu, malgré cette relation intéressée, ce qui a visiblement généré une certaine amertume. D'où l'envie de se venger dans la presse. Le ton et le vocabulaire viennent clairement du registre décolonial, un mouvement que ce militant fréquente. Dans ce monde, sortir avec quelqu'un d'une autre culture, surtout s'il est moins aisé, fait de vous un prédateur et même un colonialiste. La morale peut juger cette liaison, entre un homme intéressé par la jeunesse et un autre par l'argent, mais tant qu'elle est consentie, ce n'est pas une affaire MeToo. Et c'est consternant que le *New York Times* la traite comme telle.

En une page, cet article va porter le coup de grâce à la cabale menée contre ce politique qui s'est battu, toute sa vie, pour l'égalité des droits. Lorsqu'il paraît, Girard vient de démissionner de son poste d'adjoint à la culture à la mairie de Paris, après des semaines d'insultes et d'amalgames. Au cours d'une manifestation sur le parvis de l'Hôtel de Ville, des militants écolo-féministes ont même brandi cette pancarte : « Bienvenue à Pédoland ». Nous sommes le 23 juillet 2020, quelques mois après les César dits de « la honte ». Parmi les premières à demander la tête de Girard, Alice Coffin, élu municipale écologiste, grande admiratrice d'Adèle Haenel, a décidé de faire un exemple autour d'elle, en dégommant son collègue… Qui se trouve être l'un des producteurs de *Portrait de la jeune fille en feu*, et un homme qui s'est battu pour permettre à des femmes comme Alice Coffin de ne plus être discriminée.

Il m'est arrivé de militer avec Christophe Girard, notamment pour le Pacs, à une époque où l'extrême droite nous traitait tous de pédophiles. Nous ne sommes pas amis, simples camarades de combats, mais voir ressurgir ces amalgames, le voir traité en pédocriminel par des militants homos bénéficiant de nos luttes et de nos acquis, m'a retourné l'estomac.

Les ennuis de Girard ont commencé avant cette accusation. Lorsque des féministes lui ont reproché d'avoir aidé financièrement Gabriel Matzneff, il y a des années. Avant d'être élu à la mairie de Paris, Girard était secrétaire général de Saint Laurent, qui finançait toutes les causes à gagner (la bataille pour l'égalité des droits) comme les causes perdues. À l'image de Matzneff que Bergé et le Tout-Paris prenaient pour un écrivain maudit et transgressif. Cela méritait sûrement une demande d'explication, pas de le traiter de pédophile, ni de le pousser à démissionner. Pas vraiment du genre à critiquer la gauche woke avant ses ennuis, Girard voit les choses autrement depuis qu'il est sans nouvelles de ses amies Adèle Haenel ou Céline Sciamma, et vient de traverser l'enfer de la « culture de l'annulation ».

Elle va frapper, plus durement encore, un autre élu de la mairie de Paris, quelques mois seulement après le début de cette polémique. La dénonciation part là aussi d'un tout petit milieu, qui adore dévorer les siens. Mais cette fois, elle vise un élu communiste : Maxime Cochard. Un jeune loup au physique d'Apollon, aussi décomplexé comme gay que comme commissaire politique, lynché sur dénonciation calomnieuse par un ancien amant, qui va se suicider après l'avoir mis en accusation, lui et son petit ami… avec qui ils formaient en réalité un « trouple ». En quelques mois, ces deux accusés vont tout perdre, et sombrer dans la dépression. Maxime Cochard en a tiré un livre, bouleversant, *L'Annulation*, qui démontre de façon implacable, tweets et textos à l'appui, l'injustice de la cabale subie. Un livre qu'il hésite à publier, tellement il angoisse à l'idée d'être à nouveau brûlé par l'exposition médiatique. En revanche, il aimerait que son histoire puisse servir de leçon. Et accepte que je la raconte ici.

Les vies de Maxime Cochard et de son petit ami Victor Laby vont basculer, du jour au lendemain, à cause d'un tweet. Un « Balance ton porc » mis en ligne le 21 janvier 2021. Le délateur signe d'un pseudonyme, Prunille, pour les accuser nommément : « Après plus de deux ans sans savoir mettre les mots sur ce qui m'est arrivé, je me rends compte que j'ai été violé par Maxime Cochard, conseiller de Paris, et son compagnon Victor Laby en octobre 2018 alors que je n'avais que 18 ans et étais particulièrement vulnérable. »

Victor a 24 ans au moment des faits, et Maxime 37 ans, bien qu'il en paraisse dix de moins. L'anonyme derrière ce tweet est vite identifié. Il s'agit de Guillaume, leur ancien amant : un militant communiste de 20 ans, qui a quitté le PC, qu'il trouve trop droitier, pour se rapprocher d'un groupuscule révolutionnaire, Paris Queer Antifa, connu pour sa radicalité et ses excès punitifs. Sa phrase, « je me rends compte maintenant que j'ai été violé », dit tout de son évolution : il pensait être consentant deux ans plus tôt, au moment de cette liaison, qui a duré des mois, mais « se rend compte aujourd'hui », maintenant qu'elle est terminée et qu'il milite à Paris Queer Antifa, qu'elle était abusive… Sous l'influence de qui ? Et s'il ne le comprend que maintenant, comment ses amants de l'époque pouvaient-ils le deviner ?

Comme preuve de l'abus subi, il donne cet exemple : « Il y a encore quelques mois, Maxime Cochard se permettait de me mettre une main aux fesses par surprise alors que je le croisais en manif. Encore une fois, j'ai pris du temps pour me rendre compte que c'était une agression sexuelle. »

C'est surtout un geste anodin pour des amants occasionnels. L'accusateur reconnaît lui-même ne pas l'avoir mal vécu sur le moment. Il faut préciser qu'il se présente comme « racisé », car issu d'une famille vietnamienne, ce qui lui donne le sentiment d'avoir vécu une relation asymétrique de type « coloniale ». Plus loin, toujours sous pseudonyme, il ajoute : « Je considère qu'ils ont profité de ma jeunesse, de ma naïveté, du fait qu'en raison de problèmes familiaux je n'avais pas vraiment d'endroit où dormir, de leurs responsabilités au sein du PCF pour avoir des relations sexuelles non consenties avec moi. » Et Prunille d'indiquer qu'il hésite sur les « suites à donner » : « Je n'ai pas encore décidé des suites de tout cela mais je souhaite que ce soit su et que les gens prennent pleinement conscience des agissements de ces gens. »

La suite n'attendra pas pour les accusés nommés. Un déluge d'insultes s'abat sur eux, parfois venant de militants gays antifas qu'ils connaissent très bien, qu'ils ont dragués ou qui les ont dragués. On les accuse de viol pour une histoire de trouple dont ils détiennent toutes les preuves dans leur téléphone, des photos et des textos amoureux. Mais se savent inaudibles, comme l'écrit Maxime : « Sur Twitter, nous sommes déjà morts. Je nous vois monter sur l'échafaud sans procès. C'est d'autant plus facile que l'adjoint à la culture a été guillotiné juste avant nous, et nous étions aux premières loges. Notre vie a basculé. Plus rien ne sera comme avant. » Le couple porte plainte en diffamation, mais rien n'y fait. Sur les réseaux, les insultes et les menaces pleuvent sans discontinuer : « OK violeur ! » – « C'est bien une réaction de coupable ça ! » – « Tiens, le pseudo communiste il va se réfugier derrière la justice patriarcale et bourgeoise ! » – « Bientôt la taule pour vous les petits loups ! » – « Et dire qu'ils donnaient des leçons toute la journée ! » – « J'ai toujours su que Cochard était une ordure. Bon débarras » – « Sale porc t'as intérêt à bien te cacher parce qu'on va pas te rater la prochaine fois qu'on te croise ».

Les Insoumis, avec qui les deux hommes sont en rivalité, en profitent pour se déchaîner, et leurs camarades communistes se carapatent. Le jour même du tweet anonyme, le comité exécutif départemental du PCF Paris tente l'impossible dans un communiqué, « apporter son plein soutien à la victime dont le témoignage nous bouleverse » et redire que Maxime Cochard et son conjoint « bénéficient tous deux de la présomption d'innocence ». Le parti propose le soutien du Collectif féministe contre le viol, une association indépendante, pour aider l'accusateur à déposer plainte s'il le souhaite. Tout en annonçant avoir demandé aux deux accusés de se mettre « en retrait » du Conseil de Paris et de toutes leurs responsabilités. Les insultes redoublent : « Pauvre gosse, les pédophiles en prison » – « La mairie de Paris c'est un cloaque de tantouzes qui se tapent tout ce qui bouge, ça pue la merde ».

Sur les réseaux, le hashtag tant attendu va pouvoir prendre son envol. Un anonyme tweete ceci : « J'ai une idée. Je pense qu'il faudrait lancer le hashtag #MeTooGay pour libérer la parole et témoigner des viols dans notre milieu. Qui commence ? » Succès immédiat. Les récits s'enchaînent, mêlant des cas dramatiques d'inceste à des frottements dans le métro. L'impression que l'abus est partout se répand, mais au moins on en parle. La presse salue cette vague avec enthousiasme. La ministre des Droits des femmes prend position pour l'accusateur anonyme, sans rien connaître des faits. La ministre de la Citoyenneté s'enthousiasme : « Aux milliers de témoignages #MeTooGay depuis hier soir : plein soutien ! »

Pendant ce temps, terrés chez eux, les deux amoureux visés par ce déballage se noient dans l'alcool. Maxime Cochard assiste, impuissant, à leur exécution publique : « Le rouleau-compresseur des réseaux sociaux a tranché : il y a d'un côté deux salauds, deux ordures, deux pervers. Et de l'autre un innocent, une victime, un jeune homme souillé. »

C'est la presse, dans cette affaire, qui va lutter pour rétablir la vérité. Deux jours après l'exécution en ligne, un article du *Parisien* donne enfin la parole à Maxime Cochard : « Je n'ai jamais violé personne[27]. » On y voit une photo de Guillaume, l'accusateur, une main tendrement posée sur la joue de Maxime Cochard, et l'on commence à comprendre, après des semaines de furie vengeresse, qu'il s'agit d'une relation à trois, « commencée il y a deux ans avec des dîners d'amis, des pique-niques en bord de Seine, des réunions du PCF, immortalisées par des photos joyeuses ». Interviewé, le jeune accusateur, Guillaume, reconnaît lui-même une dizaine de rapports sexuels, qu'il décrit ainsi : « Ni violences, ni menace, ni contrainte mais de la surprise. » Son reproche est ailleurs, et ressemble davantage à du dépit amoureux ou à de la haine de soi qu'à une définition pénale. Il évoque « une emprise, un ascendant moral. J'étais perdu, seul, en rupture familiale. Je n'avais pas de point de chute à Paris. Je découvrais mon homosexualité. Je n'étais qu'un simple militant. Je les admirais ».

L'accusation s'embrouille. Encore une fois, Maxime et Victor possèdent dans leurs téléphones des dizaines de textos montrant qu'en fait d'avoir été utilisé, le jeune homme les a surtout beaucoup sollicités, pour dormir chez eux, passer à l'improviste, quémandant que Maxime et le parti lui rendent service, pour un job, un logement, et parfois de l'argent : « Je me permets de me tourner vers vous pour une p'tite aide financière car mes parents m'ont coupé les vivres, je suis actuellement à découvert, je n'ai pas trouvé de taff (...) Voilà mon lien PayPal et merci d'avance. » Dans d'autres messages, souvent échangés entre Victor et Guillaume, le jeune accusateur charrie ses amants, parle de « leur charme », et puis les taquine à propos de la différence d'âge : « J'ai pas envie que vous vous colliez une sale réputation à cause de moi. » Réponse de Victor (qui a presque le même âge) : « Je me sens coupable de rien en couchant avec une personne majeure, vaccinée et consentante. » Blague de Guillaume : « Je suis pas vacciné hein, j'ai loupé mon rappel. » Ce qui veut bien dire qu'il valide le reste : majeur et consentant.

Dans d'autres textos, Guillaume explique à Victor qu'une copine de Sciences-Po n'arrête pas de le culpabiliser parce qu'il sort aussi avec Maxime, qu'elle juge trop vieux pour lui. De message en message, on sent un jeune homme très influençable, perdu, et de plus en plus dépressif. Un mal-être qui doit beaucoup au fait d'être issu d'une famille vietnamienne traditionnelle, où l'homosexualité n'est pas acceptée. Texto de Guillaume à ses amants : « Les Viet[namiens] vraiment ils sont ultra homophobes [...] Moi j'ai des cousins, leurs parents les tueraient littéralement s'ils faisaient un coming out. Genre on se fait mettre à la rue pour beaucoup moins que ça », écrit-il à Victor au début de leur relation. L'année d'après, ses messages sont plus sombres : « Je crois que je m'enfonce dans une dépression mais je veux pas consulter j'ai peur des médecins », « Je crois que je vais vomir dans le métro, je suis triste et ça me donne envie de vomir »[28]. Sa relation avec ses deux amants, parfois lassés de le voir débarquer ou de toujours réclamer un service, s'étiole. Une fois ou deux, Maxime Cochard ne répond pas. Guillaume en est blessé. Alors son avatar, Prunille, dégaine son tweet vengeur et menace d'aller plus loin… Comme s'il rêvait de le faire réagir.

Qu'espérait-il ? A-t-il regretté son tweet ?

On ne le saura jamais. Moins de vingt jours après avoir été porté aux nues par ses camarades radicaux pour avoir dénoncé deux anciens amants comme violeurs et leur avoir gâché la vie, s'être exposé à un procès en diffamation et bientôt à la vérité, celle d'un couple qui a repris sa vie de couple et d'un amour à trois terminé, le jeune Guillaume s'est pendu dans sa chambre d'étudiant.

Pour les vivants, Maxime et Victor, le pire commence. D'abord le choc. Victor « tremble de tout son corps » et « pleure de chagrin », puis le déchaînement. Les soutiens de Guillaume préfèrent leur en vouloir que de se regarder en face, alors c'est violent : « COCHARD, LABY, VIOLEURS, ASSASSINS ! » – « Il convient de faire toute la lumière sur cette mort, étrange le suicide pour une victime qui réclame justice, plus que suspecte elle tombe à pic pour l'élu parisien Maxime Cochard… » – « Simple concours de circonstances ou organisation de la pendaison pour échapper à un procès ? » Cette fois, les deux amants ne sont plus comparés à Weinstein mais carrément à Epstein, le milliardaire américain retrouvé pendu dans sa cellule au lieu d'être jugé pour trafic de mineures. L'envie de guillotine ne cesse de monter. Des militants de Paris Queer Antifa, du NPA et de La France insoumise ont même créé un slogan, « Justice pour le Jeune homme ! ». Il lancent une cagnotte. À défaut de piques, les têtes de Maxime et Victor s'affichent sur les murs du Marais et la Toile de la gauche radicale, comme des hommes à abattre. Une haine virtuelle devenue bien réelle. Des antifas manifestent devant les grilles du parti, place du Colonel Fabien, aux cris de « Cochard, Laby, violeurs, assassins, PCF complice ! ».

Et bien sûr, sous le coup du chagrin, les parents du jeune homme, qui viennent de perdre un fils dépressif à cause de l'homophobie et de son isolement, cherchent un bouc émissaire : les deux « pervers » qui ont détourné leur fils. Ils portent « plainte contre X pour violences volontaires ayant entraîné la mort sans intention de la donner ». Un long contentieux judiciaire commence. Victor a été hospitalisé. On ne cesse d'augmenter les doses de ses antidépresseurs, car il souffre d'écholalie, une très forte anxiété que ressentent ceux qui ont frôlé la mort ou vécu celle d'un proche. À 24 ans, Victor vit les deux : la mort de son amant et sa mort sociale en même temps. En un mois, le couple a tout perdu, son travail, son logement, et doit vivre chez les parents de Maxime.

C'est à cette époque que je les rencontre, deux zombies tentant de survivre après avoir été irradiés, une capuche sur la tête pour ne pas être reconnus dans le Marais, tremblant de tout leur corps à l'idée d'être repérés par des militants homos. Dans leur cas, c'est la presse qui va contrer la folie accusatrice et mensongère des réseaux sociaux[29]. Une série d'articles du *Point*, très sérieuse, finira par enquêter sur ces accusations, et leur exagération. La justice, elle, les innocente totalement. Sans que cela puisse leur rendre leur vie d'avant.

Attablé dans un café deux ans plus tard, Maxime Cochard m'explique qu'il rase toujours les murs du Marais et n'a pas la force de publier son livre. Je retrouve un homme traumatisé, toujours à vif, qui a perdu toutes ses illusions sur la politique, dont il ne veut plus entendre parler. À la fin de son manuscrit, il écrit : « Aujourd'hui, penché sur le balcon au-dessus de ma rue adorée de Belleville, sitôt que je prête l'oreille aux conversations des passants, j'entends des mots qui s'envolent. "Offensant", "consentement", "indécent", "toxique", "emprise" sont des valeurs en hausse à la bourse du vocabulaire parisien. Je plains notre jeunesse qui s'apprête à s'entredéchirer avec ce langage-là, ces nouveaux poignards effilés. » Entre-temps, ils ont déjà fait une nouvelle victime.

L'accusation de trop

Avant MeToo, les victimes d'agressions tremblaient de honte. Rares étaient les fausses dénonciations. Depuis que la peur a changé de camp, dénoncer une agression sexuelle est mieux accepté, et même héroïsé. Dans les milieux les plus éveillés, la parole des victimes étant sacrée, il devient même impossible d'en douter ou d'invoquer la présomption d'innocence sans passer pour un traître. Au risque d'ouvrir une nouvelle ère : l'impunité pour de fausses dénonciations. On vient de le voir avec l'emballement du #MeTooGay. C'est encore plus flagrant dans l'affaire qui va couper en deux le Collectif 50/50.

L'association qui a porté les revendications féministes et paritaires au sein du cinéma français, et même provoqué en partie la chute du patron des César, se retrouve à son tour dans la tourmente. Une plainte va couper en deux l'association, traumatiser le cinéma français, et même contribuer à freiner les ardeurs nées de l'affaire Weinstein et du « moment Haenel ». Car cette plainte ne vise pas l'un des porcs du 7e art, mais une productrice féministe, proche de Virginie Despentes, militante du Collectif 50/50, placée en garde à vue trois nuits de suite, et annulée sans autre procès, pour un geste en soirée… que les membres de l'association, présents dans la même pièce, n'ont pas vu. Une affaire stupéfiante, qui mérite qu'on s'y arrête, car elle concentre à elle seule tous les excès de l'après-MeToo.

Quatre ans plus tôt, ses fondatrices – dont Sandrine Brauer, Céline Sciamma, Rebecca Zlotowski, Aïssa Maïga, Laurence Lascary, Julie Billy ou Aurélie Cardin – posent tout sourire sur le tapis rouge de Cannes, aux côtés de Cate Blanchett et de professionnelles dénonçant le faible nombre de réalisatrices ayant gravi ses marches depuis les débuts du festival : 82 contre 1 688 hommes. Au micro, la présidente du jury, Blanchett, fait chavirer l'assistance de sa voix suave : « Il est temps que toutes les marches de cette industrie nous soient accessibles. » Une fois la photo prise et les paillettes rangées, le vrai travail commence : chercher des fonds et des subventions, militer auprès du CNC pour des bonifications en cas d'équipes de tournage paritaires, imaginer des formations, rédiger un livre blanc pour prévenir les violences sexuelles sur les tournages… Des productrices comme Sandrine Brauer ou Juliette Favreul trouvent des fonds auprès de France Télévisions ou Netflix et font toutes les démarches pour faire bouger concrètement les institutions. Le collectif gagne en audience.

Lors de ses assises, l'actrice-réalisatrice féministe et antiraciste Agnès Jaoui va bouleverser en racontant son parcours de femme slalomant entre les agressions sexuelles depuis l'enfance : « Vers 5 ans, je me suis fait abuser par un inconnu dans la cage d'escalier. » À chaque âge, elle décrit une épreuve à surmonter, le combat contre l'image de soi dégradée, les tentatives pour maigrir et s'aimer, malgré le manque de modèle, avant de réclamer des représentations qui inspirent : « Ne pas mettre en image nos diversités, c'est rajouter aux malheurs du monde. » Puis elle finit par cette citation : « Je ne sais pas qui l'a écrite, ça doit être une femme : "Les filles obéissantes vont au ciel, les autres vont où elles veulent." » Un discours puissant, qui éveille, et rassemble.

Une autre actrice du collectif, Aïssa Maïga, également cofondatrice du mouvement « Noire n'est pas mon métier », va choisir une autre voie, plus accusatrice, et créer le malaise sur la scène des César 2020. « On se dit tout, non ? » Sur un ton agressif, faussement ironique, l'actrice, qui est alors très demandée et qui tourne beaucoup, profite de monter sur scène comme remettante pour expliquer qu'« à chaque fois, c'est plus fort que moi, je ne peux pas m'empêcher de compter le nombre de noirs dans la salle », avant de moquer nommément Vincent Cassel, pris comme symbole de ces acteurs blancs qui volent les rôles de voyous d'habitude réservés aux noirs… Ce dont elle se plaint par ailleurs. Le principal intéressé n'est pas sûr de comprendre, ni la salle, plus désemparée qu'interpellée par ce discours confus et plaintif. Il divise jusqu'au sein du Collectif 50/50.

Deux approches semblent avoir du mal à dialoguer, comme à peu près dans toutes les organisations féministes et antiracistes désormais. Avec d'un côté, la génération Jaoui, universaliste, qui préfère articuler les luttes antiracistes et féministes sans les mettre en concurrence, dénoncer les agressions sexuelles sans violer la présomption d'innocence. Et de l'autre la ligne Maïga, plus intersectionnelle, qui exige de donner la priorité aux « racisés » et de croire sur parole la moindre accusation. « Une approche très fermée et sectaire des questions identitaires s'est mise à créer des tensions entre nous », déplore Aurélie Cardin, directrice du tremplin cinéma du Jamel Comedy Club et du festival CinéBanlieue, créé pour donner une autre image de la banlieue. Un avis partagé par la présidente du collectif Sandrine Brauer : « On était très vigilants sur la question diversité, mais on se voyait toujours reprocher de ne pas en faire assez. »

Cette mise en concurrence des luttes n'est jamais abordée frontalement. Mais on s'accroche pour savoir s'il faut dépenser l'argent récolté auprès de France Télévisions pour un clip sur la diversité voulu par Aïssa Maïga et que souhaite produire l'une des membres. D'autres fois, on se réconcilie. Après tout, presque tous les membres de ce collectif ont subi des abus et doivent mettre en commun leurs énergies. Il faut pourtant choisir une ligne pour avancer, et les deux clans sont à couteaux tirés. Un conseil d'administration, que tout le monde pressent houleux, est prévu. L'avant-veille, pour faire baisser les tensions, il a été décidé d'organiser un apéritif dinatoire entre administrateurs et administratrices, chez l'un des militants, le producteur Harold Valentin.

Ce soir-là, le 11 mars 2022, ils sont une vingtaine à se retrouver dans l'appartement, un open-space d'une cinquantaine de mètres carrés, passant du canapé au buffet, pendant qu'une serveuse remplit leurs verres. La plus gouailleuse, Juliette, boit, rit et fume. L'ambiance se rafraîchit lorsque Aïssa Maïga les rejoint, avec une comédienne qui n'est ni administratrice ni membre du collectif, Nadège Beausson-Diagne, alors qu'il s'agissait d'une soirée réservée aux membres du conseil d'administration. Personne n'ose l'éconduire. Tout le monde la salue chaleureusement et l'accueille. Certains la connaissent déjà, pour son rôle de commissaire dans *Plus belle la vie*, et sa dénonciation des violences sexuelles aux côtés d'Adèle Haenel. Un témoignage vidéo est sorti sur Konbini en pleine polémique Polanski, où l'actrice noire raconte les viols subis dans son enfance : « Quand j'avais 9 ans, j'ai été violée par Michel, que j'appelle Michel le bâtard. [...] Il a mis sa main sous ma jupe, puis dans ma culotte, il m'a pénétrée digitalement. » Une douleur que l'actrice compare à la sensation de « mourir ». Un traumatisme qu'elle revit par flashs et qui la hante au point de s'autodétruire. Tentative de suicide, anorexie, boulimie, « conduites à risque » et « déviantes ». Ce sont ses mots. Ils parlent aux militantes féministes comme Juliette Favreul.

Pourtant, le premier clash arrive vite, lorsque Juliette croit faire un compliment en touchant les cheveux de Nadège : « Ils sont beaux. Moi je perds les miens. » Venant d'une femme blanche sur une femme noire, ce geste est vécu comme paternaliste et post-colonial. On boit pour détendre l'atmosphère. Deuxième froid lorsque Juliette allume une cigarette à la fenêtre. Nadège lui commande agressivement d'aller en bas pour fumer : « Tu sais bien qu'Aïssa est asthmatique. » Lassée, la productrice lui aurait dit : « Cool, ça va bien se passer. » Une phrase, accompagnée d'un geste que l'actrice n'apprécie pas…

Après s'être plainte à ses amies, qui n'ont rien vu et relativisent, la soirée finit normalement. Mais le lendemain, après avoir consulté, l'actrice dépose plainte au commissariat pour « agression sexuelle », en accusant cette militante du Collectif 50/50 d'avoir tenté de la « pénétrer digitalement », l'expression employée dans sa vidéo de Konbini pour décrire le viol de son enfance. Pour être précis, voici ce qu'elle a déclaré aux policiers à propos de cette soirée : « J'étais en jupe qui arrivait aux genoux, avec des collants. Juliette met sa main sur ma cuisse gauche et remonte sa main jusqu'à mon sexe avec la volonté de me pénétrer digitalement mais le collant l'a empêché de rentrer son doigt dans mon sexe. »

Vingt personnes présentes dans la même pièce, les amies de Nadège comprises, n'ont rien vu ni entendu. L'actrice dit pourtant avoir crié « non, assez fort », et ajoute à l'intention des policiers : « J'étais figée deux trois secondes, puis j'ai pris sa main et je l'ai repoussée violemment. Je lui ai dit "non" assez fort, car j'ai une voix qui porte, elle m'a forcément entendue. » Mais personne n'a entendu ce « non », ni vu cette scène. Quelle scène ? D'après le procès-verbal et ses propres déclarations, Nadège s'en serait ouverte à ses amies ainsi : « Tu te rends compte ? Ça pourrait être considéré comme une agression sexuelle. » La formulation montre que l'actrice elle-même n'y voit pas une agression sexuelle, mais un geste maladroit pouvant être « considéré comme une agression sexuelle ». À la barre, même l'avocate de la plaignante finira par lâcher que « ce n'est pas l'accusation du siècle ! ». De quoi parlons-nous exactement ? D'une tape sur la cuisse ? D'une main entre les jambes pour lui dire de lui lâcher la grappe ? Sur le moment, même les militantes les plus radicales du collectif, comme la productrice Julie Billy ou Laurence Lascary, relativisent. Et lui expliquent que Juliette est pompette, comme tout le monde, et que « ce n'est pas grave ». Aïssa Maïga, elle, milite pour que « Juliette rende compte de ses actes », et pousse Nadège à agir.

Et le lendemain, en effet, Nadège porte plainte. À lire le procès de l'audition, on la sent traitée avec beaucoup d'égards par les policiers. Peut-être en raison de sa notoriété, de son rôle de commissaire dans *Plus belle la vie*, ou parce qu'elle connaît bien ce commissariat… Où elle se rend régulièrement pour déposer plainte. Peut-être aussi parce que ce commissariat est sous le coup d'une enquête de la police des polices. Un jeune homme arrêté s'y plaint d'avoir été violenté par deux policiers et d'y avoir subi un toucher rectal. Le commissariat est scruté et doit se montrer irréprochable avec les plaignants. Rapide ou délicat, l'interrogatoire de Nadège est survolé. Les policiers en oublient de lui demander à quelle heure et à quel endroit de la pièce le geste a eu lieu. Assise ou debout ? À côté de qui ? Les policiers vont aussi omettre de convoquer les vingt témoins, pourtant faciles à identifier, présents ce soir-là… Ils se contentent d'entendre les seuls noms indiqués par Nadège, soit les membres les plus victimaires du collectif, ceux qui croient toute plaignante sur parole et méprisent la présomption d'innocence par principe : Julie Billy ou Laurence Lascary. La plus sévère, Judith Nora, une proche de la réalisatrice Céline Sciamma, en profite pour régler un contentieux plus personnel. Sans pitié et surtout sans avoir vu le geste reproché, elle la décrit comme « une femme perdue », capable d'embrasser des filles en fin de soirée. Ce qui l'enfonce. Les autres n'ont rien vu ni rien à dire, mais ils ont décidé de soutenir Nadège coûte que coûte, et tant pis si cela broie la vie de Juliette… Laquelle se réveille en apprenant que la réunion du lendemain est annulée. Sans savoir qu'elle est annulée aussi.

Alors qu'elle peine à comprendre ce qu'on lui reproche, des administratrices du collectif débarquent en panique chez elle pour l'interroger sur ce qui s'est passé la veille. Juliette n'a aucun souvenir d'un geste déplacé, mais on lui demande de temporiser, et on lui dicte un SMS à envoyer à Nadège : « Je t'écris pour te dire que je suis infiniment désolée de ce qui s'est passé je ne m'en souviens pas mais je ne remets pas ta parole en cause bien entendu. Et je regrette infiniment d'avoir pu te blesser. » Un texto qui sera invoqué contre elle. Convoquée au commissariat, elle s'y rend persuadée de vite lever ce malentendu… Et passe trois nuits en cellule, où on lui refuse des tampons alors qu'elle a ses règles, ou même à boire. Suivront quinze heures au dépôt du tribunal, avant le passage devant un magistrat. Ses proches parlent d'une épreuve « terriblement humiliante », dont elle sort « dévastée ».

Loin d'être aussi poli qu'avec Nadège, l'interrogatoire de Juliette sera brutal. On lui demande si elle est alcoolique, si elle est lesbienne, quelles sont ses pratiques sexuelles.

L'accusée se déclare « hétérosexuelle », tendance « plutôt classique », et nie fermement avoir voulu pénétrer l'accusatrice : « Je ne ferai jamais ça à quelqu'un, je ne l'ai jamais fait et je ne le ferai jamais. » Une confrontation a lieu. Face à Nadège, Juliette met les choses au point : « Nous nous battons ensemble pour qu'aucune agression n'arrive [...]. Je ne peux pas faire des choses contre lesquelles je me bats. » Sa stupeur est totale : « Je suis sidérée, je ne comprends pas. » Mais l'actrice ne retire pas sa plainte.

À propos de ce geste, deux perceptions totalement opposées se confrontent. Juliette se souvient d'avoir lâché « Eh, cool, ça va bien se passer », par agacement après s'être vu intimer l'ordre d'aller fumer en bas. Nadège, bien plus haute et large que Juliette, entend la même phrase mais lui prête une intention sexuelle : « Elle me regardait avec un regard de dominatrice qui m'a impressionnée et fait peur. » Un souvenir que ne partage pas un autre participant. « J'ai assisté à cette scène, Juliette ne m'a semblé ni agressive ni dominante. » Il me l'a raconté alors que j'enquêtais sur cette étrange affaire pour *Franc-Tireur*. Et ne sera pas entendu par la police. Le procès, de toute façon, se joue au sein du collectif et dans la presse.

Dérive du « On te croit »

L'un des apports incontestables de MeToo est de cesser de mettre en doute, de façon systématique, la parole des victimes. Tout le monde, sauf les violeurs, s'en félicite. Il faut effectivement écouter toute personne se disant victime d'une agression. Mais faut-il pour autant croire sur parole toute accusation ? Cela reviendrait à basculer dans une justice alternative, expéditive et arbitraire, qui n'a rien de juste.

Dans le cas de la productrice féministe Juliette Favreul, le verdict de ses paires est allé très vite. Quarante-huit heures seulement après avoir porté plainte, Nadège reçoit une lettre du conseil d'administration du Collectif 50/50 lui témoignant son « soutien » à l'unanimité, la mise en place d'un « fonds de soutien financier » pour régler ses frais de procédure, et la « suspension immédiate » de Juliette. En réalité, cette « unanimité » n'existe pas.

Réunis en urgence, les membres du collectif ne sont pas tombés d'accord sur la meilleure façon de réagir. « Ceux qui tentent d'y voir clair et demandent à prendre du recul se font hurler dessus », raconte Aurélie Cardin. C'est le cas d'Agnès Jaoui, qui plaide pour respecter la présomption d'innocence de Juliette, et se voit copieusement insulter : « On m'a hurlé dessus. J'ai été soupçonnée de vouloir protéger le secret et les violeurs. » Les plus intersectionnelles, partisanes de la ligne dure, Aïssa Maïga en tête, exigent une démission collective[30]. Les autres membres du collectif, dont la co-présidente Sandrine Brauer, Aurélie Cardin et Agnès Jaoui, désapprouvent ces méthodes, et l'emportent. Mises en minorité, les procureures démissionnent… Avant de rameuter leurs troupes pour tenter de prendre leur revanche à l'assemblée générale extraordinaire, qui doit se tenir quelques mois plus tard et qui est avancée.

Une AG à laquelle je vais assister comme adhérente du collectif, et qui m'a glacée. Rarement j'ai ressenti une telle violence dans une association féministe. La présidente du collectif a dû abréger son compte rendu sous la pression des procureures venues l'intimider depuis leurs sièges : « Il va falloir accélérer », lui crie-t-on depuis le troisième rang, où sont assises Aïssa Maïga, Céline Sciamma et les autres séditieuses, pressées de lire leur communiqué malgré un ordre du jour qui le prévoit. De bonne volonté, la présidente a gentiment accepté de leur donner un temps de parole pour qu'elles puissent s'exprimer. Mais elles s'impatientent. Sans attendre la fin de la présentation des actions de l'année, se levant d'un seul bond, toute la rangée, sauf Céline Sciamma (restée sur son siège avec un masque canard pour le Covid), huit militantes montent sur scène d'un pas militaire, lui arrachent le micro des mains et se mettent à lire un très long réquisitoire, digne d'un tribunal politique, où les faits ne sont jamais présentés aux adhérents présents dans la salle, seulement ce qu'il faut en penser.

Ce procès de Moscou affirme qu'une agression sexuelle a eu lieu au sein du collectif, et que les membres non démissionnaires ont voulu l'étouffer. Une présentation digne de la *Pravda*. « Aucun groupe ne sera à l'abri de voir des agressions perpétrées en son sein tant qu'une réflexion de fond sur les rapports de domination n'aura pas été menée », martèle Aïssa Maïga, très à l'aise dans son rôle d'inquisitrice : « Nous vivons toutes et tous dans la culture du viol. » Le visage est fermé, le ton mélodramatique, le regard dur. Et toutes les femmes présentes à la tribune l'imitent. À ses côtés, une jeune administratrice, Isabel Mercier, dénonce des « attitudes de domination toxiques au sein d'un collectif féministe antiraciste » avant d'éclater en sanglots, de façon surjouée. Grotesque. Ses camarades lui posent la main sur l'épaule, comme si elle venait de raconter un viol… Alors qu'elle n'est pas venue parler en victime, mais en procureure !

Tout sonne faux dans ce réquisitoire, lu de façon si mécanique, si fanatique, que j'ai l'impression d'être tombée dans une secte. La scène me fait penser au mouvement intégriste évangélique que j'ai infiltré plus jeune aux États-Unis… Sauf que nous sommes en 2022 dans une association féministe ! Et leur procès n'en finit plus. Les autres membres du collectif, non démissionnaires, sont accusés d'avoir trahi le culte du « On te croit ». Laurence Lascary, pourtant la première à relativiser l'incident ce soir-là, s'en scandalise : « Au sein du conseil d'administration, il y a des personnes qui ont refusé une lettre de soutien à la victime en invoquant la présomption d'innocence ! » À bout de patience, Agnès Jaoui, clairement visée, bondit de sa chaise pour l'interpeller : « Est-ce que je suis cette personne ? » Lascary se dégonfle : « Je ne sais pas… » Jaoui tient bon : « Ah, tu ne sais pas ? Tu ne te souviens pas ? Eh bien, je me dénonce ! Dans ce tribunal des bonnes mœurs, je suis la femme de mauvaises mœurs ! » La salle gronde.

Truffée d'adhérents de dernière minute, appelés à la rescousse par le clan d'Aïssa Maïga, elle s'emporte… contre Jaoui ! Encore stupéfaite par l'ambiance de cette AG, Aurélie Cardin parle d'un « traquenard » : « Elles ont fait adhérer des gens en masse pour obtenir une salle acquise. Ils applaudissaient quoi qu'elles disent, sifflaient ou coupaient la parole à ceux qui résistaient. » J'en fais partie. Prenant la parole depuis la salle, comme simple adhérente, je demande qu'on expose enfin les faits et qu'on pense à Juliette : « Et la femme que vous avez annulée sans procès et qui a perdu dix kilos, on en parle ou jamais ? » Furieuses, les inquisitrices me crient depuis la scène qu'il ne faut pas « nommer » ni « genrer » ! Elles préfèrent de loin laisser croire à leurs troupes qu'un producteur homme blanc a violé une actrice noire, la seule identité dont ils ont informé leurs alliés… Auraient-ils voté d'un seul bloc pour virer l'équipe en place s'ils avaient su ce qui s'était vraiment passé ? Qu'il n'était pas question de couvrir un producteur blanc ayant violé une actrice noire, mais de refuser d'annuler un peu rapidement une productrice féministe, pour un geste que personne n'a vu en soirée, afin de servir un jeu de pouvoir ?

On ne le saura jamais. Je n'ai pas eu le temps d'exposer les faits. Sur ordre des procureures, une militante est venue me retirer le micro des mains, comme à toute personne contrariant leur plan : récupérer l'association. C'était le but. Et l'OPA va marcher. Acquis à leur cause, fans d'Aïssa Maïga et de Céline Sciamma, les nouveaux adhérents vont suivre les procureures et voter pour elles lors d'une nouvelle élection. Des articles complaisants relayant leur version feront le reste. *Franc-Tireur* sera le seul journal à prendre le contre-pied de ces comptes rendus pravdesques, à enquêter pour défendre l'innocence d'une accusée… Que la justice va reconnaître, un an plus tard. Totalement blanchie après des mois d'angoisse et de mise en retrait, Juliette Favreul a triomphé de cette fausse accusation, sans qu'aucune membre du nouveau conseil d'administration ne lui écrive pour s'excuser. Nadège, elle, n'est même pas venue au tribunal, ni aucune de ses amies inquisitrices, pressées de passer à autre chose après avoir obtenu ce qu'elles voulaient : le Collectif 50/50. Sans un mot d'excuse ou de regret pour les dégâts humains engendrés. Des monstres de cynisme. Et un exemple sinistre où MeToo a été instrumentalisé pour dégager des rivales. Du féminisme instrumental, passé de la résistance à la domination à l'abus de pouvoir. Le tout au nom d'un « On te croit » qui refuse de douter, et transforme le tribunal de l'émotion en inquisition.

V

La guillotine

Défendre un féminisme juste oblige à rechercher l'équilibre entre l'écoute et le doute. Ce n'est pas l'avis des Français, désormais accoutumés au tribunal public et à ses jugements hâtifs. Si l'on se fie à un sondage Opinion Way, les deux tiers souhaitent qu'une personnalité publique démissionne à la première accusation de « violences conjugales ou sexuelles », en cas de plainte ou de mise en examen, sans attendre une condamnation en justice[1]. Une exigence plus élevée chez les jeunes et les inactifs, à l'extrême gauche (83 %) et à l'extrême droite (74 %). Un tiers des sondés souhaite même une démission dès sa « mise en cause dans les médias ». Une pente glissante, au cœur d'une époque émotive.

Car les accusations publiques sont désormais faciles, et l'expression consacrée « violences sexuelles et sexistes » recouvre des actes ou des paroles très variés, mineurs ou majeurs, qui vont de l'offense à la violence, de la dénonciation courageuse à la fausse délation. Nous les jugeons à la va-vite, à l'emporte-pièce, parfois sans rien connaître de leur contexte ou de leurs circonstances. À force d'être convoqués tous les quatre matins pour une affaire qui s'étale dans la presse ou sur les réseaux, nous formons même un piètre jury populaire… Loin d'être encadré comme aux assises, notre verdict prend rarement le temps du contradictoire, d'enquêter à charge et à décharge, d'écouter l'accusation mais aussi la défense. Souvent, nous tranchons sur l'instant, en un clic, en compagnie d'autres jurés pressés, entourés d'une foule chauffée à blanc, comme dans une arène romaine. Pouce levé ou pouce baissé ? À la hâte, nos préjugés servent de procureurs, selon la notoriété, l'étiquette politique, le genre, et même parfois le faciès. Inconsciemment, ce sont ces critères qui emportent notre conviction, nos impressions sur la « victime » ou l'accusé. Au risque de céder à une guillotine arbitraire, à indignation variable, en guise de procès.

Si la justice passait mieux…

Il est tentant de siffler la fin de cet emballement en invoquant le droit, en réclamant de faire confiance à la justice, rien qu'à la justice. C'est oublier qu'elle passe mal ou peu dans ces affaires. Peu de victimes de violences vont jusqu'à déposer plainte. Seulement 5 % selon le ministère de l'Intérieur[2]. 88 % sont des femmes et 60 % ont moins de 25 ans. Pour deux raisons : les jeunes femmes sont plus touchées, et elles ont davantage ce réflexe que leurs aînées. Lorsqu'on interroge celles qui ont rapporté une agression sans aller jusqu'à déposer plainte, un quart pense que les faits n'étaient pas assez graves, 16 % que leur témoignage ne sera pas pris au sérieux, un autre quart qu'une plainte ne sert à rien.

Cette attitude commence à changer. D'après François Molins, ancien procureur de Paris, les plaintes ont bondi de 20 à 30 %, avec un pic de 154 plaintes au cours du seul mois d'octobre 2017, juste après l'explosion du hashtag MeToo. C'est plus qu'entre 1830 et 1860. Le nombre de personnes mises en cause pour agression sexuelle ou viol dans le cadre conjugal aurait quant à lui doublé entre l'affaire Weinstein et la fin des confinements liés à la pandémie de Covid, grâce à la mise en place de dispositifs permettant de les signaler pendant cette période à haut risque[3]. Selon un rapport de 2023 de la Ciivise, la Commission indépendante sur l'inceste et les violences sexuelles faites aux enfants, les condamnations pour violences sexuelles incestueuses auraient bondi de 129 % en quatre ans. La voilà, la révolution. Mais en retour, la justice est-elle plus à l'écoute ?

Les juristes de l'Association contre les violences faites aux femmes reconnaissent des progrès. Malgré des « échecs retentissants », selon leurs mots, les plaignantes seraient « moins maltraitées qu'avant ». Reste que d'après les statistiques de la justice française, 74 % des enquêtes pour viols sont classées sans suite. La moitié des plaintes instruites sont déqualifiées, correctionnalisées au lieu d'être jugées aux assises[4]. Au final, entre les relaxes, les prescriptions, les classements sans suite et les signalements qui ne vont pas jusqu'à la plainte, une part infime des viols ou tentatives de viol donne lieu à une condamnation[5]. Selon l'INSEE, 14,7 % des plaintes enregistrées par la police débouchent sur une peine. C'est peu. En pourcentage, les condamnations auraient même baissé de 31 % entre 2019 et 2020. Mais c'est normal et l'un des effets de MeToo, en réalité, puisque davantage de victimes portent plainte pour des faits moins graves ou trop anciens pour être condamnés.

En mars 2021, le garde des Sceaux, Éric Dupond-Moretti, a demandé aux procureurs d'ouvrir « systématiquement » une enquête en cas d'accusation publique pour infraction sexuelle, même pour des faits susceptibles d'être prescrits. On comprend la démarche, voulue après le succès du hashtag #MeTooInceste. C'est à la fois une façon de permettre aux victimes d'être entendues par l'institution et un moyen de ne pas laisser les accusés sans décision face aux accusations publiques. Le problème, c'est que les mis en cause se voient jugés sans véritable défense. Puisque lorsque le cas est prescrit, le procureur tranche sur la base d'une simple enquête, sans procès ni prétoire, ni entendre ses avocats, et que ce verdict express sonne toujours comme une tache sur une réputation. Si le procureur décide de classer sans suite en raison de la « prescription », l'accusé paraît coupable. Si le procureur décide de classer sans suite pour « infraction insuffisamment caractérisée », le doute demeure. Marie Dosé parle de « judiciarisation du soupçon » et de « populisme pénal »[6].

Discuter avec cette avocate pugnace, qui défend aussi bien des victimes de viol que des politiques ou des réalisateurs accusés, remet en cause bien des a priori sur la justice. À l'écouter, la vague MeToo n'aurait pas atteint certaines régions ni certains tribunaux reculés, toujours engorgés à 60 % par des cas d'incestes, toujours aussi mal jugés[7]. En revanche, à Paris, dès qu'il s'agit d'une célébrité, la présomption d'innocence n'existe plus. « Depuis deux ans, je ne vois plus de relaxe pour des cas d'agressions sexuelles. Les accusés arrivent au tribunal déjà condamnés », dit-elle. Notamment en raison du procès médiatique qui précède le vrai procès. Il est d'autant plus déséquilibré que pendant toute la médiatisation, les avocats de la défense n'ont pas accès à l'instruction, qui fuite en revanche dans la presse. Ainsi les avocats de la défense se retrouvent à rendre les coups portés dans l'arène médiatique avec un bandeau sur les yeux, et parfois même à devoir répondre à des questions de journalistes qui, eux, ont accès au dossier. Ce nouveau rapport de force suppose de réfléchir à rendre l'instruction plus accessible à la défense, pour lui permettre de contre-argumenter le temps du procès médiatique. Car ne soyons pas naïfs. Ce procès avant le procès va continuer. Surtout si la justice ne trouve pas de meilleurs moyens de répondre aux plaintes pour agressions sexuelles.

Comment l'améliorer ? Le débat est ouvert et doit se mener dans le calme. Faut-il une justice plus souple que les assises, capable de condamner plus souvent, même à des peines plus légères ? Ou faut-il au contraire rétablir les jurés populaires, qui obligent les magistrats à soigner leurs instructions et sont parfois plus scrupuleux à l'idée de condamner un innocent ? Joindre davantage les plaintes visant un même accusé ? Permettre à plus de témoins extérieurs de venir à la barre ?

On se souvient de la bataille du MLF, notamment lors du « procès du viol », pour obtenir les assises, et que l'on cesse de qualifier les agressions sexuelles en simples affaires de « coups et blessures ». De nos jours, les juges ont évolué, ils sont bien plus sensibles à ces affaires, et pourtant ils continuent à requalifier certaines plaintes en correctionnelle. Non pas parce qu'ils ne prennent pas ces crimes au sérieux, mais parce qu'ils savent qu'il sera plus facile d'y obtenir une condamnation. Or il est souvent plus important pour la victime d'être reconnue dans sa vérité que de voir son bourreau envoyé derrière les barreaux pour des années. Que voulons-nous en priorité : une justice qui condamne plus lourdement ou qui passe plus souvent ? Si nous voulons la seconde option, il est peut-être temps d'admettre que les assises ne constituent pas l'alpha et l'oméga de la réparation en matière de viol. Ou que condamner à des soins est un moyen de freiner le risque de récidive.

Les associations féministes soulignent l'urgence d'améliorer les moyens de la justice et le temps consacré à l'enquête. C'est important. Mais même un travail de police très méticuleux ne permet pas toujours d'apporter des preuves. En cas d'examen gynécologique effectué juste après les faits, comment prouver que ces traces, ou même ces bleus, ne sont pas le fruit d'une relation sexuelle intense ou sadomasochiste consentie ? Imaginons le cas d'une femme attirée par un homme, qui exprime son désir par texto, accepte de monter avec lui dans une chambre d'hôtel, et se retrouve avec un homme qui change de visage et se montre soudainement terriblement violent, lui impose des pratiques qui l'humilient et se met à la torturer. C'est un viol, incontestablement, mais comment le prouver sans permettre à plusieurs femmes ayant vécu la même situation de réunir leurs plaintes lors d'un procès ? La sérialité des prédateurs doit être davantage prise en compte par la justice. Mais le risque de la relaxe existera toujours.

Même en portant davantage plainte, même avec des enquêtes plus rapidement menées, il restera toujours une part incompressible de doute. Vivre en démocratie, c'est accepter que la justice tremble à l'idée d'envoyer un innocent en prison. Or les affaires de viols, plus que d'autres crimes, englobent des zones grises et des situations parfois terriblement difficiles à trancher. Tout le défi consiste à faire du sur-mesure qui tienne davantage compte de la spécificité des crimes sexuels, sans déshabiller le droit à la défense.

S'il faut se féliciter de voir les victimes mieux écoutée, cette parole seule, l'attention qu'elle soulève, ne peut servir pour autant à tenir la plume pour écrire la loi. L'émotion n'est jamais bonne conseillère, encore moins en matière de droit. Après le succès d'un film comme *Le Consentement*, tiré du livre du même nom, l'association féministe Choisir s'est félicitée d'avoir obtenu du président de la République l'engagement d'introduire cette notion dans la loi sur le viol. Une concession politique à l'émotion du moment, qui a aussitôt rencontré la résistance de professionnels du droit, pour de bonnes raisons, devenues inaudibles.

Dans notre code pénal, jusqu'ici, depuis la proposition de loi de la féministe Brigitte Gros, « constitue une agression sexuelle toute atteinte sexuelle commise avec violence, contrainte, menace ou surprise ». Le texte est précis. Le fait d'y ajouter la notion de « consentement » rend la définition du viol beaucoup plus subjective, basée sur le ressenti. Au risque de condamner plus facilement si une victime se dit finalement non « consentante » (ce que recherchent les associations féministes), mais avec pour effet secondaire de placer la plaignante au cœur de l'enjeu, comme l'explique l'avocate Léa Bass : « On a toujours voulu se concentrer sur l'acte en lui-même pour éviter que la victime se retrouve sous le feu des questions des avocats et ne devienne le centre du procès. C'est ce qui va se passer si le consentement devient le cœur de l'action en justice, et ce sera encore plus dur pour les victimes[8]. » Périlleux.

La leçon d'Outreau oubliée

Il devient difficile de l'entendre sous le règne absolutiste du « Je te crois ». Et pourtant les cas de fausses dénonciations et de « fausse mémoire », déformée ou déplacée, existent. Je ne voulais pas y croire à 20 ans, comme toutes les jeunes féministes découvrant la violence du rappel à l'ordre en cas de viol. Nous étions à la fin des années 1990, vingt ans avant MeToo, à mille lieues du moindre excès, et je ne comprenais pas pourquoi ma grande sœur en féminisme, la sociologue Liliane Kandel, ancienne militante du MLF, tenait à aborder ce sujet lors de son séminaire à Jussieu. L'objet de son exposé ? Une épidémie de cas de « fausses mémoires » qui agitait alors les États-Unis. Je m'y suis rendue par politesse, parce qu'elle m'y avait invitée, sans râler ni contester, mais je trouvais la démarche franchement douteuse. Un peu comme si nous dénoncions les dérives de la libération de la parole alors qu'elle était toujours bâillonnée ! Au plan intellectuel, pourtant, comme chercheuse, Liliane avait raison d'aborder ce tabou de la lutte féministe.

Elle-même a commencé par s'en méfier. Son instinct, son histoire, fille de Juifs roumains, l'amenaient plutôt à comparer le déni du viol au négationnisme de la Shoah, ces fossoyeurs de la mémoire… Jusqu'à ce qu'elle découvre que la fausse mémoire n'était pas une lubie machiste, mais une réalité étayée par des travaux sérieux aux États-Unis. « Je lis, me dit-elle, je me documente, et je m'aperçois qu'il existe des cas de mémoire reconstruite, qui sont en réalité induits par des psys. » On assiste à l'époque à une flambée d'enfants dénonçant leurs ascendants pour des crimes sexuels, parfois des rites sataniques, en réalité fantasmés. On découvrira que plusieurs de ces « souvenirs » viennent d'entretiens mal menés, d'hypnoses mal pratiquées et de mémoires perturbées[9]. On parle alors de faux souvenirs ou de « pseudo-mémoire ».

La France va attendre 2004 et le procès d'Outreau pour le réaliser. Un cataclysme. Cette affaire va traumatiser le pays pour des années. Après l'horreur de l'affaire Dutroux en Belgique, la France a suivi un feuilleton médiatique haletant lui faisant croire à un réseau de pédophiles dans le Pas-de-Calais, aux ramifications belges, impliquant des notables, avec à sa tête un couple misérable, capable de prostituer ses enfants pour tourner des cassettes pornographiques, et même de tuer des petites filles après les avoir violées. Atroce. Mais tout n'est pas vrai. Douze enfants et dix-sept accusés sont réunis pendant des jours pour un procès, à Saint-Omer. Tous ont vu leur existence basculer du jour au lendemain, certains jetés en prison et en pâture. Pourtant, après quatre ans d'instruction menée à charge par le très jeune juge Burgaud et un long procès, treize des accusés seront finalement acquittés. L'accusation s'est effondrée à la barre… Sous les coups de boutoir de ténors du barreau, notamment Frank Berton et Éric Dupond-Moretti, mais aussi parce que la principale accusatrice, celle qui a fourni au juge la plupart des noms, Myriam Badaoui, la mère indigne, a finalement reconnu les avoir nommés à tort.

Les vrais coupables, ce sont elle et son compagnon, Thierry Delay. Un homme violent, alcoolique, qui collectionne les crânes et fait tourner des cassettes pornographiques en permanence, qui viole ses beaux-enfants, quand il ne les fait pas participer aux partouzes que le couple pratique avec un couple de voisins. Myriam Badaoui, ancienne prostituée, dit en avoir tiré du plaisir. Et comme avoir détruit ses enfants ne suffisait pas, elle a aussi accusé à tort des innocents pour diluer sa faute et plaire au juge d'instruction… Elle cite notamment un huissier de justice, le « notable » de l'affaire, brisé à vie après avoir été accusé à tort de participer à un réseau pédocriminel. Son cabinet venait simplement saisir des biens dans la cité où le couple habite. Cet homme qui croyait en la loi, arrêté sur simple délation, va se retrouver en prison et devenir l'ombre de lui-même, amaigri après avoir frôlé la mort par médicaments. Une épreuve terrible dont il témoigne dans un livre bouleversant[10]. À l'issue du procès, aucun lien avec le couple pédophile n'a été établi. En revanche, il a été accusé d'attouchements par son propre fils, entendu par une experte et qui a systématiquement déduit de ses entretiens avec les douze enfants nommés par Badaoui qu'ils étaient abusés.

Tous seront reconnus victimes. Et pourtant, avec le recul, certains semblent avoir raconté de vrais viols et d'autres ont simplement répondu ce que l'on attendait d'eux. Le fils du notaire a déclaré avoir été attouché par son père, que « ce n'était pas un jeu », avant de revenir sur ses déclarations des années après : « Ce que j'ai dit, c'était surtout pour le charger parce que j'étais mal avec lui, mais ce n'est pas vrai », puis de changer à nouveau de version. L'une des onze autres victimes, une jeune fille de 16 ans, qui disait avoir été violée par son père, a finalement déclaré, huit ans plus tard, avoir menti : « Il ne s'est rien passé de ce que j'ai dit à ma déposition. » Lorsque le président lui demande pourquoi avoir persisté si longtemps dans ce mensonge : « J'avais peur des conséquences pour fausses déclarations. »

Les enfants de Myriam Badaoui, eux, sont convaincus d'avoir été violés par tous les adultes qu'on leur a désignés. Dans leurs têtes, les vrais viols endurés ont pu se mélanger aux cassettes pornographiques que leur beau-père les forçait à regarder et aux noms que leur mère a balancés. Comme si la mémoire suggérée s'était ajoutée à la mémoire traumatisée. En croyant bien faire, des adultes, juges et experts, ont poussé des enfants à confesser des viols imaginaires, en plus des sévices réellement subis. De nombreux livres sont parus suite à ce fiasco d'Outreau, pour dénoncer *La Dictature de l'émotion* et les dérives au nom de la protection de l'enfance[11]. Une génération d'avocats a été marquée à vie par ce procès, et croit à la sacralité de la présomption d'innocence. Or, depuis MeToo et le « On te croit » à tout prix, c'est comme si cette leçon n'avait jamais existé.

Quand la mémoire traumatique joue des tours

À force de croire sur parole, la mémoire traumatique finit par être érigée en science exacte, alors qu'on découvre, ces dernières années, qu'on marche sur des sables mouvants. On sait que des enfants abusés peuvent enfouir des scènes qui les ont traumatisés, et même poussés à se dissocier pour pouvoir les endurer. Comme si une partie de soi voulait le dissimuler à son propre regard. Une fois adultes, il leur arrive de redécouvrir des sensations ou des images à l'occasion d'un geste ou du décès de l'abuseur. L'actrice Nadège Beausson-Diagne, l'accusatrice de Juliette Favreul au sein du Collectif 50/50, par exemple, travaille depuis des années sur sa mémoire traumatisée, sans savoir, dit-elle, « combien de viols » elle a subis. Elle est convaincue d'en avoir oublié : « J'ai dû vivre beaucoup plus d'agressions sexuelles que j'ai l'impression d'en avoir vécu. » Une mémoire confuse, hantée, que l'actrice nomme « amnésie traumatique » – d'après le concept théorisé par sa thérapeute, Muriel Salmona.

Cette personnalité, adulée de ses patientes, parle de « mécanisme dissociatif pour survivre ». Consultée dans le monde entier, très médiatisée, elle a rédigé *Le Livre noir des violences sexuelles*, qui aurait décidé Camille Kouchner à écrire *La Familia grande*[12]. L'analyste prend régulièrement la parole dans les médias, aux côtés de Nadège Beausson-Diagne, pour expliquer la mémoire traumatique à partir de son cas : « Chez les enfants, dans plus de la moitié des cas, les violences sexuelles sont commises par des membres ou des proches de la famille. C'est donc une fois devenue adulte que la personne, n'étant plus exposée à son agresseur, va sortir de cet état de dissociation et que la mémoire traumatique va l'envahir. L'élément déclencheur peut être un film, une odeur, un aliment, une date, un lieu, une grossesse parfois, tout type de situation qui va lui rappeler l'agresseur[13]. »

Un simple geste en soirée – une main posée au mauvais endroit –, accompagné d'un mot ou d'une intonation, peut-il réveiller cette mémoire traumatique au point de susciter une accusation déplacée ? Cela expliquerait la plainte abusive de l'actrice et le fait d'employer la même expression – « pénétration digitale » – que pour raconter le viol subi dans son enfance et porter plainte contre Juliette Favreul.

Sa thérapeute, Muriel Salmona, confie, elle aussi, avoir subi des « pénétrations digitales » étant petite : « J'ai revécu ces sensations corporelles, comme des flash-back. Mon seul souvenir est un arrêt sur image. Je suis assise sur un tabouret haut, je vois, sur une table, le rôti empaqueté que ma mère vient de livrer dans une villa. Elle m'a laissée seule au milieu d'adultes. Autour de moi, je perçois juste des ombres. » C'est à l'âge de 10 ans que les flash-backs auraient ressurgi. Avant de subir un autre viol, à l'âge de 13 ans, par un homme d'une vingtaine d'années. Devenue psychiatre, Muriel Salmona travaille, depuis, la mémoire traumatique à l'aune de sa propre expérience, encourageant ses patientes à fouiller à tout prix dans leurs souvenirs pour retrouver ces images. Un voyage à hauts risques.

Si elle peut présenter des vertus thérapeutiques, cette thérapie suggestive fait l'objet de vives controverses entre psys, notamment aux États-Unis. Certains préfèrent parler de « mémoire dissociative » que de « mémoire traumatique refoulée », et mettent en garde contre le fait qu'un cerveau traumatisé peut mélanger de vrais souvenirs à des scènes imaginées, sans parvenir ensuite à démêler le faux du vrai[14]. Elizabeth Loftus, psychologue cognitiviste reconnue, spécialiste de la mémoire humaine et de sa fiabilité, a démontré grâce à des expériences rigoureusement contrôlées que des témoins d'accidents pouvaient modifier leurs souvenirs par la suite. Experte pour les tribunaux, elle travaille sur la question des « faux souvenirs » depuis 1990 et la célèbre affaire George Franklin. Le cas d'un père accusé de meurtre par sa fille. Cette dernière était convaincue d'avoir vu son père tuer sa meilleure amie, à l'âge de 6 ans, et de l'avoir refoulé pendant vingt ans. L'homme est déclaré coupable, avant d'être relaxé en appel, ce meurtre n'ayant pas existé. Cherchant à comprendre comment la suggestion peut influencer nos souvenirs, Loftus a mis au point un scénario, « perdu dans un centre commercial », visant à suggérer à des patients qu'ils ont été perdus enfants dans un centre commercial. Elle constate que 25 % des sujets s'approprient ce faux souvenir[15]. Pour Olivier Dodier, docteur en psychologie sociale et cognitive, l'idée que l'on puisse retrouver un souvenir dans un flash, comme une photo intacte, « défie tout ce qu'on connaît sur la mémoire » : « C'est séduisant et simple (…) Mais faux scientifiquement. Quand on récupère un souvenir, il s'altère[16]. » D'après ses connaissances, « la mémoire fonctionne par "reconstruction (et) non comme une caméra vidéo" ». Le souvenir qui revient « n'est donc pas la copie conforme de ce qu'on a vécu ». D'où sa mise en garde : se fier à « l'amnésie traumatique constitue un risque », car elle n'est pas « fiable ».

Incontestablement, c'est un domaine où nous restons encore ignorants, à manier avec délicatesse. Une précaution dont ne s'embarrasse pas Muriel Salmona, une psychanalyste de plus en plus contestée pour ses méthodes. Sur Brut, elle est allée jusqu'à s'adresser aux futures petites filles violées – « À toi future victime d'inceste » – pour les inciter à dénoncer, préventivement, le viol qu'elles n'ont pas encore subi… Tout en leur expliquant qu'on ne les écoutera pas et qu'elles seront détruites. Une vidéo qui a fait bondir de nombreux pédiatres et magistrats, qui l'écrivent dans une tribune : « C'est glaçant de désespoir pour un enfant qui tomberait sur ce clip, très dissuasif pour ceux qui veulent parler (parler ne sert à rien puisque, de toute façon, on ne sera pas entendu), déstabilisant et à la limite de la prophétie autoréalisatrice pour tous les troubles futurs. » Ils dénoncent un « message qui se veut protecteur » en réalité « délétère ». Et mettent en garde : « N'enfermons pas l'enfant victime d'inceste dans son traumatisme[17] ! » Ce qui ne veut pas dire, bien au contraire, qu'il ne faut pas s'attaquer de toutes ses forces aux racines du mal : l'inceste.

La pédocriminalité, ce berceau de l'enfer

D'après le Conseil de l'Europe, un enfant sur cinq serait victime d'abus sexuels au cours de son enfance, soit 20 % de la population européenne[18]. Des viols commis par des proches, un oncle ou un grand-père, une mère, et bien plus souvent par un père. Ou par un adulte à qui l'on fait confiance : un moniteur, un éducateur, un prêtre. Plus la figure de cet adulte est sacralisée, plus le risque existe. Il n'est donc pas étonnant d'en trouver, si nombreux, à l'ombre de l'Église. Si l'on additionne les différents rapports et commissions, on estime à plus d'un million le nombre d'enfants violés aux quatre coins du globe par des représentants de cette institution depuis les années 1950[19]. Des crimes favorisés par l'immaturité sexuelle des prêtres, l'ascendant religieux et l'impunité que confère le culte du tabou et du silence.

Longtemps, sous Jean-Paul II, le Vatican a mis dans un tiroir les plaintes qui remontaient de partout, notamment des pensionnats de la Légion du Christ, bras armé de l'Église, pour reprendre l'Amérique latine aux Évangéliques et y résister au communisme[20]. Quand un prêtre était accusé, il était de bon ton de l'envoyer dans une autre paroisse, où il pouvait recommencer… Tout valait mieux que parler, saisir un tribunal profane ou salir la réputation de l'Église. Le cardinal-archevêque de Los Angeles, Roger Mahony, a lui-même couvert pendant seize ans un prêtre ayant confessé sa pédophilie au milieu des années 1980. Non seulement il a gardé le secret, mais il n'a cessé de réaffecter ce prédateur à d'autres paroisses, lui permettant de recommencer, et de faire d'autres victimes, en mode « tournantes » . Le cardinal a même approuvé le paiement de 1,3 million de dollars pour acheter le pardon (et le silence) de deux hommes violés par ce prêtre entre 1984 et 1999.

La leçon qu'en tirera Benoît XVI n'est pas de lever ce culte du secret, mais d'en rendre responsables « Mai 68 » et la « clique d'homosexuels » qui se serait infiltrée au sein de la curie… L'Église ne voyant toujours pas la différence entre homosexualité et pédophilie ! Le nouveau pape François a exprimé sa « honte » pour ces défaillances, et la façon dont l'Église a couvert ces crimes. Sans pour autant suivre les recommandations de Jean-Marc Sauvé, l'auteur d'un rapport très sérieux sur les viols commis par des membres de l'Église française (330 000 victimes en France) : écoute des victimes, prévention, formation des prêtres, transformation de la gouvernance[21].

Qu'elle le veuille ou non, la famille hétérosexuelle privilégiée par l'Église, qui continue d'entretenir l'amalgame entre familles homoparentales et risque pédophile, demeure le foyer de tous les dangers. Il suffit de regarder les chiffres

(160 000 enfants seraient violés chaque année France[22]) et de lire les témoignages de pères incestueux recueillis en prison par Dorothée Dussy (*Le Berceau des dominations, anthropologie de l'inceste*) pour s'en convaincre[23].

Qu'ils soient cadres ou artisans, tous se racontent une histoire qui leur permet de passer à l'acte. Comme le fait qu'une fellation ou une sodomie pratiquée sur son enfant n'est pas vraiment un viol… L'un des interviewés, André, explique par exemple avoir voulu protéger sa fille en la sodomisant, « ce qui, pour lui, n'était pas défini comme un viol[24] ». Un autre déclare : « À l'époque si j'avais su que la fellation était un viol, je crois que j'aurais su dire le holà ! Je crois. Bon, mais je ne sais pas, mais je sais très bien que je ne voulais pas les violer, ça c'était sûr, ça faisait une différence. » Pour l'autrice, beaucoup de ces hommes « conçoivent le viol ou l'agression sexuelle comme un rapport hétérosexuel avec pénétration vaginale ». Une façon de se dire induits en erreur par la loi, qui définit pourtant clairement ce crime : « Il y a viol lorsqu'un acte de pénétration sexuelle ou un acte bucco-génital est commis sur une personne, avec violence, contrainte, menace ou surprise, c'est-à-dire sans son consentement. »

La mention du consentement d'un enfant ne pose pas les mêmes problèmes que pour un adulte, puisqu'un enfant placé sous l'autorité d'un adulte n'est pas suffisamment mûr ou autonome pour consentir. La loi fixe cette impossibilité du consentement avant 15 ans. Une victoire que l'on doit au combat et à la mobilisation d'associations et de personnalités comme Tristane Banon en 2021. L'Assemblée puis le Sénat pensaient bien faire en fixant ce palier à 13 ans. Mais un tweet de l'essayiste, assorti d'une photo d'elle à cet âge, très vu et partagé, a fait réagir : « Sur cette photo, j'ai 13 ans et deux mois… les vacances à la Baule. L'âge où, si on viole un enfant, le Sénat considère qu'on peut plaider qu'il en avait envie. » En quelques jours, des célébrités, des inconnus ont partagé des photos d'eux à cet âge, vues plus de 2,5 millions de fois. Une tribune signée par le Collectif pour l'enfance et 164 personnalités a permis de réviser la loi et de fixer le nouveau seuil à 15 ans. Il est de 18 en cas d'inceste par une personne ayant autorité[25]. Car bien sûr, le consentement est par nature faussé, et le traumatisme redoublé. Faut-il pour autant lever la prescription pour ces crimes, parmi les pires qui soient ? D'anciens enfants abusés n'ont cessé de le réclamer. Le risque étant de rendre une justice si éloignée des faits qu'ils deviennent impossibles à établir.

La prescription en question

Si le temps permet de retrouver des souvenirs enfouis, il altère aussi la fiabilité de la mémoire traumatique. Il faut donc maintenir un certain équilibre, entre un délai permettant à l'adulte de retrouver ses souvenirs, et une temporalité qui ne prenne pas le risque de voir s'évanouir la mémoire ou la matérialité. En revanche, les délais pour porter plainte méritaient d'être allongés. Et ils l'ont été. Avant même l'affaire Weinstein et MeToo, la journaliste Flavie Flament – qui venait de dénoncer le viol qu'elle a subi à 13 ans par le photographe David Hamilton dans son livre – a été chargée de rédiger un rapport dans ce sens, à la demande de la ministre des Familles et de l'Enfance de l'époque, Laurence

Rossignol. En duo avec le magistrat Jacques Calmettes, soutenus par un manifeste et un hashtag (#JamaisTropTard) lancé par le magazine *Marie Claire*, la journaliste et ce magistrat ont mené des auditions, qui ont conclu à la nécessité d'allonger ces délais. La loi du 27 février 2017 double leur durée : vingt ans.

Par la suite, une réforme voulue par Marlène Schiappa, inspirée d'un autre rapport et d'une autre « mission », ira plus loin, jusqu'à dépasser la prescription requise pour un crime de guerre ou un attentat terroriste. Désormais, les crimes sexuels sur mineurs peuvent être poursuivis trente ans après la majorité de la victime, et non la perpétuation des faits. Un ancien enfant abusé a donc jusqu'à ses 48 ans pour porter plainte. Ce qui paraît équilibré. Même si ce n'est toujours pas assez pour les collectifs de victimes. Chaque nouvelle affaire relance inexorablement le débat pour rendre ces crimes « imprescriptibles », au même titre que les crimes contre l'humanité. Ce qui pose à la fois une question symbolique et une question pratique.

Au plan du symbole, peut-on comparer un viol sur mineur à un génocide ? Au plan pratique, si ce crime n'est jamais prescrit et coûte aussi cher qu'un meurtre, pourquoi laisser en vie un enfant que l'on vient de violer ? Ce raisonnement morbide peut traverser la tête d'un agresseur ; l'échelle des peines doit servir à l'en dissuader. À rebours de l'époque, l'avocate Marie Dosé fait l'*Éloge de la prescription* dans un livre éponyme[26]. Pour elle, nous sommes arrivés aux limites du souhaitable dans ce domaine : « Depuis 2002, le régime de la prescription des infractions sexuelles sur mineurs a été modifié à maintes reprises, jusqu'à atteindre une quasi-imprescriptibilité. » Elle ne voit aucune raison d'aller plus loin, convaincue que le temps altère la mémoire, surtout traumatique, qu'il faut maintenir l'échelle des peines et un droit réparateur à l'oubli.

Plutôt que de s'acharner à lever la prescription pour des viols sur mineurs, l'immense intérêt de notre conversation publique doit permettre à la société de détecter ces crimes au sein des familles et de déposer plainte au plus tôt, pour freiner la cascade d'effets secondaires découlant d'un viol sur la construction d'un être. C'est l'urgence. S'attaquer à cette racine du mal, source cardinale de tant de maux et de tant de schémas reproducteurs et destructeurs. Soit que la victime d'inceste passe sa vie à se mettre en danger. Soit que l'enfant abusé devienne à son tour abuseur. « La très grande majorité des femmes agresseuses affirment avoir été abusées sexuellement dans leur enfance », écrit Dorothée Dussy. Une boucle infernale encore très sous-estimée. À laquelle un geste maladroit ou une drague insistante ne peuvent, décidément, être comparés.

Toutes les violences sexuelles ne se valent pas

Toutes les offenses et les violences sexuelles ne peuvent être tranchées sur le même billot, à moins de dramatiser les offenses et de banaliser les violences. Les affaires qui se succèdent dans les médias, rangées dans la même boîte MeToo, ne se valent pas. Flavie Flament, qui a su dénoncer l'agression ayant changé le cours de son adolescence, alerte sur le fait de placer « dans le même univers des violences sexuelles des viols sur des gamines de 13 ans, des viols sur des petits garçons dans l'Église, et une main au cul dans un bureau, une agression sexuelle dans un ascenseur... Ce sont des violences, mais différentes[27] ». Cette parole mérite d'être entendue. Car c'est l'une des dérives les plus préoccupantes de l'après-MeToo : tout mélanger sous l'intitulé fort vague de « violences sexuelles et sexistes ». Un frôlement et un frottement, une proposition déplacée et du harcèlement, une violence isolée et une violence systémique. Sans tenir compte de l'intention, sexuelle ou non, du rapport de pouvoir entre les concernés, du caractère unique ou répétitif. Cette absence de discernement, très répandue dans la nouvelle génération, prend le risque de faire basculer la libération de la parole vers l'accusation abusive.

Le cas le plus inouï est arrivé à la gynécologue féministe Chrysoula Zacharopoulou, reconnue pour son travail contre l'endométriose, une maladie chronique qui rend les règles ou la sexualité des femmes très douloureuses. En mai 2022, alors qu'elle vient tout juste d'être nommée secrétaire d'État à la Francophonie et au Développement, son nom d'origine grec – plutôt difficile à prononcer pour un Français – s'étale dans tous les journaux et se met à tourner en boucle sur les chaînes d'info. La voilà accusée de « viols » ! On pense immédiatement à une affaire DSK au féminin ou à une sordide affaire de gynécologue ayant profité de son métier pour abuser de ses patientes. Il faudra plusieurs jours, voire plusieurs semaines, pour comprendre qu'il s'agit de tout autre chose... Deux plaintes ont bien été déposées pour « viol », mais elles visent des examens gynécologiques jugés expéditifs et douloureux ! À l'invitation d'une campagne contre les « violences gynécologiques », nouveau cheval de bataille de certaines associations de victimes, qui les dénoncent comme des agressions sexuelles, MeToo s'éloignant tous les jours un peu plus de l'affaire Weinstein.

Dans les médias, sans déposer plainte, deux patientes reprochent à la gynécologue son « manque de tact ». Leurs témoignages disent tout du décalage pouvant exister entre une patiente à vif et une médecin pressée. La première reconnaît que la médecin l'a prévenue avant d'effectuer un toucher rectal, mais dit avoir refusé, et reproche à la gynécologue de l'avoir examinée quand même : « Elle m'a dit que j'étais dans son cabinet pour être consultée et que dans son cabinet cela se passait ainsi et pas autrement. Moi je lui dis non. Je vois que je n'ai pas mon mot à dire et elle met son gant. Je me suis mise à pleurer. Puis elle est rentrée. » Cette patiente se décrit en état de sidération : « J'étais totalement figée, je ne pouvais plus parler, je ne respirais plus, j'étais coupée de tout. Je pleurais en silence. J'ai dit que j'avais mal, elle m'a dit : "Non c'est bon, ce n'est qu'un toucher rectal." » Dans cet échange, un monde sépare deux générations et leurs sensibilités. D'un côté, une femme gynécologue qui se bat contre une maladie, pour soigner le plus de patientes possible. De l'autre, une patiente, qui raconte cet examen pénible comme un viol digne d'être dénoncé sur Konbini.

La seconde accusatrice parle carrément de pénétration « par surprise »… alors qu'elle vient pour un examen dans un cabinet gynécologique et qu'elle a placé ses pieds dans les étriers. Son témoignage au micro de l'émission « Quotidien », de dos dans un jardin, la voix masquée pour ne pas être identifiée, sidère en effet[28]. Elle se plaint de ne pas avoir pu entrer dans la salle d'examen avec « sa maman », bien que majeure, puis s'étonne d'être examinée par la gynécologue : « Elle commence par un toucher vaginal sans un mot, par surprise, ce qui me crispe complètement et me fait fondre en larmes. » S'ensuit un toucher rectal qu'elle dit « non consenti », « et là pour le coup j'éclate vraiment en sanglots parce que c'est brutal, c'est violent et c'est très douloureux ». Ce qui aurait déclenché un « état de sidération complet ». Toujours floutée, cette femme va jusqu'à accuser cet examen expéditif d'avoir bouleversé le cours de son existence : « Toute ma vie de couple, ma vie de femme, ma vie de maman, ma vie professionnelle, toute ma vie est impactée par l'état post-traumatique dans lequel je suis aujourd'hui. » Comme si la pénibilité de l'examen se confondait avec la douleur de sa maladie. Quand le médecin montre le mal, le patient regarde le doigt…

Stupéfaite par cette accusation abusive, l'humoriste Sophia Aram a répondu par un sketch sur le fait d'être surprise d'être examinée quand on va chez un gynécologue : « Toucher le fond. » Elle commence par raconter une journée où elle-même a dû être examinée un nombre incalculable de fois par des copains médecins pour une péritonite très douloureuse (« Ai-je été violée ? Non, vraiment pas. Étais-je consentante ? Mollement »), avant d'enchaîner sur une petite mise au point : « J'aimerais interroger l'utilisation du mot "viol" pour qualifier des actes réalisés, même de manière brutale mais dans le but de soigner. Parce qu'au risque de me passer du consentement de toutes celles et tous ceux qui considèrent que cela ne se discute pas, je pense que l'intention de soigner d'un médecin ne peut être confondue avec l'intention d'un mari, d'une mère, d'un oncle ou d'un multirécidiviste de pénétrer sans consentement celle ou celui qu'il tient pour sa propriété ou son terrain de jeu. »

Tout est dit. Ces amalgames ne font pas que détruire des réputations, ils mettent en danger la médecine. Le collège national des gynécologues se dit « très inquiet de l'usage actuel du mot viol pour qualifier des examens médicaux, notamment gynécologiques, réalisés sans la moindre intention sexuelle ». On peut critiquer le fait que des médecins ne prennent pas assez de temps pour des malades atteintes d'endométriose, chez qui l'examen gynécologique est plus douloureux, mais dans le cadre d'une réflexion sur la médecine, l'hôpital ou la qualité des soins… Pas sous le hashtag MeToo ! Pas en accusant de viol une gynécologue féministe, dont le nom a été assimilé à Weinstein et à des prédateurs. Un traumatisme. Et un amalgame, entretenu par l'irresponsabilité de certains médias et politiques à la roue des réseaux sociaux. Invitée à réagir, l'écologiste Sandrine Rousseau, opposante au gouvernement et donc à cette ministre-gynécologue, a refusé de reconnaître la différence entre une pénétration médicale sans intention sexuelle et un viol… Qu'elle préfère définir sur Twitter comme une « pénétration sans consentement, où que ce soit, par quoi que ce soit et qui que ce soit ». Pour elle, « y a pas de sujet ». À partir du moment où une femme accuse, elle doit être crue. Et bien sûr, à partir du moment où une ministre est accusée de viol, elle doit démissionner.

Non seulement, cette accusation abusive déshonore la cause MeToo, mais elle sert à régler des comptes politiques. Car il existe une coulisse à ce jeu d'ombre et à ce festival d'accusations grotesques. Avant même de devenir ministre d'un président centriste, Chrysoula Zacharopoulou et son association se sont mis à dos des militantes féministes de la gauche radicale. La passe d'armes a eu lieu six mois plus tôt, lorsque Clémentine Autain, députée LFI, propose à l'Assemblée nationale de reconnaître l'endométriose comme une « affection longue durée ». Une résolution adoptée par 111 voix contre 0 : tous les députés, même ceux de la majorité, l'ayant votée. Seul le gouvernement s'y est opposé. Car cette reconnaissance ouvre le droit à une prise en charge intégrale, très coûteuse pour la Sécurité sociale. Une association donne raison au gouvernement : Info Endométriose de Zacharopoulou. Tandis qu'une autre association, Endomind, monte au créneau pour hurler et soutenir la résolution de la députée LFI. Cette rivalité se réveille lorsque la gynécologue entre au gouvernement. Des militantes féministes proches de LFI, notamment Caroline De Haas, se mettent à relayer les appels du collectif Stop aux violences gynécologiques pour inviter des femmes à témoigner contre cette nouvelle ministre, et obtiennent deux plaintes… Classées sans suite, faute de faits caractérisés, mais qui ont laissé des traces sur l'accusée.

Examiner n'est pas violer

Une cabale du même ordre va se rejouer deux ans plus tard. Cette fois, elle vise une pédiatre féministe qui a dédié sa vie à améliorer la prise en charge des victimes : Caroline Rey-Salmon. À 65 ans, en quelques heures, cette femme pédiatre légiste, spécialiste du syndrome du bébé secoué, experte reconnue par les tribunaux, à l'origine de l'ouverture de la première unité médico-judiciaire pour mineurs de l'hôpital Trousseau, va tout perdre : son poste à l'Hôtel-Dieu, ses cours, sa réputation et le sommeil.

Quand la déflagration lui tombe dessus, le 5 février 2024, elle codirige le séminaire sur les violences sexuelles à l'École nationale de la magistrature, et vient d'être nommée vice-présidente de la Ciivise. Sortie de terre en 2020, elle enchaîne les crises depuis. Élisabeth Guigou, sa première présidente, a dû démissionner avant même de prendre ses fonctions en raison de la publication de *La Familia grande*, par crainte que son amitié avec le politologue Olivier Duhamel ne lui soit reprochée. D'autres départs ont suivi en raison de tensions et de désaccords, dans un climat terrible. La nouvelle équipe est là pour apaiser et retrouver un nouveau souffle. Vingt-huit minutes seulement après la fin de la conférence de presse annonçant sa mise en place par la ministre de la Santé, voilà sa vice-présidente obligée de se mettre en retrait, accusée « d'agression sexuelle » dans la presse… Pour avoir examiné une victime d'inceste comme experte !

Celle qui l'accuse se fait appeler Louison. Elle a 25 ans. Victime d'inceste de ses 7 à 11 ans, elle a déposé plainte une fois adulte. Un parcours entamé jeune, qui a réveillé à chaque étape son traumatisme. De son propre aveu à la presse, elle se rend dans un premier commissariat, où « ça se passe très mal », puis dans un autre, « où l'on me pose des questions auxquelles je ne suis pas prête à répondre », puis à la Brigade des mineurs[29]. C'est en vertu de la plainte qu'elle rencontre Caroline Rey-Salmon, en 2020, pour un examen médico-légal qui cherche à établir les faits. D'après Louison elle-même, la médecin « était humaine. Ça se voyait qu'elle faisait des efforts[30] ». Mais l'examen gynécologique doit servir à rédiger un rapport et Caroline Rey-Salmon s'aperçoit que l'hymen de Louison est intact. D'après la plaignante, qui vit mal cette information, la médecin « aurait alors switché » : « Elle m'a dit que mon hymen était intact et que, selon elle, il n'était pas possible que j'aie subi des viols vaginaux. » Toujours d'après la version de Louison, on sent que la médecin ne remet pas du tout en cause l'agression mais cherche, au contraire, à l'établir. Pour comprendre ce qui s'est passé, comment elle a pu être pénétrée tout en restant vierge, la pédiatre lui pose des questions et, d'après la plaignante, mime des gestes : « Elle m'a dit que les enfants ne se rendent pas trop compte si l'agresseur rentre à l'intérieur ou pas, peut-être qu'il s'était juste frotté. » En vue d'établir ce frottement, qui constitue lui aussi une agression, la médecin aurait mimé le geste pour demander à Louison s'il « faisait comme ça ». Un examen forcément pénible pour la patiente, qui se sent mise en doute, mais sans la moindre intention sexuelle.

La médecin, qui a réalisé 4 000 à 5 000 examens médico-légaux depuis 1988, souvent sur des mineurs, sans avoir jamais été mise en cause, n'a pas gardé de souvenir précis de cet entretien, juste un dossier avec ses notes, au nom de la plaignante. « Pendant deux mois, je n'ai pas su qui était cette accusatrice », me dit-elle au téléphone, encore traumatisée d'être assimilée à un violeur. Sans savoir quand aura lieu son procès ni quand elle verra le bout de ce cauchemar : « Par définition, je connais bien la procédure, et je sais que je serai entendue en dernier. » Lorsque nous entamons cette conversation téléphonique, la pédiatre ne s'est pas exprimée depuis sa mise en cause. Son avocate, Marie Dosé, m'a donné son numéro avec son accord. Quand elle décroche, d'une voix brisée, ses premiers mots me surprennent. « Je crois que je vous ai examinée il y a quelques années à l'Hôtel-Dieu… Vous aviez été agressée. » J'ai beau fouiller dans mes souvenirs, ces mots n'évoquent rien en moi. Je pense à une méprise, et m'empresse de la détromper. Ce n'est qu'au milieu de la conversation que les souvenirs me reviennent, un peu aidée par un petit papier tendu par ma femme : « Hôtel-Dieu – Civitas ». Soudain, je percute. « Mais oui, bien sûr ! L'Hôtel-Dieu… Après avoir été tabassée par Civitas. C'est vous qui m'avez examinée ? » La pédiatre me répond « Oui, j'étais de garde ». Je m'excuse de ne pas m'en être souvenue plus tôt. Soudain, je revois la salle de l'examen à l'Hôtel-Dieu et cette femme, méthodique, professionnelle, chargée de prendre en photo ma collection d'ecchymoses, le long des jambes et de la colonne vertébrale, de les mesurer pour son rapport. Un examen technique destiné à fixer le nombre de jours d'ITT. Jamais je n'aurais imaginé à cette époque, avant MeToo, qu'un jour une professionnelle de l'aide aux victimes soit comparée à un violeur… « J'ai passé ma vie à faire émerger la question de l'enfance maltraitée, je suis écœurée », me confie-t-elle. Comme si la révolution MeToo ne songeait plus qu'à brûler ses meilleurs alliés. Et comme dans l'affaire de la ministre-pédiatre, une accusation abusive peut cacher un règlement de comptes.

Quand Caroline Rey-Salmon est nommée vice-présidente de la Ciivise, elle vient seconder un nouveau président, Sébastien Boueilh. Ancien rugbyman violé de ses 11 ans à ses 16 ans, il a fondé l'association Colosse aux pieds d'argile, pour lutter contre les agressions au sein du milieu sportif. Tous deux rêvent d'écrire une « nouvelle page », plus apaisée, après des mois de divisions et des démissions en cascade. Tous les membres de la commission ne sont pas d'accord sur certains points des 82 recommandations portées par l'ancien coprésident : Édouard Durand, un magistrat plus connu comme « le juge Durand ». Un homme charismatique, médiatique, adulé de certains cercles MeToo, porté aux nues en couverture des *Inrocks* et de *Télérama*, aux côtés de l'actrice Godrèche, qui demande publiquement qu'il reprenne la tête de cette commission…

D'une voix toujours douce, un peu sermonneuse (l'homme confesse avoir songé à la prêtrise), le juge Durand plaide pour une ligne très dure, faite d'imprescriptibilité pour les viols sur mineurs, de retrait parental au moindre signalement, et de peu de cas pour le secret médical ou la présomption d'innocence. Entouré de victimes qui l'adulent, l'homme est convaincu qu'un enfant ne peut mentir et souhaite appliquer à la lettre, et même de façon littéraliste, la doctrine « Je te crois. Je te protège ». Terrorisés à l'idée de le critiquer publiquement, certains experts de la protection de l'enfance le décrivent comme un nouveau Burgaud, qui refuse de tirer les leçons d'Outreau. « On ne peut pas parler d'Outreau à Durand, c'est inaudible pour lui, et pour tous ceux qui pensent comme lui », confiera à *Franc-Tireur* un membre de la Ciivise.

Voilà bien ce qui divise ses équipes. Tous ont dédié leur vie à combattre les violences sexuelles sur mineurs, mais ils ne sont pas toujours d'accord sur les moyens de faire avancer cette cause. Et le juge Durand, lorsqu'il était coprésident, n'a pas voulu entendre ceux qui ne pensaient pas comme lui. Un vrai problème pour animer une commission. Avec Caroline Rey-Salmon, du temps où ils siègent ensemble, ils ont un désaccord. Comme médecin, experte des tribunaux, la pédiatre n'est pas favorable à ce que l'on durcisse l'obligation pour les professionnels de santé de signaler au moindre soupçon d'abus sexuel, alors qu'il existe un dispositif déjà très incitatif, et qu'elle ne souhaite pas faire de hiérarchie entre les violences faites aux enfants. Dans un email, elle regrette le « positionnement très "victimaire" » de la Ciivise. Le juge Durand lui en tient rigueur. Les débats sont tendus et la pédiatre préfère quitter la commission, sans bruit, mais en laissant derrière elle quelques inimitiés, qui vont se réveiller lorsqu'elle est nommée vice-présidente, trois ans plus tard.

Car entre-temps, le juge Durand a été démis de ses fonctions, au grand dam de ses fidèles, qui tirent à vue sur le moindre dissident ou rival, prêts à tout pour qu'il retrouve son poste. Bien que sous pression des fans du juge, les autorités de tutelle n'y songent pas. La façon dont il a géré ses équipes, son goût prononcé pour la personnalisation, un rapport de l'Inspection générale mettant en doute sa méthodologie et certains de ses chiffres, et plus encore son refus de s'en expliquer, l'en dissuadent[31]. La commission se déchire depuis des mois, il est temps d'avancer et de tourner la page, dans l'intérêt des victimes. À la place du juge, on choisit donc une personnalité qui a le sens du collectif : Sébastien Boueilh. Il sera le nouveau président et Caroline Rey-Salmon, expérimentée, sa vice-présidente. Les pouvoirs publics espèrent que le calme reviendra avec cette ère. C'est oublier la détermination du camp d'en face.

Moins de vingt-huit minutes après l'annonce officielle de leur nomination, l'enfer s'ouvre sous leurs pieds. Non seulement, la vice-présidente est accusée de viol, mais le président est insulté sur les réseaux, et mis en cause à l'intérieur de la commission, par les partisans du juge Durand, pour s'être solidarisé avec sa vice-présidente contre l'accusation insensée qui la vise. Mediapart, qui soutient la ligne du juge Durand, décrit la pédiatre comme étant aux « antipodes de l'ancienne équipe[32] », et prend fait et cause pour la version de Louison, la mise en retrait de Caroline Rey-Salmon et du président qui l'a soutenue : « Pour certains membres de la Ciivise, cette défense spontanée est venue battre en brèche le mot d'ordre "on vous croit" adressé aux victimes, principe fondateur de la commission depuis sa création. » La pression est si forte que la pédiatre démissionne, suivi du colosse aux pieds d'argile, effaré par tant de violences, de « calomnies » et d'« attaques personnelles »[33]. Il faudra des mois pour qu'une nouvelle présidence, collégiale, accepte de reprendre le flambeau de cette commission en lambeaux, terrorisée à l'idée de déplaire aux fans du juge Durand et à ses sicaires. Plusieurs noms prestigieux ont décliné. On a perdu du temps. En revanche, l'avocate de la jeune Louison, Maître Myriam Guedj Benayoun, rejoint la nouvelle Ciivise.

Lorsque Tristane Banon révélera les coulisses de ce règlement de comptes, dans une enquête très courageuse pour *Franc-Tireur*[34], basée sur les témoignages de plusieurs spécialistes de la protection de l'enfance affolés par la radicalisation des positions déchirant la commission, Louison nous fera parvenir un très long droit de réponse, où elle défend le juge Durand, mais réfute tout lien avec son accusation. En revanche, elle assume d'avoir porté plainte pour des raisons très politiques : « Ma plainte n'a jamais été liée à l'éviction du juge Durand. Il ne s'agit pas non plus d'affirmer que la médecin légiste est coupable, mais de prendre en compte le vécu des victimes et de ne pas la laisser siéger dans une telle commission. » Sans un remords pour les dégâts engendrés ni les amalgames entretenus, la plaignante reconnaît donc vouloir mener un débat sur l'examen qu'elle a subi… Tout en continuant à le qualifier, abusivement, d'« agression sexuelle ». Étrange aveu qui va servir la défense de Caroline Rey-Salmon lors du procès.

Pourtant, même si elle est relaxée, la médecin ne sera pas sortie des enfers. La médiatisation de cette plainte abusive a donné l'idée à un couple soupçonné d'avoir « secoué » son bébé de porter plainte contre l'experte. Cette fois pour un rapport, signé avec un collègue, qu'ils jugent trop sévère ! Décidément, entre les plaintes abusives des examinés et les recours possibles des abuseurs, il ne sera pas facile d'être médecin dans les années à venir. Il est urgent de remplacer le credo du « Je te crois » par celui du « Je t'écoute », tout aussi respectueux des victimes mais aussi des faits.

Des commissions de partis… partisanes

L'un des risques non négligeables de l'après-MeToo est de servir de prétexte à des délations instrumentales. Notamment en politique, où l'on est toujours plus tenté d'exiger une démission dans le camp d'en face que dans le sien. À gauche de la gauche, il arrive même que la révolution dévore les siens, ou serve à dégager des concurrents en interne. Si les écologistes et La France insoumise passent leur vie à exiger la démission d'un ministre au moindre soupçon, ils sont aussi ceux qui traînent le plus grand nombre de casseroles MeToo. À leur décharge, il faut reconnaître que ces partis ont été parmi les premiers à mettre en place des commissions dédiées aux violences « sexuelles et sexistes ». Le Parti écologiste a monté une cellule d'écoute dès 2016, suite à l'affaire Denis Baupin, au cours de laquelle quatorze militantes écologistes, dont Sandrine Rousseau, ont dénoncé le comportement déplacé de ce député écologiste, vice-président de l'Assemblée nationale : des attouchements, des tentatives d'embrasser et une drague insistante. Plusieurs militants connaissaient sa réputation de « lourdingue », sans imaginer sa récurrence et son insistance. La cellule a pour but de faciliter la parole en interne, mais elle va peu à peu se transformer en justice parallèle, en « cellule d'enquête et de sanction sur le harcèlement et les violences sexuelles et sexistes ». Tout comme le « comité de suivi contre les violences sexuelles et sexistes » mis en place en 2018 par La France insoumise.

Des générations de femmes ont renoncé à la politique à cause de propositions sexuelles récurrentes, lassantes, exaspérantes, et de l'impossibilité de les dénoncer par « loyauté » au parti. Les commissions, qui existent désormais dans toutes les formations politiques à l'exception de la droite et de l'extrême droite, remplissent un vide lorsqu'elles servent à dénoncer ou à prévenir le sexisme ordinaire, allant d'attitudes déplacées à ces propositions sexuelles harcelantes. Elles permettent de convoquer l'accusé et de le mettre en garde, sans obliger les plaignantes à saisir la justice pour des faits qu'un simple rappel à l'ordre peut stopper. Mais bien sûr, en cas de fuite dans la presse, ces signalements en interne peuvent briser une carrière politique, pour des faits mineurs et non jugés. Ce qui transforme ces confidences en arme politique, entre les mains de celles et ceux qui peuvent choisir de s'en servir. Sandrine Rousseau, clairement, sait manier cette arme de destruction de réputation massive.

Déçue d'avoir perdu la primaire de justesse pour incarner la candidature écologiste à la présidentielle, tentée de convoiter la tête du parti, elle va se servir de confidences recueillies sur Julien Bayou pour le dégager de son poste de secrétaire national d'Europe Écologie-Les Verts. Comment ? Très simple. En profitant d'une émission de grande écoute, « C à vous », pour rapporter (sans les détailler) les « violences psychologiques » dont l'accuse une ancienne petite amie : « J'ai reçu chez moi très longuement une ex-compagne de Julien Bayou, je pense que ces comportements sont de nature à briser la santé morale des femmes. » Rien ne va dans cette délation publique. Sur la base de reproches calomnieux, flous et privés, la députée se permet d'exiger de son rival qu'il se mette « en retrait ». Et lui va s'exécuter, visiblement très atteint par cette accusation publique. Ne sachant pas ce qu'on lui reproche, il demande à être entendu par la commission de son parti, en vain. A-t-elle seulement été saisie ? Le doute est permis. Malmené au sein d'Europe-Écologie-Les Verts, devenu le seul à ne pas s'être exprimé sur cette affaire, il finit par prendre la parole « à reculons » sur le plateau de « C à vous », dans l'espoir d'en finir avec cette séquence « grave », sans mâcher ses mots à l'intention de Sandrine

Rousseau : « C'est irresponsable de dévoiler l'état psychologique de quelqu'un à une heure de grande écoute, de lancer des accusations sans les étayer. Je pense vraiment que c'est allé trop loin. »

Ce jour-là, c'est aussi le fonctionnement opaque de la cellule d'enquête de son parti qu'il met en cause : « Je suis dans une situation, c'est Kafka : on m'accuse de faits qui ne sont pas répréhensibles [...]. Des accusations pour lesquelles je suis immédiatement jugé coupable, pour autant on ne me les présente pas et je ne peux pas m'en défendre. » On finira par connaître l'acte d'accusation en le lisant dans un journal écologiste. D'anciennes petites amies se sont confiées au média militant *Reporterre*. Le titre est grave : « Les femmes parlent[35]. » On s'attend à des révélations nucléaires (si j'ose dire), de l'ordre de celles portées contre PPDA ou Nicolas Hulot... Le chapô sème un premier doute : « *Reporterre* s'est entretenu avec plusieurs femmes qui reprochent à Julien Bayou des violences psychologiques. Elles révèlent les blessures liées à leur relation avec l'ex-secrétaire national d'Europe Écologie-Les Verts. » La suite tombe des mains. À l'intérieur, d'anciennes petites amies, Agathe, Jeanne et Claire, dont certaines se décrivent comme bipolaires et souffrent de « stress post-traumatique », lui reprochent... son cynisme politique, son manque d'empathie à l'égard de leurs souffrances, et principalement de les avoir trompées. Le tout au prétexte d'un MeToo devenu sermonneur et moraliste... Après l'examen gynécologique vécu comme un viol, voici la tromperie élevée au rang de choc traumatique !

D'après l'article, qui porte sur Julien Bayou et lui fait donc porter la responsabilité de cet état, l'une de ses anciennes petites amies souffrirait « de comportements dissociants qui s'accompagnent de conduites auto-agressives », comme se frapper la tête « pour faire disjoncter son cerveau émotionnel, pour produire des hormones qui l'anesthésient » et « lui permettent de supporter la douleur psychique ». Ces agissements, l'article le précise, « ont commencé quelques mois avant sa rupture », et ne se sont évidemment pas arrangés après, conduisant cette ancienne compagne de Julien Bayou à des tentatives de suicide, sans que l'on comprenne en quoi cette détresse, si poignante soit-elle, puisse être élevée au rang de scandale politique.

Marqué à vie par ce déballage impudique, Julien Bayou va perdre en prime le droit de jouer un rôle de premier plan dans son parti, l'un des plus woke qui soit. Harcelé par de jeunes militants qui demandent sa tête, payant au prix fort une ligne politique qu'il a lui-même flattée, il a fini par démissionner.

Même retour de bâton chez les Insoumis. Malgré ou à cause de ce tournant féministe, on découvre (sans trop de surprise) que l'entourage de Jean-Luc Mélenchon est truffé d'hommes virils. Il y a d'abord Taha Bouhafs, son « fils spirituel[36] », pressenti pour être candidat éligible aux élections législatives de 2022… Un militant brutal, indigéniste et pro-islamiste. Ce qui ne semblait gêner personne au sein de La France « insoumise », jusqu'à ce qu'il soit signalé par le comité sur les violences sexuelles, pour des faits que Clémentine Autain, membre de ce comité, qualifie « d'une gravité que nous n'avons jamais rencontrée ». Lesquels ? Motus et bouches cousues. Tant qu'il fallait sauver le soldat Bouhafs, le comité s'est tu. Pourtant au courant, la députée féministe insoumise a même défendu bec et ongles sa candidature contre ceux qui la critiquaient, en les accusant de cabale raciste. Maintenant qu'il faut le débrancher, le signalement est révélé. Mais nous n'en saurons pas plus. Le fils spirituel de Mélenchon a d'ailleurs fini par être réintégré en catimini chez LFI. Ainsi va la justice au sein d'un parti. Elle varie aussi selon le grade, le moment et les consignes.

À la même époque, bien qu'accusé de harcèlement sexuel par plusieurs militantes, Éric Coquerel, l'un des lieutenants du lider maximo, celui qui préside la très stratégique commission des finances de l'Assemblée nationale pour le groupe des Insoumis, ne se voit pas demander de se mettre en retrait. La situation est plus délicate pour le dauphin contesté, Adrien Quatennens, qui a reconnu avoir giflé sa compagne lors d'une dispute en plein divorce. Après quatre mois de suspension et un stage de sensibilisation aux violences conjugales, il est revenu siéger à l'Assemblée sous les applaudissements de ses camarades… à l'exception de sa rivale Clémentine Autain, de Sandrine Rousseau et de quelques autres députées de gauche ayant quitté les travées pour marquer le coup[37]. Le Parti socialiste, allié contrarié, au bord de divorcer de La France insoumise au sein de la Nupes, s'est fendu, lui, d'un communiqué outré : « La décision de réintégrer Adrien Quatennens, alors qu'il a reconnu sa culpabilité dans des faits de violence sur sa conjointe, est à la fois inacceptable, et incompatible avec les valeurs défendues et portées par la Nupes. » Le texte dénonce « un mauvais signal envoyé à toutes les femmes ».

À l'inverse, quel signal envoie-t-on aux hommes violents si on les sanctionne doublement, et même plus durement, lorsqu'ils reconnaissent leurs torts et se disent prêts à travailler sur leurs défaillances ? Des partisans d'Emmanuel Macron se sont jetés sur cette affaire, trop heureux de prendre LFI à son propre jeu. Sans tenir compte de ces joutes politiques, j'en ai pris le contre-pied dans mes éditos[38]. Car si ce député a été condamné pour violence conjugale, c'est avant tout parce que, contrairement à d'autres, il a reconnu les faits. Ce qui a permis d'éviter à son ex-femme de passer pour une menteuse. Comment encourager les hommes à suivre cet exemple si avouer vous nuit davantage que mentir ? Reconnaître sa faute devrait être encouragé. Or l'exemple politique peut y contribuer. Toujours par souci de justice, il faut rappeler que cet homme, visiblement jaloux et possessif, n'a pas été condamné pour violences conjugales répétées, mais pour un acte isolé. Tous les citoyens, même les hommes politiques, ont le droit à une seconde chance s'ils se sont vraiment amendés et ne présentent pas de danger pour autrui. Or Adrien Quatennens a été condamné pour une gifle isolée, dans le cadre d'un conflit privé. N'est-il pas suffisant que ses électeurs et le grand public en soient avertis ? À eux de juger, s'ils veulent lui confier un nouveau mandat de député. Ce choix n'a pas eu lieu puisque, sous la pression de certains militants, le député sortant a dû renoncer à se présenter aux législatives ayant suivi la dissolution de l'Assemblée nationale. Ce qui revient à lui refuser une seconde chance.

Il en va autrement du sénateur Joël Guerriau, mis en garde à vue car soupçonné d'avoir versé une drogue dans le verre d'une députée pour abuser d'elle[39]. Cette fois, nous parlons d'un risque d'agression sexuelle au travail et du soupçon de pouvoir droguer une collègue. Dans ce cas, il existe un risque à le laisser siéger tant que la justice n'a pas enquêté et tranché. Ces nuances ne devraient pas se faire en fonction de l'intérêt partisan ou de l'étiquette politique des accusés, mais des faits reprochés et du risque de récidive.

À chacun ses boucs émissaires

Quand elle ne sert pas à régler des comptes, la dénonciation des violences sexuelles peut servir à alimenter des théories du complot et à désigner des boucs émissaires. En principe, l'extrême droite a toujours rêvé de revenir à un monde plus patriarcal, à la famille traditionnelle et à ses secrets. La révolution MeToo ne la concerne pas, elle la critique même. Sauf si elle peut mettre ce hashtag au service de ses fantasmes : faire croire que les agressions sexuelles viennent uniquement des immigrés ou des élites.

Cette rengaine a fait les beaux jours de la mouvance QAnon et de l'extrême droite trumpiste aux États-Unis. Sous un pseudonyme, « Q », un militant de l'Alt-Right a réussi à se faire passer pour un agent informé de l'« État profond », balançant des vérités ultra-confidentielles, sous la forme de charades, sur des forums très suivis… Alors qu'il ne faisait que délirer. En France, où ses théories ont également du succès, de plus en plus de Français, et même quelques people comme Francis Lalanne ou Karl Zéro, alimentent l'idée que les pédophiles sont partout et au pouvoir. Il faut bien mesurer où mène cette paranoïa, les dégâts qu'ils peuvent faire pour saper la confiance en démocratie. L'exemple du « Pizzagate » est là pour nous alerter.

Quelques mois avant la présidentielle de 2016, l'extrême droite complotiste a réussi à faire croire qu'une pizzéria de Washington, le Comet Ping Pong, servait en réalité de devanture à un trafic sexuel de mineurs orchestré par l'équipe de campagne d'Hillary Clinton ! Chaque nom sur le menu était censé cacher la commande d'une « petite fille » ou d'un « petit garçon », sous le nom de code « hot dog » ou « pizza au fromage ». Tout était faux. Un pur délire. Mais entre des emails révélés par WikiLeaks montrant que le directeur de campagne commandait des pizzas dans cette pizzéria, et les robots dopant ces délires, tout s'est mélangé, le vrai et le faux, pour faire exploser le hashtag « Pizzagate » et empoisonner la présidentielle au profit de Trump. Un allumé s'est même rendu devant la pizzéria avec une arme automatique pour sauver des enfants qu'il croyait dur comme fer enfermés au sous-sol !

La paranoïa va monter d'un cran après l'arrestation de Jeffrey Epstein, en 2019, pour trafic de mineures. Soupçonné de pédophilie depuis des années, le milliardaire n'a cessé d'attirer de très jeunes femmes dans sa villa de luxe en Floride, ou sur son île privée, pour des massages dégénérant en agressions sexuelles ou des prestations « d'escorts ». Des proies présentées en conquêtes qu'il partageait visiblement avec ses amis, riches et fortunés. La présence de Bill Clinton à ses soirées, l'amitié que lui a longtemps témoignée le prince Andrew d'York, et le fait de le retrouver pendu dans sa cellule n'ont rien arrangé… Si l'affaire Weinstein a réveillé les consciences, l'affaire Epstein a libéré tous les fantasmes.

Si l'on ajoute la médiatisation excessive de certains MeToo dès qu'ils touchent le monde du cinéma ou des célébrités, on ne peut se départir d'une impression populiste gluante :

le viol viendrait des élites. Alors qu'il concerne bien sûr tous les milieux et toutes les familles. Il est particulièrement décomplexé dans les sociétés patriarcales, où les hommes sont habitués à l'impunité, et peut surgir comme un moyen de réaffirmer sa domination masculine chez des hommes déclassés. On l'a vu lorsque des hommes immigrés, dans les années 1970, se sentaient autorisés à violer des féministes, puisqu'elles étaient libres et non « mariées ». Cette mentalité court toujours, et convainc l'extrême droite de focaliser sur les viols de rue, plus souvent commis par des étrangers, comme si le danger ne venait que de l'extérieur.

À force de regarder certaines chaînes de télévision et d'écouter certaines radios, on finirait par croire que ces agressions commises sur la voie publique ont explosé. En réalité, leur chiffre est trop haut mais stable : 97 viols de rue en 2023 à Paris, contre 92 en 2022 et 104 en 2021[40]. En revanche, ces viols sont de plus en plus médiatisés car plus faciles à instrumentaliser. D'après la préfecture de police de Paris, 77 % des viols de rue élucidés sont commis par des hommes de nationalité étrangère[41]. Parfois des immigrés sous le coup d'une obligation de quitter le territoire. De quoi choquer. Dans le détail, nous parlons de 30 viols élucidés sur 97, et de 28 cas. Un grain de sable comparé aux 160 000 enfants violés chaque année, très souvent au sein de leur famille. Un lieu bien plus dangereux que la rue, le bureau ou les transports[42]. 44 % des plaintes pour violences physiques ou sexuelles concernent le foyer familial. Mais bizarrement, ces viols-là passionnent moins l'extrême droite. Les militantes occidentalistes comme les Némésis ne s'intéressent qu'aux viols commis par des immigrés ou par des musulmans. En revanche, elles n'ont aucun problème à jouer les groupies aux meetings d'Éric Zemmour, en oubliant un peu vite que leur sauveur est lui-même accusé d'agressions sexuelles.

Huit femmes accusent Éric Zemmour de gestes déplacés, et d'avoir collé sa langue dans la bouche de stagiaires et de jeunes journalistes. Il est le premier des hommes politiques français à rêver du retour au masculinisme[43]. Et voue une haine sans nom au féminisme, cible de tous ses livres. On le comprend. Depuis que le niveau d'exigence est monté, bien des femmes sont sorties de sa « ligue ». Un déclassement sexuel, très insécurisant, qui s'ajoute à sa peur du grand remplacement, et le rend chatouilleux vis-à-vis du moindre mâle rival. Ce mélange d'appréhension et de fascination pointe dans les SMS cordiaux, langoureux même, envoyés par Éric Zemmour à Tariq Ramadan : « J'aime nos débats francs et virils comme des matchs de foot. Amitiés. Embrassade[44]. » Ils ont fuité à l'occasion de l'instruction visant ce dernier. Les misogynes de tous bords s'entendent très bien dès qu'il s'agit de rêver ensemble à la soumission des femmes.

Un féminisme à indignation variable

Si l'extrême droite ne s'intéresse qu'aux viols de rue pour pouvoir dénoncer des violeurs immigrés ou « racisés », à l'extrême gauche, au contraire, on a tendance à privilégier les MeToo contre des hommes puissants et fortunés, à surréagir si l'accusé est blanc ou juif (incarnant dans leurs fantasmes la puissance financière), et à sous-réagir s'il s'agit d'un accusé

« racisé ». Exactement comme dans les années 1970, lorsque des gauchistes refusaient de porter plainte devant la justice, jugée « bourgeoise » et « raciste », si le violeur était immigré. L'intersectionnalité a même aggravé ce calcul.

À l'origine, elle était pourtant censée articuler les luttes antisexistes et antiracistes, en dénonçant les discriminations multifactorielles. C'était le souhait de Kimberlé Crenshaw, juriste et professeure à UCLA, lorsqu'elle écrit son célèbre article de 1989 montrant qu'il était injuste de demander à un syndicat de femmes de ménage noires de choisir entre porter plainte pour des discriminations fondées sur le sexe ou la « race », alors qu'elles pouvaient subir les deux[45]. Hélas, quelques années plus tard, la convergence des luttes a dérivé en mise en compétition des souffrances. L'antiracisme identitaire ayant colonisé le féminisme, au niveau militant comme à l'université, il est désormais fréquent de voir des néo- ou pseudo-féministes faire passer le combat antiraciste avant le combat contre le sexisme, ainsi passé sous silence, quand ils ou elles ne hiérarchisent pas les victimes.

Je repense à la réflexion d'une jeune militante intersectionnelle lors d'un débat organisé par le magazine *Elle* : « Le viol est plus violent pour les femmes noires que pour les femmes blanches[46]. » Nous étions réunies entre féministes de plusieurs générations pour discuter à bâtons rompus, notamment de MeToo, et cette sortie nous a sidérées. Ainsi donc, une jeune militante de 24 ans, blanche je précise, suivant un cursus d'études supérieures féministes à Jussieu, appartenant au mouvement des Colleuses, ce groupe qui placarde des slogans contre le sexisme sur les murs, pensait sincèrement que le viol n'était pas une souffrance universelle, mais plus violent selon la couleur de peau… Alors que je peinais à m'en remettre, l'écrivaine Tania de Montaigne, autrice de *Noire* et la seule à ne pas être blanche parmi nous, s'est permis de lui conseiller, très délicatement, de se pencher plutôt sur la question de l'autonomie[47]. Le viol, comme le harcèlement, n'est pas moins éprouvant selon la couleur de peau. En revanche, il est certainement plus facile d'échapper à un mari violent ou à un employeur violeur si l'on peut divorcer ou renoncer à un emploi sans être aussitôt à la rue… L'argent n'atténue pas le traumatisme, mais permet de se mettre à l'abri. Une question de lutte des classes qui n'effleure même plus la nouvelle génération, obsédée par la « lutte des races ».

Les priorités au nom de MeToo ont également révélé une fracture ancienne et profonde au sein du féminisme, entre les universalistes qui dénoncent le viol partout, quelle que soit l'origine de l'agresseur, et un néo-féminisme identitaire qui varie selon les faciès. Cette fracture, je vais la ressentir, très vivement, au sein de la revue *ProChoix* que j'ai cofondée en 1997, précisément pour articuler les luttes antisexistes et antiracistes. Nous étions très soudés pour défendre l'égalité et la laïcité face à l'intégrisme catholique, comme au moment du Pacs. Nous nous sommes déchirés lorsqu'il s'est agi d'appliquer la même exigence à l'intégrisme musulman, au moment du débat sur le voile et l'interdiction des signes religieux à l'école publique.

À l'origine, pourtant, nous pensions appartenir à la même gauche, plutôt actupienne et foucaldienne, qui a lu Colette Guillaumin, une grande théoricienne féministe pouvant être considérée comme l'une des pionnières de l'intersectionnalité, marraine de la revue *ProChoix* depuis ses débuts et qui me faisait parfois l'honneur d'assister à mes conférences[48]. Et de fait, nous étions totalement sur la même longueur d'onde dès qu'il s'agissait de dénoncer l'intégrisme chrétien et Christine Boutin. En revanche, critiquer les Frères musulmans ou Tariq Ramadan, leurs équivalents (en pire), le fait d'exiger de ne pas brûler des homosexuels, de ne pas haïr des Juifs, de s'inquiéter du retour du voile, ou d'exiger de ne pas porter le voile à l'école publique par respect pour l'égalité et la laïcité, tout cela devenait suspect et même « islamophobe » aux yeux de certains contributeurs, comme Pierre Tevanian ou Éric Fassin… Dont nous avons volontiers accepté la démission. Le premier a fini par monter des collectifs pour le droit de porter le voile à l'école publique avec les Frères musulmans. Le second, professeur à l'École normale, va devenir l'un des compagnons de route des Indigènes de la République, un mouvement pro-Hamas et sous influence fririste, dont l'égérie recommande de faire passer le féminisme après la défense des hommes « racisés ». C'est dire si j'ai mesuré, dès 2004, le gouffre séparant cette gauche décoloniale pouvant soumettre le féminisme à l'antiracisme et ma gauche : antitotalitaire, allergique à tous les sexismes, à l'intégrisme et à l'antisémitisme[49]. Entre ces deux gauches, irréconciliables, le torchon brûle depuis vingt-cinq ans, depuis la première polémique sur le voile en 1989. Mais l'incendie a redoublé avec l'interdiction des signes religieux à l'école publique de 2004, les attentats de *Charlie* de 2015, pour finir en torche au moment des viols du Hamas de 2023.

Le 7 octobre, tout s'est vu. Des associations se disant féministes, intersectionnelles ou décoloniales, d'habitude intraitables au moindre soupçon MeToo, même en cas de maladresse ou de « micro-agression », ont soudain perdu la voix face aux viols barbares commis par des militants du Hamas sur des femmes israéliennes, à qui l'on a parfois coupé les seins et troué le ventre entre deux assauts sexuels, en plus de sélectionner les plus jolies pour les prendre en otages et les violer comme captives. Rarement, le viol aura été aussi clairement une arme de guerre. Et pourtant, l'association intersectionnelle Du Pain et des Roses, proche d'Adèle Haenel, qui revendique « l'émancipation de tous·tes dans une perspective anticapitaliste, anti-impérialiste et révolutionnaire ! », n'a pas eu « honte ». Elle ne s'est pas levée pour protester lorsque le mouvement dont elle est issue, Révolution permanente, a salué cet acte de « résistance » sur son site. Tout à son émotion, rempli d'admiration pour cette « offensive coordonnée avec des opérations terrestres de commandos et d'escadrons d'élite palestiniens », qu'il refuse absolument de considérer comme du terrorisme, le site fantasme même des « opérations » ayant « réussi à conquérir des colonies israéliennes[50] »... Pour parler de raids et de razzias commis en territoire israélien, contre un festival de musique itinérant et des kibboutz pacifistes faisant travailler les Palestiniens, par des terroristes venant de Gaza : un territoire décolonisé et sous contrôle du Hamas depuis 2005 !

Contrairement à ce que l'on entend souvent, des féministes ont dénoncé le pogrom du 7 octobre. Tristane Banon, Les Citadelles, Femme Vie Liberté et tant d'autres dont je suis. Mais le tissu associatif le plus démonstratif est plutôt tenu par l'extrême gauche, quand il n'est pas sensible à la propagande des Frères musulmans, ces trotskistes de l'islam. À l'image du collectif NousToutes, censé inclure tous les féminismes mais qui penche fortement du côté du décolonialisme et d'Urgence Palestine, un collectif sous influence fériste. Au lendemain des pogroms sexuels, le collectif s'est contenté d'un « dos-à-dos » grossier : « Nous apportons notre soutien à tous·tes les civil·es, victimes de la guerre, partout dans le monde. Nous pensons aux civil·es palestinien.nes et israélien.nes. » Un texte qui a fait bondir des associations féministes luttant contre les violences sexuelles au sein du collectif et réagir dans la presse… Sous le feu des critiques, NousToutes – dont le credo est « Ensemble, finissons-en avec les violences sexistes et sexuelles » – a dû rédiger un second texte : « Nous condamnons sans ambiguïté les crimes sexuels et sexistes, viols et féminicides commis par le Hamas, qui ont particulièrement visé les femmes, les personnes LGBTQIA+ et les enfants[51]. »

À aucun moment, en revanche, le collectif n'a prévu de dénoncer ces crimes pendant la marche contre les violences faites aux femmes du 25 novembre, juste après le pogrom. Un « oubli » si choquant que des féministes juives et universalistes, notamment du collectif Nous Vivrons, ont décidé de confronter les marcheurs et les marcheuses à leur insensibilité pour le sort des otages, avec des pancartes comme « Silence, le Hamas viole », « MeToo sauf pour les Juives » ou encore « Associations, réveillez-vous, le 7 octobre n'est pas tabou ![52] ». Une interpellation pacifiste qui s'est jouée dans un climat très tendu, sous le regard noir et même la pression de militants gauchistes venus les intimider. Un peu comme les gros bras de la CGT ne voulaient pas entendre parler des slogans féministes sur le viol lors du 1er mai 1976… Sauf que cette fois, nous parlons d'une marche féministe dédiée à combattre les violences faites aux femmes ! Et ce fut pire le 8 mars suivant, lorsque des membres du collectif Nous Vivrons et Femme Vie Liberté (le cri des Iraniennes) se sont rendus à la marche pour les droits des femmes avec des pancartes dénonçant ces viols ou demandant la libération des otages, avant d'être repoussés aux cris de « sionistes, vous n'êtes pas des féministes ! », agrémentés de « sales putes » et de projectiles, par des militants d'Urgence Palestine et de Révolution permanente.

Cette dérive ahurissante pourrit nos marches et nos universités depuis maintenant des décennies. Au point d'expliquer la décrépitude de la gauche et le succès de l'extrême droite, en France ou aux États-Unis. Après le 7 octobre, les démocrates sensés ont dû ouvrir les yeux sur la radicalité de ces enfants terribles, souvent privilégiés, inscrits dans les meilleures facultés, et pourtant capables de s'enthousiasmer pour le Hamas, de terroriser des étudiants juifs, de les empêcher d'accéder au campus ou d'arracher des photos d'otages après un massacre. Tous ne l'ont pas fait. L'incapacité de certains à reconnaître l'agresseur de l'agressé tient beaucoup à l'absence de culture dialectique et philosophique, à une grille de lecture simpliste qui ne juge pas en fonction des faits, de leur chronologie ou de l'intentionnalité, mais du nombre ou de la couleur de peau, en prenant toujours le parti du pot de terre contre le pot de fer et du plus racisé. Il aura suffi de dire à ces jeunes étudiants que ce massacre du Hamas s'inscrivait dans une guerre coloniale, de présenter les Palestiniens comme des « racisés », pour qu'ils perçoivent les terroristes du Hamas comme des Black Panthers et le nombre de morts à Gaza comme un « génocide ». Palestinian Lives Matter !

Cela fait des années que des professeurs venant de la gauche radicale, recrutés au titre des post-colonial studies ou des gender studies, entretiennent ces malentendus et favorisent ces passerelles, aux États-Unis comme en Europe. À l'image de l'ancienne Black Panther devenue professeure puis égérie à la retraite : Angela Davis. Pour elle, la violence a toujours été un moyen de lutte. Dans *Une lutte sans trêve*, paru en 2016, elle fulminait déjà contre « ceux qui essaient de nous faire croire que la résistance palestinienne à l'apartheid israélien équivaut à du terrorisme ». Plus troublant est de retrouver cette rhétorique guerrière chez Judith Butler, professeure à Berkeley… et apôtre du pacifisme. On savait la papesse de la French Theory de cette gauche foucaldienne capable de confondre un fanatique avec un opprimé, de défendre en même temps le port du voile et la déconstruction des genres, d'être antisioniste au point de classer « le Hamas et le Hezbollah comme des mouvements sociaux progressistes de gauche », dès 2006, mais de là à douter des viols du 7 octobre et à parler de « résistance armée » pour les massacres du Hamas… Il y a un pas, qu'elle a osé franchir lors d'une conférence organisée à Pantin le 3 mars 2024[53]. Les viols posant tout de même un épineux problème à cette féministe, Butler a tenté de s'en débarrasser en les mettant en doute : « Qu'il y ait ou non de la documentation sur les allégations de viol de femmes israéliennes [moue], OK, s'il y a de la documentation alors nous le déplorons, mais nous voulons voir cette documentation. » Pas de « Je te crois » pour les Israéliennes. Pourtant la « documentation » existe déjà… Comme il existe déjà des témoignages racontant le sort des homosexuels à Gaza, sous le règne très peu gay-friendly du Hamas. Ce qui n'empêche pas cette théoricienne lesbienne de classer ces fanatiques totalitaires plutôt à gauche, en alliés contre l'impérialisme[54]. Une alliance irénique comparée par d'autres homos, plus lucides, à la démarche suicidaire de « Poulets militant pour KFC (Kentucky Fried Chicken) ».

Le pire est que ces mots de Butler, monstrueux, ont été prononcés lors d'un meeting organisé par Paroles d'honneur, un média décolonial et pro-Hamas fondé par Houria Bouteldja. Fervente défenseuse du voile, qu'elle ne porte qu'à moitié et plutôt en keffieh, elle n'a rien de féministe, et refuse le slogan « Mon corps m'appartient » pour crier à l'opposé : « Mon corps ne m'appartient pas. Aucun magistère moral ne me fera endosser un mot d'ordre conçu par et pour des féministes blanches », « J'appartiens à ma famille, à mon clan, à ma race, à mon quartier, à l'islam, à l'Algérie »[55]. Elle l'écrit en toutes lettres dans son livre manifeste, *Les Blancs, les Juifs et nous*, où elle invite ses sœurs à ménager le « patriarcat indigène », à ne pas trop dénoncer un homme musulman ou racisé en cas de violences sexistes, pour ne pas trahir son clan ni faire le jeu des racistes : « Il faudra deviner dans la virilité testostéronée du mâle indigène, la part qui résiste (*sic*) à la domination blanche. » Une supplétive de la masculinité toxique que soutiennent Judith Butler, Angela Davis, et qui signe des manifestes enflammés aux côtés d'Adèle Haenel ou d'Annie Ernaux.

Bien sûr, face à la polémique sur le Hamas, Judith Butler feint d'avoir été mal comprise. Soixante intellectuels de la gauche radicale française ont volé à son secours en dénonçant un « faux procès », malgré un salto arrière… qui retombe sur ses pieds, la tête à l'envers. Puisque dans un texte où elle est censée s'expliquer, Butler persiste et signe. Sans « justifier » le 7 octobre, elle redit « comprendre » ces massacres et ces viols comme « une forme de résistance armée à la colonisation »[56].

C'est dire si le divorce est consommé entre mon féminisme et ce féminisme révolutionnaire prêt à mettre sa vigilance en sourdine pour ne pas « stigmatiser » la virilité testostéronée qui « résiste ». Exactement comme des révolutionnaires post-Mai 68 refusaient de porter plainte pour viol, pour ne pas faire le jeu d'une justice « bourgeoise » et raciste. Une posture sinistre et cynique, qui n'a jamais fait avancer une seule lutte.

Accusé, vous êtes viré !

Quand elles ne servent pas de caution au Hamas, certaines féministes intersectionnelles font carrément reculer les acquis sociaux… Si l'on écoute certaines procureures MeToo, il faudrait écarter, dégager, mettre en retrait, virer ou annuler quelqu'un à la première accusation portée. Est-ce le droit du travail dont nous rêvons ? Un monde de délation, sans préavis ni seconde chance possible ? Ce n'est pas celui des prud'hommes, cet organisme paritaire jugeant des conflits entre employeurs et salariés. Reconnue comme avancée de la démocratie sociale, cette juridiction veille à l'équilibre en matière de contentieux au travail. Et le moins qu'on puisse dire, c'est qu'elle a rendu un jugement sévère dans le licenciement d'un ancien journaliste de *Télérama*, renvoyé sur simple soupçon de sexisme.

Que lui est-il arrivé ? Créé pour « souffler l'Évangile dans la culture », placé sous l'égide du groupe *Le Monde*, le magazine qui porte aux nues Adèle Haenel et le juge Durand a décidé de recourir à une agence pour sensibiliser ses salariés aux violences sexistes et sexuelles en 2018, juste après MeToo. Noble entreprise, chapeautée par Catherine Sueur, directrice adjointe des ressources humaines du groupe *Le Monde*. Son choix se porte sur le cabinet Egaé de Caroline De Haas, cofondatrice du très intersectionnel NousToutes, ayant transformé le féminisme victimaire en juteux business. Mal lui en a pris. Partout où il passe, le cabinet Egaé crée des tensions entre salariés, même là où elles n'existaient pas, sous le noble prétexte de détecter les « violences sexistes et sexuelles » entre collègues. Tout repose sur la délation, un outil de signalement anonyme est mis en ligne. Les messages sont ensuite triés par Caroline De Haas en personne. Un courrier confidentiel révélé par l'enquête de Nora Bussigny pour *Factuel* montre qu'elle dirige les opérations et donne ses consignes à la direction du groupe : « Voici une liste de salarié.es à voir pour l'enquête. Il s'agit de noms donnés par la première salariée rencontrée auxquels j'ai rajouté des noms entendus plusieurs fois dans les échanges. On peut bien sûr étendre, c'est une liste de gens à ne pas rater. »

L'un des journalistes « à ne pas rater » est convoqué quelques jours plus tard, sur la base d'un signalement dont on ne lui dit rien. En quelques jours, il est demandé à ce salarié, qui travaille à *Télérama* depuis des années, de venir à 8 heures du matin pour ne pas croiser ses collègues et de vider son bureau, avant d'être escorté par la DRH vers la sortie. Il sera sommé d'effectuer son préavis chez lui. Ce n'est que trois mois plus tard, jour de l'entretien préalable, qu'il découvre les griefs. « Une forme de cabale nourrie de diverses jalousies assez minables », d'après lui. Une collègue l'accuse d'avoir organisé des déjeuners de service, dix ans plus tôt, sans l'avoir invitée, ce qu'elle estime sexiste. Une autre collègue avec qui il a eu une liaison quinze ans plus tôt lui reproche de passer à vélo devant chez elle, alors qu'ils habitent dans le même quartier, ce qui s'approcherait du harcèlement. Une ancienne secrétaire de rédaction évoque une blague par SMS contenant le mot « turlute ». C'est dire si l'enquête a vraiment tout retourné pour trouver matière à licenciement. Même dans sa vie privée. Puisque l'enquêtrice a contacté une ancienne amante du journaliste, connue dans le milieu féministe, avant d'utiliser et déformer ses confidences pour étoffer son dossier… alors que cette personne dit avoir réclamé avec insistance de ne pas y apparaître. Il faut croire que le consentement n'est pas si important… Virer est plus urgent.

Le journaliste reçoit donc une lettre de licenciement pour « faute simple », et se voit aligner dès le lendemain dans Mediapart, média auquel collabore Caroline De Haas, pour « agissements sexistes » et « harcèlement sexuel ». Sur les réseaux, le lynchage commence. L'homme viré raconte : « Des dizaines de médias reprennent l'info, Mediapart qualifie ce que j'aurais fait de "harcèlement" alors que le terme ne figure pas dans la lettre de licenciement, et je ne peux pas exercer mon droit de réponse, car au moindre mot de travers, *Télérama* pourrait requalifier mon cas en "faute grave". » La machine médiatique s'emballe et reprend les termes de Mediapart, sans vérifier. Une humiliation « absolue » et un calvaire « kafkaïen ». Il parle de « plaie ouverte, une plaie à vif, même quatre années après le traumatisme ».

Maigre consolation, ce jugement des prud'hommes de 2021, confirmé deux ans plus tard en appel, condamne *Télérama* pour licenciement abusif, « sans cause réelle et sérieuse », et demande de verser 90 000 euros de dommages-intérêts à ce journaliste. Une somme qui s'ajoute à l'argent dépensé par le groupe *Le Monde* pour régler la facture d'Egaé. Un cabinet qui affiche un chiffre d'affaires annuel de 600 000 euros[57]. Si l'on comprend que des entreprises ne sachent pas toujours vers qui se tourner pour sensibiliser leurs salariés au sexisme, le minimum serait de choisir des professionnels respectueux du droit du travail, et non des commissaires politiques assoiffés de rééducation.

Il m'est arrivé de conseiller des managers ou des patrons de rédaction confrontés à des situations délicates, toujours gratuitement, et en me demandant comment trouver le meilleur équilibre entre vigilance féministe et respect du salarié. C'est arrivé à LCI. Un des journalistes vedettes de la chaîne, Darius Rochebin, s'est vu mis en cause par la presse suisse, dans le journal *Le Temps*, pour sa vie professionnelle antérieure, lorsqu'il présentait le journal télévisé de RTS. Un article confus, mentionnant un baiser par surprise, une blague potache et des tentatives de drague sous pseudo, sur la base de témoignages anonymes[58]. Sonnée par les affaires PPDA, Hulot et Olivier Duhamel (viré de l'antenne), la chaîne souhaitait agir, même au prix de se séparer de cette recrue de marque juste après l'avoir embauchée. On me demande mon avis, mais la direction a déjà plus ou moins pris une décision qui rejoint mon conseil. Entendre tous les salariés avec qui il a travaillé dans la chaîne, voir s'ils se plaignent du moindre comportement déplacé, et aviser en fonction des résultats de l'enquête interne déclenchée par la RTS… qui n'a strictement rien donné, tout comme l'enquête interne à LCI[59]. Après quelques mois de chômage technique, l'animateur vedette a été autorisé à reprendre l'antenne. Et son émission, très appréciée, est l'une des plus regardées de la chaîne.

Annulation ou précaution ?

En théorie, tous les accusés ont droit à une seconde chance, surtout s'ils ont été relaxés, même s'ils ont été condamnés. En pratique, cela dépend beaucoup de la nature de l'accusation et du risque de récidive. Pendant sa première campagne présidentielle face à Trump, l'homme qui attrape les femmes par la chatte, Joe Biden s'est vu lui-même soupçonné d'être trop tactile, sans que cela dissuade Alyssa Milano, l'actrice ayant fait décoller le hashtag McToo, de le soutenir pour la Maison Blanche. Le reproche restait léger et la comparaison avec son adversaire flatteuse.

En politique, au tribunal de l'opinion publique, ce sont les électeurs qui tranchent. Au cinéma, une fois un film sorti, c'est le public. En amont, ce sont les financeurs, les producteurs et plus encore les distributeurs, qui portent le risque financier en cas d'échec. Leur réponse dépend moins du verdict de la justice, dont on sait qu'elle a du mal à passer, que des faits reprochés, de l'image du talent, du risque que l'on fait prendre à une équipe et plus encore au succès d'un film. C'est une question que je me suis moi-même posée en cherchant des comédiens comme réalisatrice. Pouvais-je envisager certains acteurs talentueux, avec qui j'avais envie de travailler artistiquement, mais qu'on soupçonnait de comportements addictifs ou déplacés, bien que non condamnés, ou blanchis par la justice ? Je l'ai considéré pour un acteur irlandais célèbre, non pas accusé de violences sexuelles, mais anciennement accro à l'alcool et à toutes sortes de substances, potentiellement compliqué à gérer. Car je me pensais suffisamment solide pour le cadrer. J'aurais pu insister pour le « caster » si mes vendeurs internationaux ne m'avaient pas clairement signifié qu'entre l'assurance et son image dégradée, son nom mettait le budget du film en danger.

Depuis que le cinéma existe, des réalisateurs font tourner des artistes cabossés et imparfaits, alcooliques ou camés, et depuis toujours la règle est la même : s'ils font rêver et qu'ils se présentent à l'heure, si leurs excès ne nuisent ni à leurs partenaires, ni à l'équipe, ni au sacro-saint « plan de travail » (où chaque minute coûte une fortune), ce n'est pas un problème. MeToo ne change pas cette règle, mais y ajoute un critère. On peut accorder une seconde chance si l'on croit un talent coupable d'une faute isolée, capable de s'amender, moins si l'on pense qu'il s'agit d'un prédateur d'une pulsion incontrôlable, sous l'effet d'une addiction non soignée ou d'une perversité incurable. Malgré tout leur talent, je comprends qu'une équipe hésite à tourner avec Gérard Depardieu ou Kevin Spacey. Pourtant, l'un n'est pas encore jugé, et l'autre a été relaxé.

L'acteur emblématique de *House of Cards* est l'un des premiers à être tombés pour un MeToo. Le fait que la justice n'ait pas décidé de le condamner, pour des faits anciens et difficiles à établir, ne lève pas l'appréhension à son sujet. Quatre autres hommes l'accusent d'attouchements et d'agressions sexuelles entre 2001 à 2013, la période où il dirigeait le théâtre londonien Old Vic. Leurs témoignages se recoupent pour décrire un « prédateur », « agressif », capable de plaquer contre le mur, de saisir l'entrejambe sans préavis, et même de profiter de l'alcool, de la drogue et du sommeil, pour tenter de forcer le consentement d'hommes bien plus jeunes que lui. L'un d'eux dira : « Lorsque je me suis réveillé, il me faisait l'amour. » Devant le jury, Kevin Spacey a concédé être un « gros dragueur », tout en niant le moindre comportement « violent » ou « douloureux ». Son ami Elton John a volé à son secours : l'une des agressions ne pouvait avoir eu lieu sur un trajet en voiture pour se rendre à sa fête, comme le déclarait l'un des plaignants, puisque l'acteur s'y est rendu avec son jet privé... Faute de preuves et en présence d'incohérences, le jury anglais a relaxé Kevin Spacey des neuf chefs d'accusations. L'acteur espère désormais reprendre le cours de sa vie et le chemin des plateaux. Et c'est son droit. Peut-être trouvera-t-il une production désireuse de retourner avec lui. Mais l'équipe de *House of Cards* ne l'envisage pas. Son personnage a été tué et effacé, à grands frais. Sans avoir porté plainte, huit salariés de la série se sont plaints d'un comportement « toxique », de « prédateur ». Autant dire qu'ils n'ont pas envie de le ressusciter.

L'un des facteurs plaidant pour cette précaution prolongée vient du fait que Spacey est soupçonné de pouvoir agresser par la ruse, en brouillant le consentement d'autrui grâce à des substances « récréatives », abolissant le discernement, comme le quaalude ou le GHB... À partir du moment où un homme est capable de droguer pour forcer le consentement, le principe de précaution peut l'emporter sur le droit à une seconde chance. C'est aussi ce qui a été reproché à

Polanski, mais pour des faits autrement plus anciens, qui ne concernent pas son activité de réalisateur. Tout dépend donc de l'intuition de chacun sur le risque, ou non, d'une récidive. Si Kevin Spacey n'a jamais menacé l'intégrité physique de quiconque, c'est effectivement injuste et cher payé. S'il est capable d'attraper des mineurs par le sexe et de droguer ses partenaires de travail pour en profiter, il doit se faire soigner avant de retravailler.

Paradoxalement, alors que l'addiction de Johnny Depp à l'alcool et à la drogue est avérée, et même documentée, il ne paraît pas présenter exactement les mêmes risques… Même défoncé et alcoolisé, comme on a pu le voir dans certaines vidéos filmées à son insu par Amber Heard, l'acteur est clairement brutal et insultant, potentiellement dangereux pour la femme à ses côtés, mais on ne lui a pas encore reproché ce genre de comportement sur un plateau, vis-à-vis d'une actrice ou d'un collègue. Le « caster » dépend donc de l'envie d'une équipe. Reste à savoir s'il fait encore rêver ? Ce qui n'est pas une raison pour déprogrammer ses films, ou ceux de Depardieu. N'ayant pas ces acteurs dans son salon pour de vrai, le spectateur n'est pas en danger derrière son écran ! S'il n'a pas envie de les regarder, il peut toujours zapper.

Clap de fin pour la seconde chance ?

La question de la seconde chance ne se pose pas de la même manière pour les acteurs et pour les réalisateurs. Les acteurs sont choisis, les réalisateurs choisissent. Le rêve ne repose pas sur leur image, mais sur celle qu'ils sont capables de fabriquer. Si une équipe désire tourner avec eux, même après les accusations portées, c'est leur libre choix et au public de juger ce qu'ils créent.

Polanski continue à travailler, grâce à la fidélité de ses partenaires de cinéma, même s'il a tardé à trouver un distributeur en France pour son dernier film, jugé – à tort ou à raison – moins bon que les précédents. Woody Allen est boycotté en Amérique et moins en Europe, où l'on continue à aimer ses films sans parvenir à trancher les accusations portées par son ancienne épouse, Mia Farrow.

Incontestablement, l'actrice a été trahie par un homme qui a eu le mauvais goût de partir avec sa belle-fille adoptive, Soon-Yi Previn, tout juste majeure, mais qu'il a épousée et avec qui il vit depuis trente ans. Ici, le consentement n'est pas en jeu. Les ennuis du réalisateur viennent d'un autre soupçon. Mia Farrow accuse Woody Allen d'avoir abusé de leur fille commune, Dylan, alors âgée de 7 ans. Selon la petite fille et sa mère, l'agression aurait eu lieu le 4 août 1992, dans le grenier de la maison de sa mère. Des faits qui n'ont pu être clairement établis, pas plus que l'innocence certaine du réalisateur, comme souvent aux États-Unis. L'hôpital ayant examiné l'enfant suite à la plainte a conclu qu'elle n'avait « pas été abusée sexuellement ». Mais un juge de la Cour suprême de New York a critiqué cette évaluation et choisi de retirer la garde de ses trois enfants au réalisateur. Un premier article paru dans *Vanity Fair* en 1992 se base sur vingt-cinq entretiens – parfois anonymes – pour écrire que Woody Allen était « complètement obsédé » par sa jeune fille Dylan : « En sa présence, il était visiblement incapable de garder ses mains dans ses poches », écrit la journaliste, Maureen Orth.

Ce qui reste subjectif pour porter une accusation aussi grave. Du côté de la défense, par la voix de ses avocats, « M. Allen dément spécifiquement les allégations selon lesquelles il aurait abusé sexuellement de Dylan », « et les caractérise comme faisant partie de la réaction extrême de Mme Farrow à la découverte de sa relation effective avec Mme Previn ».

Dans leur décision de mai 1994, les juges de la cour d'appel de New York demeurent du côté du soupçon : « Le témoignage des personnes s'occupant des enfants ce jour-là, la vidéo de Dylan faite par Mme Farrow le lendemain et des déclarations rendant compte du comportement de Dylan envers M. Allen avant comme après l'abus présumé laissent entendre que l'abus a bien eu lieu. » Même si « les preuves de ces allégations sont discutables », ils ne penchent pas pour une fausse dénonciation. L'un des frères adoptifs de Dylan, Moses, y voit plutôt pour une dénonciation abusive. Dans une lettre récente, il accuse Mia Farrow d'avoir manipulé sa sœur pour obtenir cette plainte : « Il est évident que Woody Allen n'a pas agressé ma sœur Dylan. Elle l'adorait et attendait avec impatience ses visites jusqu'au jour où ma mère a instillé cette atmosphère de peur. Je me souviens de ce moment : nous étions six dans la maison. Aucun d'entre nous n'était dans une chambre ou seul », assure Moses. Et il ajoute : « Ma mère m'a sans cesse rabâché que je devais détester mon père pour avoir écartelé la famille et pour avoir molesté ma sœur. Je l'ai haï pendant des années à cause de ma mère. Avec le recul, je réalise que c'était sa vengeance contre lui pour être tombé amoureux de Soon-Yi[60]. »

Un autre frère de Dylan a pris fait et cause pour sa sœur et sa mère contre son père, et pas des moindres : Ronan Farrow, le célèbre journaliste ayant sorti l'affaire Weinstein dans le *New Yorker*. Il en voudra longtemps à Hollywood d'avoir laissé Woody Allen continuer sa carrière. On le comprend, mais comment demander à des collègues de travail d'y voir plus clair que la justice et sa propre famille ?

Aux États-Unis, comme en France, Allen a pu continuer à tourner, avec toutes les stars d'Hollywood. Il a même reçu un prix aux Golden Globes pour sa carrière en 2014. Dès le lendemain, un blogueur du *New York Times*, Nicholas Kristof, choisit de publier – après une introduction rappelant que Woody Allen a droit à la présomption d'innocence – une lettre ouverte de Dylan Farrow. Elle est alors âgée de 29 ans, et elle met en cause son père et son impunité : « Pendant tellement longtemps, la reconnaissance dont jouit Woody Allen m'a réduite au silence. » Elle maintient avoir été abusée, petite, dans le grenier : « Il m'a dit de m'allonger sur le ventre et de jouer avec le train électrique de mon frère. Puis il m'a agressée sexuellement. Il m'a parlé pendant qu'il le faisait, me murmurant que j'étais une bonne fille, que c'était notre secret, promettant que nous irions à Paris et que je serais une star dans ses films. » Elle parle aussi de mille gestes qui l'ont mise mal à l'aise, et interpelle Louis CK, le maître de cérémonie des Golden Globes, mais aussi les acteurs et les actrices ayant travaillé avec son père, en les sommant de réagir. Mais comment ? Que pouvaient-ils faire sans certitude ?

Cette année-là, Woody Allen cartonne avec son film *Blue Jasmine*, avec la très féministe Cate Blanchett dans le rôle principal. Une mise en abyme puisque l'actrice y campe la femme d'un homme d'affaires véreux, qu'elle couvre tant qu'il ramène de l'argent, mais dénonce au FBI le jour où elle découvre qu'il la trompe avec la très jeune fille au pair… Un film qui lui permet de décrocher l'oscar de la meilleure actrice. Preuve que les États-Unis aussi savent faire la différence entre l'homme et l'œuvre. En revanche, depuis la lettre ouverte de Dylan Farrow, plus aucun producteur américain ne prendrait le risque de financer un film de Woody Allen, moins par moralisme que par peur d'essuyer une tempête, suivie d'un gouffre commercial. En Europe, ses films sont encore aimés, et donc rentables, et puisque aucun collaborateur ne s'est plaint du comportement de Woody Allen sur un tournage, il trouve des producteurs et des distributeurs pour l'accompagner. Mais quel festival se risquerait à le programmer sans redouter une polémique ?

Même en France, des films et des réalisateurs commencent à être annulés au moindre soupçon, parfois pour une seule plainte, pas encore jugée, ou une seule accusation. En Italie, cette « culture de l'annulation » a généré un retour de bâton. Dans un pays inquiet de l'immigration et des excès du wokisme au point de voter Giorgia Meloni, la Mostra de Venise 2023 a choisi de mettre à l'honneur la même année les derniers films de Roman Polanski, Luc Besson et Woody Allen. Mon journal, *Franc-Tireur*, n'a pu s'empêcher d'ironiser en une : « Ça l'affiche mâle[61]. » À l'intérieur, notre enquête rappelle qu'il ne faut pas confondre ces trois affaires.

Rien ne serait plus dangereux que de laisser les conservateurs être désormais les seuls à défendre la liberté culturelle ou le code du travail. C'est ma conviction depuis toujours, la gauche fait monter l'extrême droite lorsqu'elle lui abandonne le champ des principes. Or dans l'après-MeToo, surtout dans un monde du cinéma si influençable, où le courage est rare, l'annulation devient un réflexe pavlovien. Je pense à l'acteur et réalisateur Samuel Theis, si MeToo, et qui s'est vu du jour au lendemain mis à l'isolement par son équipe et sa productrice, interdit de venir aux César ou aux Oscars, et donc banni du triomphe d'*Anatomie d'une chute*. Dans ce film, il joue le mari, celui qui tombe… Et il n'a pas été mieux traité dans la vie. Rétrospectivement, le film de Justine Triet sonne plutôt comme une métaphore prophétique sachant ce qui lui est tombé dessus juste après, alors qu'il commençait son nouveau long-métrage, cette fois comme réalisateur : *Je le jure*. Un film de procès, au cours duquel il a fini accusé.

Au petit matin, après une fête de tournage, le réalisateur a été surpris au lit avec un jeune machiniste de l'équipe, censé être 100 % hétéro, et qui va mal le vivre. Cette nuit ou le regard des autres ? Lui dit ne pas avoir consenti, demande à quitter le tournage et finit par porter plainte. Sans attendre ce procès, à la demande de certains techniciens et d'un chef opérateur convaincu qu'il peut réaliser le film seul, la production prend une mesure très radicale : mettre Samuel Theis à l'isolement, dans une pièce. Il lui est interdit de croiser le regard de quiconque ou d'être en présence de l'équipe, et il doit donner ses indications par téléphone. On lui refuse même de se cacher dans le décor pour diriger lorsqu'un acteur amateur, perdu, réclame son assistance. Une mesure exigée par des syndicalistes ayant fait du principe de précaution en matière de MeToo une loi sacrée, supérieure au code du travail. Alors qu'il suffisait de veiller à ne pas laisser le réalisateur seul en présence d'un technicien, et d'arrêter les fêtes de tournage, pour poursuivre le tournage sans porter atteinte à la présomption d'innocence. Le procès dira sa vérité, s'il s'agit d'une agression ou de haine de soi, et d'une équipe qui en profite pour prendre le pouvoir. Mais l'émotion, le culte absolutiste du « Je te crois », et plus encore la peur d'être jugé ou annulé, cette façon de sortir bretelles et ceintures pour se couvrir, ne peut servir d'excuse pour se montrer si brutal. En raison de cette mentalité, l'équipe, qui a travaillé dur pour finir un film malgré un réalisateur à l'isolement, peine à trouver un distributeur pour le sortir en salles ou un festival qui accepte de le visionner. Leur œuvre commune en paye le prix. Les plus zélés finissent toujours par nourrir un cycle où ils risquent, à leur tour, d'être annulés. Et si l'on acceptait d'en revenir à un monde plus humain, où chacun veille à protéger les plus fragiles sans se montrer violent ? Et si l'on acceptait d'avoir une conversation plus nuancée sur la zone grise, de nos rapports de force mais aussi sur nos rapports de séduction ?

VI

La zone grise

Lorsqu'on est jeune, et très MeToo, on ne croit pas à la « zone grise », plutôt à un mythe inventé par des boomers contre-révolutionnaires... Bien sûr, dans quelques années, après avoir traversé quelques amours, essuyé des refus, des chagrins, avoir eux-mêmes blessé, sèchement éconduit ou trop insisté, ils réaliseront peut-être que la vie est plus complexe qu'un tract. Qu'il existe une zone de danger, une zone de confort et mille degrés entre les deux : optionnel, transactionnel, conflictuel, passionnel... Parfois, la frontière est aussi difficile à discerner que le noir du blanc par clair-obscur, lorsque la lune se dérobe. Cinquante nuances de gris.

À force de siéger au tribunal MeToo, on finit par l'oublier. Cette éducation presse. Car toutes les filles ne savent toujours pas qu'elles peuvent être perçues comme des femmes avant de l'être. Et tous les garçons n'ont toujours pas compris que séduire est un art délicat, où céder n'est pas forcément désirer. Depuis MeToo, certains sont moins lourds, moins pesants, moins pénibles. Ils peuvent même trembler d'être accusés d'agresser à la première maladresse. Mais comme les filles n'ont toujours pas appris qu'il n'était ni sale ni mal d'éprouver des désirs et de le dire, ou de prendre les devants, le risque existe de voir le malentendu durer ou le puritanisme se substituer au féminisme.

Chez les plus jeunes, la différence n'est plus si évidente. Il leur arrive aussi de confondre une déception avec une agression. Certains finissent par éviter les relations sexuelles, par peur d'être accusés. Des études le montrent. Les jeunes Californiens, par exemple, n'ont plus la vie débridée de leurs aînés, racontée dans ses romans par Bret Easton Ellis. Ils boivent toujours autant, peuvent commander des drogues sur le Dark Web, mais font moins l'amour que leurs grands-parents au même âge. L'abstinence sexuelle a bondi, surtout chez les garçons, dans tous les pays développés. Le phénomène est si préoccupant que le célèbre journal américain *Vogue* parle de « *sex recession* », de récession sexuelle au sein de la jeunesse[1]. Pour le meilleur et le moins bon.

C'est un progrès lorsque les garçons apprennent à s'investir émotionnellement dans une relation, au lieu de consommer à la chaîne – et de blesser – pour s'en vanter. Plus triste si les filles et les garçons passent désormais moins de temps à découvrir qu'à fantasmer. En témoigne le succès fulgurant de la « Dark Romance », ces livres érotiques ultra-violents, que la nouvelle génération dévore. Comme pour se défouler des interdits qu'elle se donne confusément, au lieu d'explorer, délicatement, toutes les subtilités du consentement.

La délicate question du consentement

Depuis la nuit des temps, dans toutes les cultures, on apprend aux femmes à dire « non », même quand elles désirent, pour ne pas avoir l'air de traînées. À l'inverse, on les dresse à consentir à la domination, même quand elles n'y ont pas intérêt et vont le regretter. Quant aux hommes, on les incite à trouver héroïque de batailler pour « transformer » un « non » en « oui », surtout si on leur a résisté. Il est presque surprenant que tant d'histoires d'amour continuent d'éclore, et non des viols ou des malentendus.

Comme l'écrit Geneviève Fraisse dans un livre sur le consentement, il « semble toujours faussé, depuis cette scène primitive où il a fallu "céder"[2] ». Elle convoque Choderlos de Laclos, l'auteur des *Liaisons dangereuses*, qui parle dès 1783, dans son traité *De l'éducation des femmes*, de « l'art pénible de refuser », même lorsqu'elles aimeraient consentir, en raison de ce poids de l'honneur et de la vertu. Lui croyait à l'éducation pour s'en libérer. Et de fait, nous commençons à nous en émanciper, mais pas tous. Les machistes, et tous leurs complices, les mères en premier, continuent d'entretenir la mauvaise « réputation » des filles les plus libres et à leur faire honte dans certaines cultures et dans certains quartiers[3]. On pourrait croire l'affaire plus simple pour les femmes riches et émancipées. C'est oublier qu'elles ont elles aussi une réputation à défendre, et qu'elles vivront toujours mal d'avoir désiré tant qu'il sera mal vu de multiplier les aventures, contrairement aux hommes. Ce qui les maintient dans l'obligation de déguiser leurs sentiments, et de ne pas toujours les exprimer clairement. Quand des hommes, qui ne savent pas ou ne veulent pas les déchiffrer, se racontent qu'ils feront leur bonheur malgré elles, ou pire, qu'un silence ou un corps pétrifié est une façon d'acquiescer. Ne dit-on pas « qui ne dit mot consent » ? Tous les bourreaux le croient. C'est si mal connaître les corps et les cœurs.

Comme le décortique la philosophe et psychanalyste Clotilde Leguil dans son essai récent, *Céder n'est pas consentir*, il existe un océan trouble entre ces deux mots : céder et consentir[4]. Avant elle, des générations de féministes se sont penchées sur ce mystérieux continent. En 1991, dans un contexte bien moins MeToo, l'anthropologue Nicole-Claude Mathieu interroge les conditions d'égalité nécessairement préalables à l'établissement d'un consentement véritable : « Avant de conclure au "consentement", il faudrait s'assurer que, pour chaque société, on ait pris la mesure des limitations de la conscience que les femmes peuvent subir[5]. » Ces limitations commencent, tout doucement, à faiblir. Mais il faudrait une égalité totale, d'un individu à l'autre, pour rêver de relations de séduction totalement équilibrées. Et même arrivé à ce grand soir, il restera longtemps plus excitant d'obtenir un « oui » que l'on pensait impossible. Pour récolter un oui cristallin, qui a moins à voir avec l'asymétrie qu'avec la conscience véritable, il faut tout simplement prendre le temps de s'en assurer, plutôt deux fois qu'une. Si le désir est souvent pressé, il faut ralentir… Mais il restera toujours des zones d'ombre. Ceux qui croient qu'il est simple de distinguer les abuseurs des abusés, par leur genre, par leur âge ou par leur degré de pouvoir et de richesse, ne savent pas encore que la séduction est une danse à hauts risques, où l'on peut facilement passer de l'un à l'autre, dans une seule vie et même dans une seule relation.

Vous vous souvenez de l'actrice Asia Argento, célèbre pour avoir dénoncé Weinstein parmi les premières ? De son discours très applaudi au festival de Cannes en 2018 ? « J'ai été violée ici à Cannes. » Peu après, elle s'est elle-même vu accuser d'avoir versé de l'argent pour étouffer une accusation d'agression sexuelle. Un musicien-acteur aperçu dans *Star Trek*, Jimmy Bennett, affirme avoir été violé par l'actrice dans une chambre d'hôtel de Californie cinq ans plus tôt, alors qu'elle avait 37 ans et lui 17. Ce n'est pas si jeune, mais en Californie, la majorité sexuelle est à 18 ans. Alors qu'ils étaient très proches à cette époque, et qu'il décrit l'actrice comme sa mentore, ils auraient bu beaucoup de champagne, peut-être pris de la drogue, et couché ensemble. Une expérience qu'il décrit comme une « agression sexuelle » traumatisante, ayant dégradé sa santé mentale, au point d'expliquer la chute brutale de ses revenus, passés de 2,7 millions à seulement 60 000 dollars par an. En vertu de quoi, il lui réclame la somme de 3,5 millions de dollars de dommages et intérêts, pour lui avoir « infligé de manière intentionnelle une détresse émotionnelle et des pertes de salaire suite à une agression sexuelle ». Nous sommes en Amérique, et tout passe par l'argent. Après le silence des actrices, le chantage des acteurs ?

Chacun se fera un avis. Dans ces affaires, plusieurs vérités peuvent coexister. D'après l'avocat de Jimmy Bennett, c'est le fait d'entendre Asia Argento promouvoir MeToo qui aurait réveillé ses souvenirs. Il n'a pas obtenu les millions réclamés, mais 380 000 dollars, d'après le *New York Times*. Une somme que les avocats d'Asia Argento préfèrent présenter comme un moyen d'« aider » l'acteur-chanteur (maître chanteur ?), à la « condition qu'il ne fasse plus irruption » dans la vie de l'actrice. Elle a d'abord nié toute relation sexuelle. Des propos contredits par une photo prise le jour même dans un lit et des SMS publiés par un site américain. Ils semblent attester de leur relation, mais l'actrice en donne une autre version dans ses échanges avec des amis : « Le gamin excité m'a sauté dessus », écrit-elle dans un message. Avant d'ajouter : « Je ne savais pas qu'il était mineur avant de recevoir la lettre de chantage. » Elle affirme être harcelée depuis plusieurs années par Jimmy Bennett : « Il n'arrêtait pas de m'envoyer des photos nues que je n'avais pas demandées. Ça s'est arrêté il y a deux semaines, juste avant la lettre des avocats. Ce n'était pas un viol mais j'étais pétrifiée. Il était sur moi. Après, il m'a dit que j'étais son fantasme sexuel depuis qu'il avait 12 ans. »

Comment se forger une conviction ? Cette accusation de Bennett contre Argento peut-elle être mise sur le même plan que celle d'Argento contre Weinstein ? Il y a d'un côté un garçon fan de sa mentore, dont la carrière ne dépendait pas. Et de l'autre une actrice à la merci d'un producteur puissant. Même dans le cas de Weinstein, il existe des actrices qui lui ont dit non, prêtes à en payer le prix, et d'autres qui ont eu trop peur. Il ne s'agit pas de les juger. C'est à Weinstein que revient d'avoir fait régner ce climat mêlé de récompenses et de terreur. Ce qui n'empêche pas d'explorer la gradation des accusations au nom de MeToo, qui vont de l'agression réellement subie à des relations dégradantes ou regrettées.

Force est de constater qu'il existe une responsabilité plus partagée lorsqu'un « non » ne coûte qu'une opportunité de perdue, et non d'être démuni. Contrairement à ce que croit la jeune génération, il n'est pas moins violent d'être harcelé si l'on est blanc ou noir. En revanche, ce n'est pas la même chose d'être convoitée sexuellement lorsqu'on travaille dans un milieu aisé, fait de mille opportunités… Et être harcelée dans un milieu précaire par un supérieur qui peut vous priver de votre seul revenu. Même au sein du cinéma, il existe une différence entre se voir proposer de coucher pour obtenir un rôle et se voir harcelée une fois embauchée, en tournage, alors qu'on travaille et qu'on veut pouvoir aller au bout d'un film sans subir des propositions incessantes et non désirées.

Méprises de l'emprise

Ce mot, qui affleure sur toutes les lèvres, sert parfois à nommer une relation réellement abusive, manipulatrice et toxique, et parfois une relation amoureuse qui nous a déçu. Qui n'a pas été sous « emprise » quand il aime ? Alain Finkielkraut, qui parle mieux d'amour que de féminisme, estime que « l'emprise est une bénédiction » quand on est amoureux[6]. Et c'est vrai. La malédiction commence lorsque l'autre en profite pour vous asservir, vous dégrader, vous salir, vous violenter, au point de vous détruire. Le dictionnaire parle de « domination intellectuelle ou morale ». C'est un peu court. Dans tous les couples, il existe des moments où l'un domine l'autre et prend l'ascendant. La question est de savoir s'il existe d'autres moments où ce jeu de rôles s'inverse, si ces deux êtres sont suffisamment liés par l'amour et le respect pour pouvoir se dire quand l'un va trop loin, ou quand l'autre étouffe, et y travailler ensemble. L'amour est une emprise, mais bénéfique. Il se distingue de l'emprise toxique, où l'un manipule l'autre à son seul profit. Pour ne plus les mélanger, il vaudrait mieux ajouter ces adjectifs : toxique ou bénéfique.

L'emprise toxique me paraît avoir joué un rôle évident dans le piège qui s'est refermé sur les femmes ayant porté plainte contre Tariq Ramadan. Je ne sais pas ce que dira la justice de la plainte de Charlotte Arnould contre Gérard Depardieu, mais l'emprise paraît jouer un rôle. Cette jeune actrice est venue lui demander conseil comme à un père, et dit s'être retrouvée attouchée, pétrifiée, puis pénétrée dans sa chambre. Avant de revenir sur les lieux à la demande de l'acteur et d'y revivre la même scène. Bien des hommes, mais aussi des femmes, peuvent avoir du mal à comprendre pourquoi une femme qui semble avoir si mal vécu cette première fois y retourne. La psychanalyse n'est pas si désemparée.

Dans son livre, Clotilde Leguil revient sur le concept de « répétition traumatique » et sur les mécanismes menant à « céder à la situation », à partir du cas de la jeune Emma, étudié par Freud. À l'origine, cette jeune femme vient le consulter parce qu'elle tremble à l'idée d'entrer seule dans une boutique, et ne comprend pas pourquoi. Il faudra plusieurs séances pour retrouver un souvenir enfoui par sa mémoire traumatique. Ce jour où, à l'âge de 8 ans, elle s'est rendue seule chez l'épicier, avec de l'argent dans la paume de la main, et s'est vue attouchée à travers sa robe sans comprendre, pétrifiée. Plus troublant encore, elle est revenue dans cette même boutique, dont elle a pourtant peur. Et Clotilde Leguil d'expliquer que si elle « retourne sur les lieux du trauma, ce n'est pas parce qu'elle est consentante, mais parce qu'elle a perdu quelque chose de son corps », de sa dignité aussi, et qu'elle « revient sur les lieux comme pour le retrouver »[7].

Un roman d'une force rare dissèque la spirale infernale de ces répétitions traumatiques, générant souvent des emprises à répétition, des relations toxiques dites « passionnelles », en réalité « dysfonctionelles » : *Les Abusés*[8]. Il est signé de l'actrice-autrice Anne Parillaud, immortalisée par son rôle dans *Nikita* et qu'on découvre écrivaine. « L'histoire d'une passion qui démarre de manière idyllique, comme un conte de fées. Et qui, petit à petit, va se transformer en cauchemar », nous dit-elle. Elle parle toujours d'abus au pluriel… Car il faut être deux pour bâtir une relation toxique. C'est d'ailleurs l'originalité de son roman : entrer dans la « tête de l'abusé comme de l'abuseur », « remonter aux racines du mal », à l'enfance de l'un et de l'autre. Puisque c'est là que l'« on crée alors des êtres déviés qui vont être entraînés à vivre des relations déviantes ». Et l'autrice d'insister sur cette « coresponsabilité » : « Le bourreau et la victime sont des binômes pathologiques qui fonctionnent comme deux muscles en synergie. Ils s'alimentent l'un et l'autre. Il n'y a pas de bourreau sans victime et il n'y a pas de victime sans bourreau. » Troublant, dérangeant, mais souvent vrai[9].

Poupées et pantomimes

L'emprise toxique paraît évidente lorsqu'un homme adulte, puissant, profite de son ascendant pour coucher avec une mineure de moins de 15 ans et la manipuler. Six ans après

MeToo, un nouveau discours va marquer la 49e édition des César. Celui de Judith Godrèche, invitée à s'exprimer après avoir accusé Benoît Jacquot, avec qui elle a vécu en couple de ses 15 ans à ses 21 ans, d'avoir abusé d'elle. On parle alors de « nouvelle vague » MeToo. C'est pourtant un très vieux monde que nous racontent ses accusations : celui d'un cinéma incestueux, où l'on se sert d'une caméra, du brouillage des âges et des âmes, pour tout se permettre, au nom de l'art et de la « transgression ». C'est tout un pan du cinéma d'auteur que ces récits interrogent. Les films de Jacquot, Ruggia, Doillon, Brisseau, Miller… Et leur goût prononcé pour les femmes-enfants. Des égéries contre lesquelles l'adolescente que j'étais a appris à se construire, tellement ce modèle désarticulé, soumis aux hommes, m'effrayait. Au point de préférer le cinéma d'action, moins subtil mais où les héroïnes tenaient leurs corps et leur destin. Godrèche a fini par réclamer le sien.

« Pourquoi accepter que cet art qui nous lie soit utilisé comme couverture pour un trafic illicite de jeunes filles ? » lance l'actrice à la salle des César. Nous sommes le 23 février 2024, sept ans après l'affaire Weinstein. Le regard est inquisiteur, et les mots choisis. Ils font écho à ceux utilisés par Benoît Jacquot en 2011, dans un documentaire intitulé – cela ne s'invente pas – *Les Ruses du désir*. Le titre fait froid dans le dos. Car il est réalisé par Gérard Miller, le psychanalyste préféré de La France insoumise, lui-même accusé depuis par quarante et une patientes d'avoir abusé d'elles sous hypnose… Mais ne perdons pas le fil. Dans ce film, Jacquot se vante d'avoir pu vivre ses amours transgressives, avec de très jeunes filles, grâce au cinéma : « Le fait est que, d'une certaine façon, faire du cinéma est une sorte de couverture, au sens de couverture pour tel ou tel trafic illicite, pour des mœurs de ce type-là. » Une impunité dont il a joui, comme il le confesse dans un sourire fanfaron : « Dans le landernau cinématographique, on peut sentir qu'il y a une certaine estime, une certaine admiration pour ce que d'autres aimeraient bien pratiquer aussi. Ce qui n'est pas désagréable d'ailleurs. »

Ce sont ces mots, et plus encore de l'entendre parler de son désir à elle, qui vont retourner l'estomac de Judith Godrèche, et la pousser à nommer Jacquot. À en croire le réalisateur, la différence d'âge ne la dérangeait pas et même « ça l'excitait beaucoup ». Il s'émeut d'un « désir, manifesté très radicalement, par une très jeune femme, de commencer quelque chose, à savoir d'être actrice ». Le réalisateur ne voit aucun problème à confondre un désir très fort de cinéma avec un désir pour lui. Il ose même cette phrase : « Judith a braqué mon désir. » Lorsqu'une fan lui envoie cet extrait, qu'elle n'avait pas vu, Godrèche se met d'abord à trembler de façon compulsive puis vomit : « Ça m'a rendue malade », raconte-t-elle lors d'un entretien télévisé[10]. « L'entendre parler à ma place, de mon désir. C'est tellement violent », « On ne consent pas et on n'est pas excité à l'idée de coucher avec un type de 40 ans à 14 ans, ça n'existe pas. Il inverse les rôles et projette sur moi son excitation. » Et l'actrice de clarifier : « Je n'ai jamais été attirée par Benoît Jacquot mais j'ai été son enfant-femme. » Ce sont ses mots au micro de France Inter, où elle raconte comment l'emprise – dont elle a mis six ans à se défaire – a commencé[11]. Par un casting.

À 14 ans, la jeune Judith, inscrite dans une agence, est appelée pour passer une audition. Derrière la caméra, il y a un réalisateur sombre, qui fume, lui demande si « elle a un amoureux », avant de la choisir, de la trouver belle comme « une héroïne de Balthus », de la faire tourner, de l'emmener au cinéma, de prendre sa main pour la poser sur son sexe, de la mettre dans son lit et de la déflorer sous prétexte de « mieux la connaître ». C'est Godrèche qui raconte désormais… Et à l'en croire, le réalisateur avec qui elle se met en couple va l'enfermer chez lui, lui dicter comment jouer, mais aussi ce qu'elle doit manger et porter, la soumettre à des fantasmes sadomasochistes, lui infliger des années de relations sexuelles sadiques. Des « violences psychologiques » et « physiques » que dénonce également une autre ancienne compagne, également mineure au moment de sa relation avec Jacquot, Isild Le Besco[12]. Elle avait 16 ans et lui 52. Comme Godrèche, elle parle d'« emprise destructrice » et raconte un véritablement enfermement : « On vivait dans un appartement dans lequel personne ne nous rendait visite. Je n'ai jamais eu d'amis qui sont venus chez nous. J'étais vraiment dans un monde extrêmement sous son contrôle. » La comédienne agit comme avec un père tyrannique : « Je mentais, je faisais des trucs en cachette, j'essayais de m'échapper de l'emprise. Je rêvais de faire des trucs interdits par lui, genre prendre la pilule, aller en boîte de nuit, des trucs de fille de mon âge. »

Le réalisateur, lui, dit tomber des nues et revendique une « relation consentie ». Mais que vaut le consentement d'adolescentes à qui l'on fait miroiter le rêve de leur vie en échange de leur corps ? Est-ce du désir, vraiment ? Et où étaient les parents ? Peut-on croire qu'un tel rapt soit possible sans qu'une mère ou qu'un père, psychanalyste dans le cas de

Godrèche, ne l'ait accoutumée à ce troc sordide ? À l'inverse, en dehors des parents, que peuvent faire les autres adultes ? Comment réagir lorsque la fascination dure si longtemps et qu'une fille sous emprise se croit réellement éprise ? Il suffit de revoir Judith Godrèche à 15 ans, d'observer la manière dont elle tient son corps et son regard, pour voir combien elle prenait son rôle de « femme-enfant » au sérieux… Mais que pouvaient faire ceux qui voyaient ? La dénoncer, l'enlever, l'attacher ? La sauver d'elle-même contre sa volonté ?

Celles et ceux qui ont travaillé avec Judith Godrèche ne sont pas les moins surpris, en coulisses, par cette nouvelle posture de l'actrice, comme le dévoile une enquête de Sophie des Déserts pour *Libération* : « Les secrets d'une métamorphose[13] ». À l'intérieur, on découvre les étapes, lentes, de cette prise de conscience, qui doit beaucoup à son exil de dix ans aux États-Unis, à l'affaire Weinstein, au fait d'avoir finalement osé parler contre le producteur, au passage des années aussi et peut-être plus encore au fait d'avoir une fille de 15 ans… Qu'elle va exposer et filmer, dansant au milieu d'une foule d'abusés, pour son court-métrage intitulé *Moi aussi*. Répétition automatique ou façon de reprendre la main sur son récit ?

Du temps où la jeune comédienne vivait en France et sortait avec Jacquot, même ses plus proches amies ne soupçonnaient pas sa souffrance. « Judith avait la vie la plus cool, elle m'envoyait des cartes postales de New York, de Venise. Elle a longtemps raconté sa vie de manière romanesque, idéalisée », confie sa très grande amie, la productrice Caroline Bonmarchand. Si même elle ne savait pas, comment demander aux autres, de voir à sa place ? Pourquoi en vouloir davantage à des collègues du cinéma qu'à ses propres parents ? À son père, par exemple, installé avec une étudiante et qui suit sa fille partout, dans ses voyages avec son compagnon de l'époque, signant des décharges pour que Jacquot ne soit pas embêté. Toujours selon *Libération*, il lui arrive d'encourager de très jeunes femmes à suivre le même chemin que sa fille. Une ancienne camarade de lycée se souvient : « J'avais 15 ou 16 ans, il m'a invitée à prendre un café chez lui en me disant que j'étais aussi belle que Judith, que je pourrais moi aussi faire du cinéma, en me montrant une immense affiche d'elle. Je suis partie en courant. » L'article de *Libé* relève un extrait de la série autobiographique de Godrèche, *Icon of French Cinema*, où la comédienne, qui joue son propre rôle, demande à sa mère : « Pourquoi tu m'as laissée avec un homme de 40 ans ? » Réponse de l'actrice qui joue sa mère : « J'étais contre mais je n'avais aucune légitimité à tes yeux… J'étais inaudible. La puissance du père. ». Ce questionnement, profond, Judith Godrèche ne se sent visiblement pas encore de l'aborder autrement qu'en fiction : « Ça me regarde », dit-elle à *Libé*.

Très entourée, conseillée par le juge Durand, Rokhaya Diallo ou Éric Fassin, Judith Godrèche préfère porter le fer contre le cinéma et son époque. Quitte à exagérer les torts des uns et à minimiser ceux des siens. Comme lorsqu'elle se plaint dans les médias d'avoir été mise à l'écart après la soirée des César, assise « encore plus loin que l'infini… tout au fond » au dîner du Fouquet's, alors qu'elle a refusé de se mettre à la table d'honneur et exigé une table pour sa tribu. Ou lorsqu'elle réclame des têtes, celle du directeur du CNC, déclare que « l'industrie du cinéma est malade », et obtient une commission parlementaire uniquement consacrée aux violences sexuelles au sein du septième art… comme s'il était le lieu où la parole n'était pas déjà la plus libérée et la plus écoutée. Auditionné en juin 2014, le réalisateur Michel Hazanavicius, président de la Fémis, qui réfute à la fois l'idée d'une « omerta » et celle de la terreur, salue une prise de conscience qui avance « sans faire tomber de têtes », de « manière adulte, intelligente et remarquable[14] ».

En réalité, des têtes commencent à tomber, pour des alertes légitimes, courageuses, et d'autres fois pour régler des comptes. Ceux qui s'en inquiètent n'osent pas le dire à voix haute, par peur d'être amalgamés avec des « anti-MeToo ». Ceux qui osent le payent cher. Alors qu'un journaliste la pousse à réagir aux déclarations de Godrèche et à ses accusations, Anny Duperey, 76 ans, s'interroge sur sa relation à Jacquot : « Six ans sous emprise je veux bien, mais quand même consentante non ? » Elle s'explique : « Je vais me faire taper dessus mais je pense que tout cela est extrêmement exagéré[15]. » Une incompréhension qui lui a valu un déchaînement de rage, et même d'être exclue de l'association de protection de l'enfance, SOS Villages d'enfants, dont elle était marraine depuis trente ans. Il faut pourtant accepter d'entendre cette parole dérangeante, comme celle venant d'actrices comme Catherine Deneuve ou Fanny Ardant. Si elles peuvent appartenir à une génération qui ne comprend pas toujours les mécanismes de l'emprise, elles ont traversé une époque où il était plus difficile de dire non qu'aujourd'hui, sans céder au culte de la femme-enfant ou objet, ni surjouer la carte de la séduction passive. Ce qui a permis d'imposer des représentations féminines plus avant-gardistes, plus puissantes, que les actrices sous emprise.

Par définition, leur iconographie m'a plus aidée à me construire que celle de Godrèche. Elle m'a servi à me projeter en tant que femme et à résister aux modèles de femmes-enfants que nous infligeaient les réalisateurs comme Benoît Jacquot. Au point de leur garder toute mon admiration. Car elles ont fait carrière grâce à leurs talents et à leurs tempéraments. Je ne peux pas leur en vouloir si ce caractère bien trempé leur vaut désormais d'être allergiques à la nouvelle mode victimaire.

Mais revenons à la difficulté de discerner parfois les emprises toxiques des emprises bénéfiques. Le critère de l'âge, ou la différence d'âge, peut-il suffire à juger d'une relation ? Après avoir divorcé, ma mère a rencontré un homme qui avait 17 ans et la moitié de son âge. Mais ma mère fait jeune, et lui plus âgé. Jamais il ne me serait venu à l'idée d'avoir honte de leur couple. Au contraire, j'y ai vu de l'audace, un peu comme lorsque ma mère venait me cherchait à moto à l'école. C'était rare et donc osé. J'imagine le cran qu'il a fallu à Brigitte Macron, née la même année que ma mère, pour assumer son couple avec Emmanuel Macron. Lui avait 15 ans lorsqu'il est tombé amoureux de sa professeure de théâtre… Un amour qui dure depuis trente et un ans. Clairement, nous ne sommes pas devant une emprise, ou alors bénéfique. Or Emmanuel Macron a beau être particulièrement précoce, il n'est pas le seul à pouvoir réellement tomber amoureux si jeune. Des garçons et des filles, au même âge, peuvent s'éprendre d'hommes ou de femmes plus âgés sans être sous emprise. Brigitte Bardot n'avait que 16 ans, et lui 22, lorsqu'elle est sortie (en cachette de ses parents) avec Roger Vadim… L'un des couples mythiques du cinéma français. Adèle Haenel était toujours mineure lorsqu'elle a joué dans *Naissance des pieuvres* et s'est éprise de sa réalisatrice, Céline Sciamma. De l'emprise ? Peut-être, mais un amour consenti qui la « sauve », selon les mots de l'actrice[16]. Ce qui change tout, et prouve que le consentement et la nature d'une relation comptent plus que la différence d'âge.

Le schéma est logiquement plus troublant lorsqu'une fille dit sortir de son plein gré avec un homme de l'âge de son père. C'est la vie racontée par la jeune écrivaine Emma Becker dans *Mr.* Un récit inspiré de sa jeune expérience, où elle dit avoir payé une chambre d'hôtel pour y convier un chirurgien, bien plus âgé qu'elle, ami de ses parents, et coucher avec lui, mais sans le regarder, tellement son visage l'intéressait peu. Une expérience qu'elle dépeint comme narcissique et érotique, couchée sur papier et transformée en roman à seulement 22 ans : « Monsieur » aime des positions tout droit sorties de YouPorn, et va apprendre à Ellie à adorer le terme « enculer », puis les éjaculations faciales (« J'ai connu le goût du foutre de Monsieur bien avant de reconnaître enfin son visage »). Cette fois, ce n'est plus Matzneff qui tient la plume, ni Vladimir Nabokov, mais Lolita… Même si Lolita a 12 ans dans le roman. Et que l'autrice de ces lignes, Emma Becker, est majeure, vaccinée, et donc libre de ses fantasmes. Reste que ces lignes interrogent.

Il existe certainement dans ce monde d'authentiques Lolita qui assument leur désir, et prennent plaisir à coucher avec des hommes plus âgés pour se sentir exister. Mais si un adulte profite de cette jeunesse, ou d'une faille, pour les abîmer, c'est à vie. Or la plupart de ces Lolita sont bien souvent précocement sexualisées du fait d'un inceste ou d'un viol ayant marqué leur construction. Les pédocriminels adorent se raconter qu'ils ne font que combler des jeunes femmes nées tentatrices, alors qu'ils prolongent le viol d'adolescentes en quête de répétition traumatique.

Plus l'emprise toxique intervient jeune, plus ses proies peineront à sortir de ce cycle, sans passer d'une emprise à une autre, se chercher constamment un nouveau marionnettiste, avec qui reproduire le traumatisme initial. Les femmes violées jeunes, souvent, le sont à nouveau dans leur vie d'adultes. Après Benoît Jacquot, Judith Godrèche accuse d'autres hommes de l'avoir abusée : Jacques Doillon et Harvey Weinstein, notamment. Sa nouvelle notoriété, égérie MeToo, l'expose à d'autres emprises, à des marionnettistes avides d'utiliser son visage pour servir leurs messages. Et même à celle d'un public qui réclame beaucoup, des noms et des bûchers. C'est une pression qu'il faut aussi savoir déjouer pour tenir réellement en mains son destin.

Éloge du respect

Sortons du cadre de l'emprise pour entrer en zone grise, celle du désir, notamment au travail. Qu'on le veuille ou non, les rapports de séduction font partie de nos vies, de nos moteurs, de l'interaction humaine, et donc de nos lieux professionnels. A fortiori dans un métier-passion comme le cinéma où l'on choisit de fabriquer un film ensemble, c'est-à-dire d'enfanter. Le problème n'est pas de tomber amoureux lors d'un tournage, ou d'avoir une aventure. L'important est de s'assurer que personne ne soit harcelé. Des metteurs en scène insistent pour « être amoureux » de leurs acteurs, hommes ou femmes. Ils doivent mesurer le chantage affectif que ces mots charrient. On peut tout à fait être amoureux de ses acteurs, en avoir besoin pour les filmer, sans leur imposer son désir. Tous les acteurs recherchent un regard attentionné, celui de la caméra, du chef opérateur et du réalisateur, pour qu'au moment de la prise, la chimie opère. C'est un processus magique, qui crée de l'intensité, des sentiments, des élans. Mais pour le vivre pleinement, prendre des risques artistiques, il faut le vivre en sécurité.

Un réalisateur, c'est un filet, qui demande à des acteurs de se jeter dans le vide, en leur promettant d'être là pour les rattraper. Je parle de gestation car il y a quelque chose de très maternel ou de très paternel à s'assurer qu'un film se développe et pourra voir le jour. Il n'est pas étonnant, vu le pouvoir de cette fonction enviée, qu'elle attire, comme la prêtrise, des êtres dévoués, protecteurs, ou des êtres abusifs. Pourtant, en tant que capitaine, le premier des devoirs est de protéger. Et si malgré la priorité donnée à l'enfant qu'on fabrique, il naît un désir, c'est au capitaine de s'assurer que ce désir s'exerce de façon consentante et sans pression. À lui de veiller à une séduction tissée de retenue et de respect, pour rassurer l'autre sur sa liberté de dire non, sans endurer les moindres représailles, ni amertume ni rancune, qui rendraient son lieu de travail oppressant. Une subtilité que bien des hommes ont du mal à comprendre et plus encore à maîtriser. C'est pourtant dans leur intérêt, s'ils ne veulent pas finir accusés pour une proposition sexuelle déplacée ou une relation vite regrettée. Un risque de plus en plus élevé. Surtout si cette aventure sexuelle a été concédée dans l'espoir d'une rétribution symbolique, et non en vertu d'une attirance organique.

Personne n'a mieux résumé cette zone grise liée à la séduction intéressée que l'humoriste Blanche Gardin aux César 2018. MeToo est passé par là, et l'humoriste en profite pour saluer cette prise de conscience : « Il faut se réjouir car désormais je crois que c'est clair pour tout le monde, les producteurs n'ont plus le droit de violer les actrices. » (La salle approuve en riant.) Mais juste après, Gardin enfonce un coin : « Par contre, il y a quelque chose qui n'est pas clair… Et qu'il va falloir clarifier, je pense assez vite, c'est si nous, les actrices, on a encore le droit de coucher pour avoir les rôles. » La pique fait hurler de rire la salle, à gorge déployée, hormis quelques jeunes actrices offusquées. En coulisses du cinéma, certaines comédiennes, plus expérimentées, ne partagent pas leurs grimaces. Peut-être parce qu'elles ont l'âge d'être plus lucides sur la nature humaine, et qu'elles affrontent tous les jours de jeunes concurrentes prêtes à tout pour réussir.

C'est sans doute le dernier tabou à lever : la transaction sexuelle. Brisons-le. Il existe des femmes et des hommes qui couchent pour profiter d'une vie meilleure. Comme il existe des hommes et femmes qui rêvent de rattraper leurs frustrations d'adolescents, de retourner en arrière ou de mesurer le chemin parcouru, ou de retenir le temps qui passe, dans des bras plus jeunes. En théorie, nous avons tous intérêt à vivre dans un monde où les désirs s'équilibrent. En pratique, il existe encore un immense déséquilibre entre les genres et leurs pouvoirs. Heureusement, il naît chaque jour des hommes plus féministes, plus raffinés, qui entendent le message de MeToo. Ceux-là cultivent une masculinité plus Casanova que Dom Juan. Comme en rêve David Medioni dans son *Éloge de la séduction*[17]. Encore faut-il, en retour, que les femmes elles-mêmes récompensent ces Casanova, au lieu de craquer pour les Dom Juan. Ce que résume bien l'auteur : « Pendant tout un temps, n'ayant pas compris les réels codes de la virilité, j'avais donc pour habitude de les détourner. De m'en amuser. De me dire qu'ils étaient tout de même surannés. Résultat : je devenais le "meilleur ami" des femmes. Celui à qui elles se confiaient, mais pas celui qu'elles aimaient. Étonnante persistance des présupposés virils qui non seulement ennuient les hommes mais colonisent également l'esprit des femmes dans leurs premières attirances. »

Décoloniser cet imaginaire suppose des femmes qui prennent leur désir en main. Et cessent de voir le sexe uniquement sous l'angle du danger. Comme l'écrit Ovidie, le féminisme, ce n'est pas la « police du cul[18] ». Dans sa BD *Baiser après #MeToo*, imaginée avec la dessinatrice Diglee, elles écrivent des lettres à leurs « amants foireux », moins pour les dénoncer que pour les éduquer. On a besoin de retrouver ce féminisme qui libère, la parole mais aussi les corps. « Le jour où les femmes se sentiront autorisées à exprimer leurs désirs, elles ne seront plus des proies », écrit à juste titre la philosophe Belinda Cannone[19]. Et elle ajoute : « Ce n'est pas en condamnant l'expression du désir, mais en assumant pleinement de la partager que les femmes verront leur condition s'améliorer. »

Le désir est une danse qui se joue à deux. Les deux partenaires ont intérêt à savoir mieux danser.

La mise au point de #MeTooGarçons

Inverser les genres nous aide toujours à réfléchir. D'où l'intérêt du hashtag #MeTooGarçons, lancé juste après la prise de parole de Judith Godrèche, par le comédien Aurélien Wiik, qu'on a vu à ses côtés dans *Tu vas rire, mais je te quitte*, mais aussi dans *Les Rois maudits* ou *Maison close*. Fils d'artistes, il a commencé sa carrière très jeune, avant d'être abusé de ses 11 ans à ses 15 ans par son agent : « Il s'appelait Maurice Ripaux, mais tout le monde le connaissait sous le nom de Christian Nohel, écrit-il sur Instagram, il organisait des dîners avec des prods, réal, etc., et il en profitait pour abuser des garçons dont il prétendait défendre le talent. » Ces garçons n'ont pas attendu MeToo pour réagir. « Certains me demandent ce qu'il est devenu. Je réponds : je l'ai envoyé en prison. On était plusieurs gamins au procès. Il a pris cinq ans. C'est possible. » C'était donc possible en 1996. Le métier n'a pas fermé les yeux, ni ses portes. Bien sûr, il a fallu plusieurs plaintes pour cela, et qu'elles viennent de très jeunes garçons visant un adulte ayant clairement autorité sur eux, pour des relations homosexuelles.

L'abus sur des hommes par d'autres hommes n'est pas si différent de l'abus en général, mais ce hashtag a permis de libérer un nouveau flot de paroles. Et d'y voir clair, une fois de plus, sur ce nuancier d'accusations allant de faits graves à des propositions plus légères, de la violence à l'offense. Dans sa vie, le comédien Aurélien Wiik confie avoir subi les viols de son agent mais aussi, par la suite, d'autres situations embarrassantes, des gestes déplacés, et d'autres agressions pour lesquelles il ne nomme pas ses agresseurs, s'appliquant une règle que je trouve très juste : « Si tu n'amènes pas ton bourreau en justice, alors tu ne balances pas son nom. » Tristane Banon, qui le connaît bien, va échanger avec lui pendant cette période, et rédiger un dossier sur le « MeTooGarçons » dans *Franc-Tireur*[20]. Nous sommes d'ailleurs le seul hebdomadaire à porter ce débat en couverture ; comme s'il intéressait moins. Un acteur belge, qui a présidé la 13e cérémonie des Magritte (les César belges), Bouli Lanners, le regrette : « J'ai été harcelé par une réalisatrice plus âgée que moi. À chaque fois que j'ai commencé à en parler, les gens ont ri, parce que j'étais gros et que j'avais bien de la chance d'être là. »

Il y a plusieurs raisons à ces réactions. Au pays du harcèlement, les hommes et les femmes ne sont pas à égalité. Ce n'est pas la même chose d'être un homme acteur qui affronte une fois dans sa vie cette situation, et d'être une femme actrice constamment sexualisée. Même si cela reste très pénible et déshumanisant.

Comme pour les actrices, avec le #MeTooGarçons, on entre dans les coulisses d'un monde du cinéma, très convoité, où des hommes en profitent pour mettre la main sur la cuisse, draguer, et peuvent ne pas retenir un comédien qui s'y dérobe. Accusé d'avoir embrassé par surprise deux comédiens, l'agent Dominique Besnehard se défend d'avoir été trop loin : « Je les ai peut-être dragués, et alors ? (...) Draguer est une chose, abuser de son pouvoir en est une autre. Jamais de ma vie je n'ai promis un rôle contre faveur. » La nuance n'est pas si claire lorsqu'on doit plaire à un agent insistant pour être représenté, mais on peut toujours changer d'agent...

Un comédien, Francis Renaud, dénonce depuis des années le chantage sexuel qu'il dit avoir subi il y a vingt ans.

Encouragé par le hashtag MeTooGarçons, il a décidé de porter plainte contre un directeur de casting (Gérard Moulévrier) et un réalisateur (Régis Wargnier), dont les noms se sont aussitôt étalés dans la presse, entachés du même crachat. Alors que ce comédien ne les accuse pas du tout des mêmes actes. Au directeur de casting, l'homme reproche un « droit de cuissage » et de lui avoir « attrapé le sexe doucement à travers le pantalon ». Et le réalisateur ? De lui avoir « caressé la main » en lui disant « tu me troubles »... Ce qui reste un peu léger pour déclencher un MeToo et crucifier son nom dans la presse. Fait rare, preuve que la justice commence à mesurer les dangers du tribunal médiatique, le procureur d'Évreux, en charge de l'affaire, a tout de suite communiqué pour inviter à la plus grande prudence et « à ne pas jeter l'opprobre » sur le cinéaste, précisant qu'il ne retenait pour le moment aucune qualification pénale. Dire « tu me troubles », sans chantage, n'est de fait pas un délit. Même si cela vient d'un homme et qu'on ne le vit pas bien.

Dans certaines accusations, pour des faits peu graves, on ne peut exclure le rôle joué par la peur panique de l'homosexualité. Dans d'autres, des comédiens ont subi les mêmes mécanismes, coercitifs et oppressants, que ceux subis par des comédiennes. À force, on finirait par croire que le monde du cinéma est un monde de silence et de prédateurs. Ce n'est pas celui que je connais. Plutôt un univers très varié, où il existe mille écoles, mille familles et autant de façons d'éviter les pervers. Un comédien interrogé pour notre dossier MeTooGarçons, qui souhaite rester anonyme, le dit à sa façon : « Les tordus, ils traînent ensemble, ce sont des bandes. Mais ça n'est pas tout le monde du cinéma. La plupart des gens que je côtoie dans ce milieu sont des personnes exceptionnelles. Les agresseurs, les violeurs, c'est une toute petite partie de ce métier. »

Moins de victimes, plus de battantes

C'est une scène de télévision que personne n'a comprise. Un combat entre le féminisme résilient et le féminisme victimaire qui s'est joué avant MeToo, à une heure de grande écoute. Nous sommes très exactement le 30 septembre 2017 sur le plateau de « On n'est pas couché ». Deux femmes s'accrochent violemment… au sujet des violences sexuelles. La première, invitée, s'appelle Sandrine Rousseau. Elle n'a pas encore les cheveux blancs, ni la notoriété d'aujourd'hui, mais possède déjà cette capacité grinçante à se victimiser. L'affaire Baupin vient d'éclater, et la militante écologiste, porte-parole de son parti, l'accuse de l'avoir agressée d'une voix exagérément traumatisée, pour une tentative de baiser : « Il m'a plaquée contre un mur et a cherché à m'embrasser contre mon gré. »

Sur le siège d'en face, Christine Angot, chroniqueuse de l'émission, l'une des premières à avoir écrit sur l'inceste, bout[21]. Alors que la femme politique vient d'expliquer que son parti va mettre en place une cellule « formée pour accueillir la parole » des femmes, l'écrivaine explose : « Moi je ne peux pas entendre ça. C'est d'un blabla ! On ne fait pas dans un parti politique la question des agressions sexuelles, enfin ! » Angot élève la voix et Rousseau éclate en sanglots. Ce qui achève d'exaspérer l'écrivaine, qui l'éreinte et l'agonit, lui donnant enfin une raison de pleurer.

Sans pouvoir le dire calmement ce jour-là, Angot vient de percevoir toutes les dérives en germes. Une survictimisation qui finit par mettre toutes les agressions sur le même plan : être plaquée une fois contre un mur par un collègue et avoir été violée par son père. Faux pas supplémentaire, Rousseau tente d'apitoyer Angot sur son sort, sur le fait que personne dans son parti n'a voulu entendre sa détresse. Cette fois l'écrivaine dégoupille et crie : « Évidemment qu'il n'y a personne ! » Mais alors comment fait-on ? pleurniche Rousseau. La réponse d'Angot claque comme une gifle : « On se débrouille ! » Sur le moment, et même les jours suivants, personne n'a compris la dureté apparente de cette réponse. En réalité, l'écrivaine se parle à elle-même. Elle dit la force d'une survivante de l'inceste, qui a réussi à surmonter le pire sans se taire, à écrire des livres, à tourner plus récemment un film, *Une famille*, sur ceux qui doivent vivre avec cette parole… Face à une femme politique en pleurs parce que son parti, une simple famille politique, ne l'a pas tout de suite prise au sérieux… pour avoir été plaquée contre un mur.

Entre les deux femmes, il n'y a pas que treize ans d'écart, mais un gouffre. Celui qui sépare les femmes capables de s'appeler « survivantes » pour avoir subi un baiser forcé ou une main aux fesses, et celles qui reviennent de l'enfer, de l'esclavage sexuel comme les Yézidies, du viol de guerre ou de l'inceste… et qui généralement n'utilisent pas cette expression censée caractériser les rescapés d'un génocide. Seules les plus victimaires osent comparer leurs agressions à Auschwitz. Les femmes courage refusent de se résumer à ce qu'elles ont subi ou d'en faire leur identité, pour ne pas dire leur métier.

Elles se battent pour apprendre aux autres à se relever, et pas seulement à se plaindre pour exister.

En ouverture de son livre, *La Paix des sexes*, qui plaide pour un féminisme non victimaire, Tristane Banon écrit : « Je ne suis pas fière d'avoir été victime, je n'en ai pas honte non plus, je ne revendique aucun statut victimaire, je n'en fais pas profession. » C'est un danger qui guette la génération Z, biberonnée au narcissisme plaintif[22]. Y résister n'est en rien faire injure aux victimes ni leur demander de se taire. Lutter contre le victimisme, c'est recueillir leur parole comme victimes, sans les y enfermer à vie.

Il y va de l'avenir du féminisme, qui doit rester une école pour devenir plus forte. Une colonne vertébrale et non un corset. Cet apprentissage doit permettre de se relever, de tenir debout, et non de garder un genou à terre. MeToo semble parfois l'oublier, mais tout l'enjeu de nos conversations est de prévenir, pas seulement de guérir. De fabriquer des guerrières, et pas seulement des victimes. Ce serait mentir aux jeunes femmes de 20 ans que de leur laisser croire qu'elles se sortiront de ce monde en se plaignant. Mieux vaut leur apprendre à repérer les situations grises, à mettre des limites ou à assumer leur désir, plutôt que de le regretter après. Ce parcours est possible, au cinéma et dans des milieux de pouvoir comme la politique ou les médias, mais cela exige de miser sur son talent propre, de perdre parfois des opportunités, et de bien choisir avec qui l'on veut travailler.

À l'affiche du film *Le Consentement*, adapté du roman de Vanessa Springora, Laetitia Casta s'est pris une volée de bois vert sur les réseaux sociaux pour avoir osé confier qu'elle n'avait pas souffert d'agression sexuelle, ni dans sa carrière de mannequin ni dans celle d'actrice : « Lorsqu'il pouvait y avoir à l'occasion une personne qui sortait du professionnalisme, j'étais capable de lui dire en souriant : "Bah non en fait." Et de sortir toujours par la grande porte. » C'est pourtant sa vérité, et elle en donne la clef : « Je n'ai jamais voulu faire carrière à tout prix. J'ai essayé d'être fidèle à moi-même et cette fidélité a fait que j'ai pu pouvoir par moment dire "non". » Cette franchise est devenue taboue. Pourtant il faut oser le dire à la nouvelle génération. Dans le monde des agressions sexuelles, il existe celles « par surprise » ou « par la force », et celles que l'on peut esquiver.

Pour cela, il faut déconstruire ce qui nous a amené à croire au « sexe faible », et s'entraîner à déjouer l'effet de sidération. Ce réflexe animal peut être déconstruit en rassurant les femmes sur le fait qu'elles seront secourues si elles crient, se débattent, si elles s'entraînent à se bagarrer, à réagir, grâce à des techniques de self-defence notamment. La peur n'est jamais un destin. Une journaliste cinéma, qui a roulé sa bosse à l'époque la plus débridée, à Hollywood comme à Cannes, m'a raconté une ou deux situations dangereuses où elle s'en est sortie in extremis. Comme avec ce musicien qui l'invite un jour à une soirée, où personne d'autre n'était convié en réalité. Sitôt le palier passé, il a fermé la porte de son appartement à clef pour se jeter sur elle... Elle s'est débattue comme une lionne, elle a crié, elle a frappé tant qu'elle a pu. Si bien qu'il a pris peur, l'a traitée de folle, et qu'elle a pu s'échapper.

Une actrice connue pour sa beauté m'a dit s'être retrouvée dans la suite d'un rappeur, célèbre et baraqué, qui a tenté de lui sauter dessus. Elle s'est dégagée, mais il avait fermé à clef et lui courait après dans la chambre. Comme il était très croyant, elle lui a dit qu'elle avait ses règles (plusieurs femmes me disent l'avoir fait), lui a parlé de sa mère, et de ce que la sienne penserait, si cela arrivait à sa fille, pour lui faire honte… Son excitation est retombée et elle a pu s'extraire.

Une journaliste m'a raconté avoir croisé coup sur coup deux prédateurs des médias (mais à l'époque on parlait de stars), alors qu'elle n'avait que 24 ans. Le premier qui cherchait à la mettre mal à l'aise en lui demandant si elle était vierge, elle l'a mouché… Mais elle n'était pas seule dans son bureau. Lorsque le second s'est collé contre elle dans un ascenseur, alors qu'ils travaillaient dans la même rédaction, elle s'est moquée de lui : « Ça ne va pas bien ? » Refroidi et humilié, le tout petit bonhomme est parti en trébuchant sitôt la porte de l'ascenseur ouverte.

Cela ne marche pas toujours. Notamment lorsqu'un agresseur est excité par le fait que sa proie se débatte. C'est ce qu'a compris Emmanuèle de Lesseps, l'autrice d'un texte sur le viol en 1970. Plus elle se débattait, plus son violeur devenait fou, violent, plus elle sentait qu'il pouvait la tuer.

Pour les cas les moins graves, une proposition salace ou une main aux fesses, on peut opter pour la riposte graduée : faire honte, gifler, filmer avec son portable. De plus en plus de jeunes femmes le font, avec fierté et succès. En dehors de l'inceste et du viol sur mineur, la zone la plus dangereuse se situe autour de 20 ans, quand une jeune fille se voit toujours comme un enfant, mais que les hommes la perçoivent déjà comme une femme. Si on ne la prévient pas, si on ne lui donne pas les clefs pour décoder certains comportements, elle pourra confondre les signaux, prendre de l'intérêt sexuel pour de l'affection paternelle, et se retrouver choquée, sidérée, au moment de réagir.

En cas d'emprise, de viol par surprise ou de mise sous terreur, il existe des situations où le fait d'être sur ses gardes peut aider à se ressaisir à temps pour faire honte à son agresseur. Pour cela, il faut cesser d'apprendre aux femmes à être polies en toutes circonstances, ou à croire qu'elles doivent plaire aux hommes, à trembler à l'idée de vexer. C'est cette éducation pour filles, ce conditionnement, qui favorise l'effet de sidération, envoie des signaux de faiblesse que les prédateurs reniflent comme des chiens truffiers. La confiance en soi, tout au contraire, les dégrise. C'est ce qu'il faut transmettre aux femmes en priorité : croire en elles.

CONCLUSION

MeToo n'est ni un « mirage[1] », ni un miracle, mais un vertige nécessaire. Une transition qui secoue pour rééquilibrer nos rapports et revivifier nos relations. Nous ne reviendrons pas en arrière, à ce monde où les abusés se taisaient et saignaient en silence. Nous ne pourrons jamais attendre de la justice qu'elle répare toutes les victimes ou condamne tous les bourreaux. Le combat contre l'inceste, contre le viol, réclame une vigilance de tous et de tous les instants. Nous voilà donc condamnés à siéger, malgré nous, comme jurés dans ce tribunal permanent de l'attention aux autres et aux êtres. Encore faut-il veiller à ce qu'il ne tourne pas au comité de salut public, à force d'être de piètres juges, expéditifs et arbitraires, ne respectant ni présomption d'innocence ni droit à la seconde chance.

Car après des années de silence protégeant les coupables, nous voilà entrés dans une ère où une parole de trop peut broyer un innocent. On pourrait hausser les épaules, regarder ailleurs, n'y voir qu'un dommage collatéral. C'est en partie inévitable, et pourtant c'est aux partisans de MeToo, dont je suis, de se battre pour l'éviter. Pour sauver cette révolution, il faut veiller à ce qu'elle ne bascule pas dans la terreur. Le féminisme est un contre-pouvoir. Il ne doit jamais verser dans l'abus de pouvoir, ou il se trahit. La libération de la parole et de l'écoute n'a pas été conquise, de haute lutte, pour sombrer dans les règlements de compte, servir le dégagisme ou l'arrivisme. Mais pour réparer et protéger.

En terminant ce livre, après avoir revisité l'avant et l'après-MeToo, traversé tant d'affaires, revu tant de visages de victimes et tant de réputations brûlées sur le bûcher médiatique, je n'ai aucune certitude, aucune morale à délivrer, juste des astuces à partager pour tenter de trouver l'équilibre.

Ne jamais croire que les viols ne concernent que les autres, et toujours regarder autour de soi, à l'intérieur de sa propre famille, de son propre camp, pour se demander si quelqu'un est en danger.

Ne pas dire « Je te crois » pour renoncer au doute, et préférer « Je t'écoute ».

Ne pas mettre en cause une dénonciation de viol simplement parce qu'elle émerge tardivement, sans croire pour autant ses souvenirs sur parole, ni penser que la mémoire traumatique est infaillible.

Ne pas attendre d'avoir une fille de 20 ans pour se comporter avec les femmes comme on voudrait que les hommes se comportent avec elle.

Ne plus ranger sous le noble mot de MeToo des affaires qui n'ont rien à voir avec l'affaire Weinstein, le viol ou le harcèlement sexuel, comme un examen gynécologique pénible.

Ne pas mélanger l'offense et la violence sexuelle, la proposition (même maladroite) et l'agression.

Ne pas juger d'un MeToo selon ses préjugés, l'étiquette politique ou le faciès d'un accusé, ou même de la victime, mais selon les faits et leur gravité.

Ne plus séparer l'homme de l'artiste, mais continuer à séparer l'œuvre de l'homme. Et les victimes des corbeaux.

Ne jamais demander à annuler, interdire ou censurer une œuvre pour le comportement d'un artiste.

Ne pas confondre prendre des précautions pour prévenir des agressions avec un droit à persécuter sans preuves.

Ne pas tout mélanger et juger au cas par cas.

Ne pas se substituer à la justice.

Ne pas laisser l'émoi dicter la loi.

Ne pas calomnier sur les réseaux sans savoir.

Ne pas ouvrir de procès médiatique à la première accusation, sans plainte, sans nécessité d'informer pour alerter, juste pour vendre du papier ou du clic.

Ne jamais laisser les autres dicter nos désirs, apprendre à les exprimer et à les faire respecter.

Ne plus confondre le féminisme avec le victimisme.

Ne jamais s'enfermer dans le regard d'un autre ou des autres, et garder confiance en soi.

NOTES

I
Le bâillon

1. Irène Théry, *Moi aussi, la nouvelle civilité sexuelle*, Seuil, 2022, p. 14.
2. Irène Théry, *op. cit*, p. 19.
3. Nicole-Claude Mathieu : « Quand céder n'est pas consentir. Des déterminants matériels et psychiques de la conscience dominée des femmes, et de quelques-unes de leurs interprétations en ethnologie », 1985. Republié dans *L'Anatomie politique, catégorisations et idéologies du sexe*, Éditions Côté-femmes, 1991.
4. Laure Daussy, *La Réputation : enquête sur la fabrique des « filles faciles »*, Les Échappés, 2023.
5. Thomas Gregor, *Mehinaku : The Drama of Daily Life in a Brazilian Indian Village*, University of Chicago Press, 2009.
6. Georges Vigarello, *Histoire du viol – XVIe-XXe siècle*, Seuil, 1998.
7. *Ibid.*
8. *Ibid.*
9. Emmanuèle de Lesseps, « Le viol », *Partisans* n° 54-55, p. 91-96, republié dans *MLF, textes premiers*, Stock, 2009, p. 236-244.

10. Annette Lévy-Willard, *Chroniques d'une onde de choc : #MeToo secoue la planète*, Éditions de l'Observatoire, 2018.

11. Journées de dénonciation des crimes contre les femmes, Mutualité, 15 mai 1972.

12. Gisèle Halimi, *Viol, le procès d'Aix*, Gallimard, 1978. Republié en 2012, L'Harmattan.

13. Pierre Goldman, « Du viol, du bon usage de la loi et du désespoir », *Libération*, 23 mars 1977.

14. Des militantes du MLF, « Votre libération sexuelle n'est pas la nôtre », *Tout !* n° 15, juin 1971, cité par Françoise Picq dans *Les Années Mouvement*, Seuil, 1993, p. 104-108.

15. Cité par Françoise Picq dans *Les Années Mouvement*, *op. cit.*, p. 241.

16. *Ibid.*, p. 235.

17. Maï, « Un viol si ordinaire, un impérialisme si quotidien », *Les femmes s'entêtent*, Gallimard, coll. « Idées », 1975, p. 188-210.

18. Annie Cohen, « Au nom de la révolution », *Libération*, 8 novembre 1973, repris dans Cathy Bernheim, Liliane Kandel, Françoise Picq, Nadja Ringart (dir.), *Mouvement de libération des femmes : textes premiers*, Paris, Stock, 2009, p. 245-248.

19. « Comment le viol est devenu un crime », *L'Histoire* n° 470, avril 2020.

20. « Le débat après les assises contre le viol : aujourd'hui des réactions masculines », *Libération*, 8 juillet 1976.

21. « Les imposteuses », *Charlie Hebdo* n° 274, 12 février 1976.

22. « À propos des imposteuses » et « Ode funèbre pour les zizis violeurs », *Charlie Hebdo* n° 275, 19 février 1976.

23. Nadja Ringart, *Les conseilleurs ne sont pas les payeurs*, dossier « Est-ce ainsi que les hommes jugent ? », *Les Temps modernes*, n° 391, février 1979, p. 1174-1183.

24. Françoise Picq, *Les Années Mouvement*, *op. cit.*, p. 238.

25. Mona Chollet, « Affaire Tariq Ramadan : deux poids, deux mesures » ou « Tariq Ramadan, Caroline Fourest et l'islamisation de la France ».

26. « Le Monde selon Caroline Fourest », France Culture, 16 mai 2011.

27. « Pourquoi je porte plainte contre DSK », entretien avec Claire Chartier et Delphine Saubaber, *L'Express*, 4 juillet 2011.

28. L'Observatoire, 27 octobre 2021.

II
Le séisme

1. Jodi Kantor, Megan Twohey, *She Said : L'enquête qui a révélé l'affaire Weinstein et fait exploser le mouvement #MeToo,* Alisio, 2020.

2. « Trump recorded having extremely lewd conversation about women in 2005 », *The Washington Post*, David A. Fahrenthold, 8 octobre 2016.

3. Megan Twohey et Michael Barbaro, « Two Women Say Donald Trump Touched Them Inappropriately », *The New York Times*, 12 octobre 2016.

4. « Bill O'Reilly Thrives at Fox News, Even as Harassment Settlements Add Up », *The New York Times*, 1er avril 2017.

5. Marc Santora, Al Baker, « Harvey Weinstein, Producer, Questioned by New York Police After Groping Accusation », *The New York Times*, 30 mars 2015.

6. Jodi Kantor, Megan Twohey, *She Said : L'enquête qui a révélé l'affaire Weinstein et fait exploser le mouvement #MeToo*, *op. cit.*

7. Jodi Kantor, Megan Twohey, « Harvey Weinstein Paid Off Sexual Harassment Accusers for Decades », *The New York Times*, 5 octobre 2017.

8. *Unbound: My Story of Liberation and the Birth of the MeToo Movement*, Flatiron Books : An Oprah Book, 14 septembre 2021.

9. Annette Lévy-Willard, *Chroniques d'une onde de choc : #MeToo secoue la planète*, *op. cit.*

10. Éric Brion, *Balance ton père : Lettre à mes filles du premier accusé de #Balancetonporc*, JC Lattès, 2020.

11. Élisabeth Lévy, « “Balance ton porc” : le grand Délathon a commencé ! », *Causeur*, 17 octobre 2017.

12. « Nous, femmes journalistes politiques et victimes de sexisme… », *Libération*, 4 mai 2015. Parmi les signataires : « Cécile Amar (*Le JDD*), Carine Bécard (France Inter), Hélène Bekmezian (*Le Monde*), Anne Bourse (France 3), Lenaïg Bredoux (Mediapart), Laure Bretton (*Libération*), Déborah Claude (AFP), Laure Equy (*Libération*), Charlotte Gauthier (Radio Classique), Mariana Grépinet (*Paris-Match*), Christine Moncla (France Culture), Gaétane Morin (*Le Parisien Magazine*), Véronique Rigolet (RFI), Annabel Roger (RMC), Audrey Salor (*L'Obs*), Nathalie Schuck (*Le Parisien*) avec le soutien de Ruth Elkrief et au nom d'un collectif de 24 autres journalistes représentant 13 autres médias. »

13. Stéphanie Marteau et Aziz Zemouri, *L'Élysée off. Secrets, trahisons et coups tordus au palais*, Fayard, 2016.

14. « Accusé d'avoir fait claquer la culotte d'une journaliste, Michel Sapin nie mais reconnaît un autre “geste inapproprié” », France Info, 22 avril 2016.

15. Cette confrérie à l'origine de l'islam politique totalitaire contemporain a été fondée en Égypte dans les années 1930 par son grand-père, Hassan Al Banna (son modèle absolu), et son père, Saïd Ramadan (son autre héros), l'a essaimée partout, au prix de ravager le monde musulman : l'Égypte mais aussi l'Algérie (le FIS est issu des Frères), le Yémen, le Pakistan, et bien sûr de pourrir la cause palestinienne avec le Hamas (une autre émanation fériste). Caroline Fourest, *Frère Tariq*, Grasset, 2004.

16. « “C'est l'idée de violer qui lui plaisait” : la deuxième victime de Tariq Ramadan nous raconte son supplice », propos recueillis par Caroline Fourest, *Marianne*, le 22 novembre 2017.

17. *Ibid.*

18. « Tariq Ramadan accusé de viol : “Il m'a étranglée si fort que j'ai pensé que j'allais mourir” », par Jean-Michel Décugis, *Le Parisien*, 30 octobre 2017.

19. La *Tribune de Genève*, 3 novembre 2017.

20. Des propos extraits d'une tribune publiée dans le journal *Le Monde*, en 2002.

21. « Au procès pour "viols" de Tariq Ramadan, ses avocats fustigent "une femme infiniment tentatrice" », *Marianne*, Paul Conge, 17 mai 2023.

22. « Samantha Geimer-Emmanuelle Seigner, la rencontre », propos recueillis par Peggy Sastre, *Le Point*, 12 avril 2023.

23. Samantha Geimer, *La Fille. Ma vie dans l'ombre de Roman Polanski*, Plon, 2013. Roman Polanski, *Roman par Polanski*, Fayard, 2016.

24. « Affaire Flavie Flament : d'autres femmes accusent David Hamilton de viol », Emmanuelle Anizon, *Le Nouvel Obs*, 16 novembre 2016.

25. Samantha Geimer, *La Fille. Ma vie dans l'ombre de Roman Polanski*, *op. cit.* Roman Polanski, *Roman par Polanski*, *op. cit.*

26. « Samantha Geimer-Emmanuelle Seigner, la rencontre », propos recueillis par Peggy Sastre, *Le Point*, 12 avril 2023.

27. « Qui sont les douze femmes qui accusent Roman Polanski de viol ou d'agression sexuelle ? », France Info Web, 11 novembre 2021.

28. Roman Polanski, *Roman par Polanski*, *op. cit.*

29. Samantha Geimer, *La Fille. Ma vie dans l'ombre de Roman Polanski*, *op. cit.*

30. Marina Zenovich, *Roman Polanski : Wanted and Desired*, 2008, 1 h 36.

31. Texte de présentation de la Cinémathèque signé Gilles Esposito.

32. Aureliano Tonet et Clarisse Fabre, « Frédéric Bonnaud : "J'ai des pulsions de transgression" », Le Monde Web, 18 janvier 2016.

33. « Rétrospective Polanski : la Cinémathèque défend son choix malgré les protestations », Le Point Web, 25 octobre 2017.

34. Europe 1, 28 septembre 2009.

35. Barbara Théate, *JDD*, 11 novembre 2019.

III
La honte !

1. Marie Zafimehy, « Roman Polanski : une pétition réclame le retrait de *J'accuse* pour les César 2020 », RTL Web, 17 décembre 2019.

2. « C à vous », 29 janvier 2020.

3. « Des membres des César demandent plus de démocratie au sein de l'Académie », *Le Monde*, 10 février 2020.

4. AFP, 2 mars 2011.

5. Caroline Fourest sur Adèle Haenel : « Je comprends que son corps se soit levé », Yahoo! Actu, 5 mars 2020.

6. Benjamin Sire, « La triste histoire d'Adèle H », *Franc-Tireur*, n° 68, 1er mars 2023.

7. « Offensive surprise contre l'État colonialiste d'Israël. Soutien à la résistance palestinienne ! », Philippe Alcoy, 7 octobre 2023, site de Révolution permanente.

8. Julien Duffé, « Taha Bouhafs accusé de violences sexuelles : l'affaire qui embarrasse les Insoumis en pleines législatives », *Le Parisien*, 11 mai 2022.

9. *Libération*, 6 mai 2023.

10. « La mort dans l'art », le Franc-Parler de Caroline Fourest, *Franc-Tireur*, 1er juin 2022.

11. *Tu t'appelais Maria Schneider*, Grasset, 2018.

12. Yannick Vely, « L'agression de Maria Schneider, le déshonneur de Bertolucci », *Paris-Match*, 26 novembre 2018.

13. « Des écoles détruisent 5 000 livres jugés néfastes aux Autochtones, dont Tintin et Astérix », Radio Canada, Thomas Gerbet, 7 septembre 2021.

14. Damien Fleurette, Daniele Vella, Emmanuel Baert, « Depardieu, la chute de l'ogre », « Complément d'enquête », France 2, 7 décembre 2023.

15. France Inter, 21 septembre 2018.

16. « "J'ai senti sa main dans mon entrejambe" : une technicienne accuse à son tour Gérard Depardieu », France Inter Web, 28 juillet 2023.

17. « Anouk Grinberg : “Tous ceux qui ont travaillé avec Depardieu dans le cinéma savent qu’il agresse les femmes” », Elle Web, 11 janvier 2024.

18. Raphaëlle Bacqué, Samuel Blumenfeld, « En 1991, Depardieu version Cyrano à la conquête de l’Amérique : c’est un pic, c’est un cap, c’est une catastrophe », *Le Monde*, 21 juillet 2023.

19. *Libération*, 25 novembre 2022.

20. Caroline Pigozzi, « Son combat pour les animaux, le harcèlement sexuel, son cancer : Brigitte Bardot nous dit tout », *Paris-Match*, 17 janvier 2018.

21. « Nous défendons une liberté d’importuner, indispensable à la liberté sexuelle », *Le Monde*, 9 janvier 2018.

22. Le Monde Web, 11 janvier 2018.

23. *Libération*, 14 janvier 2018.

24. *Téléstar*, 19 février 2018.

25. Joan W. Scott, traduit par Claude Servan-Schreiber, « Féminisme à la française », *Libération*, 9 juin 2011.

26. Comment comprendre autrement cette phrase : « Ces partisans ont justifié leurs arguments sur l’incapacité des musulmans à s’assimiler à la culture française en affirmant que les musulmans ne comprenaient pas que le jeu érotique ouvert faisait partie intégrante de la francité. Quelle ironie, alors, que la victime de l’agression sexuelle présumée de Strauss-Kahn soit une musulmane. »

27. Irène Théry, « Le “féminisme à la française” », *Le Monde*, 1er février 2018.

28. Joan W. Scott, « Féminisme à la française », article cité.

29. Irène Théry, *Moi aussi*, *op. cit.*, p. 310-312.

30. Émission diffusée par Mediapart Live, 4 novembre 2019.

31. Pew Research Center, 29 septembre 2022.

32. « Après MeToo, 68 % des Français se déclarent féministes », *JDD*, 20 novembre 2021.

33. Pauline Delassus, « MeToo : le 7e art face à la sévérité des Français », *La Tribune du dimanche*, 18 février 2024.

34. Seuil, janvier 2021.

35. France TV Infos Web, 10 octobre 2023.

IV
L'emballement

1. *Le Journal du Centre*, 9 novembre 2022.

2. Jérôme Lefilliâtre et Anne Diatkine, « Violences sexuelles : huit femmes accusent PPDA », *Libération*, 8 novembre 2021.

3. Hélène Devynck, *Impunité*, Seuil, 2022.

4. « L'affaire Nicolas Hulot », France Culture, 30 septembre 2022.

5. France Culture, 8 février 2018.

6. BFM-TV, RMC, 8 février 2018.

7. « Marlène Schiappa : "Pourquoi les accusateurs de Nicolas Hulot bafouent la parole des femmes" », *JDD*, 10 février 2018.

8. La première émane de Fanny Agostini, ancienne présentatrice météo, pour des faits remontant à 2013, lors de l'Open de pétanque de Calvi. Alors que plusieurs collègues logent dans le même hôtel, et qu'elle nage dans la piscine, Bourdin se serait collé à elle, l'aurait « attrapée par le cou, sur le côté », « attirée vers lui brusquement », essayant de l'embrasser « à plusieurs reprises ». « Prise de court », elle dit s'être « débattue » pour pouvoir sortir de l'eau. Dominateur, le présentateur lui aurait lancé : « J'obtiens toujours ce que je veux. » Une phrase vécue comme une menace, qui l'a longtemps hantée. La deuxième femme a porté plainte pour « agression sexuelle », « harcèlement » et « exhibition ». Elle travaillait comme standardiste dans une entreprise de Médiatraining, à Neuilly-Plaisance, aux côtés de Jean-Jacques Bourdin. Alors qu'elle n'avait que 26 ans, il lui propose un jour de l'emmener en voiture pour visiter les studios de RTL, où il travaille aussi, avant de sortir son sexe et de lui prendre la main pour qu'elle le masturbe, en lui proposant 2 000 francs en échange. Il aurait également tenté de l'embrasser « de manière assez brutale, en [la] coinçant contre l'intérieur de la portière ». Puis se serait masturbé devant elle à plusieurs reprises dans les bureaux où ils travaillaient.

9. Christian Lecomte, « Taku Sekine, retour sur un drame en cuisine », *Le Temps,* 1er janvier 2021.

10. Kim Hullot-Guiot, « Suicide du chef Taku Sekine, accusé d'agression sexuelle », Libération Web, 30 septembre 2020.

11. *Charlie Hebdo*, 8 novembre 2017.

12. Sarah Ileno, « Edwy Plenel, Zorro absolu », *Franc-Tireur,* 15 mars 2023.

13. *Revue du Crieur*, n° 6, 2017, coéditée par Mediapart et La Découverte.

14. Mathieu Magnaudeix, Mediapart, 18 avril 2016.

15. Mediapart Live, 8 novembre 2017.

16. L'Express Web, 7 juillet 2019.

17. Mediapart, 17 mars 2021.

18. Mediapart, 8 septembre 2023.

19. Marine Turchi, « Violences sexuelles : 13 femmes accusent Gérard Depardieu », Mediapart, 11 avril 2023.

20. Après un premier papier de 2018, une enquête d'Antoine Pecqueur du 14 octobre 2023 dénonce ses méthodes de management et ses possibles conflits d'intérêts : « Lumière sur Thierry Frémaux, seigneur redouté du septième art ». Alors qu'un troisième article, toujours sur le même sujet et les mêmes reproches, s'apprête à sortir, Frémaux a choisi de rendre public son droit de réponse par un long mail adressé le 12 mai à tous les abonnés de l'Institut Lumière. « Tension entre Mediapart et Thierry Frémaux : la réponse du directeur rendue publique », *Lyon Mag*, mai 2024. Clair et précis. Ce qui n'empêche pas Mediapart de revenir à la charge, toujours à partir de témoignages anonymes et des mêmes exagérations le 8 juin 2024 : « Management brutal de Thierry Frémaux : les témoignages s'accumulent ».

21. Tweet du 6 mai 2024.

22. Léna Lutaud, « #MeToo : avant le Festival de Cannes, le milieu du cinéma a des sueurs froides », *Le Figaro*, 5 mai 2024.

23. Catherine Balle, « "Il y a des réunions de crise de tous les côtés" : l'ombre de #MeToo plane sur le Festival de Cannes », *Le Parisien*, 11 mai 2024.

24. Anne Jouan, « #MeToo à l'hôpital : Patrick Pelloux dans la tourmente », *Paris-Match*, 10 avril 2024.

25. Enquête menée par Mathieu Trachman et Tania Lejbowicz.

26. The New York Times Web, 16 août 2020.

27. Le Parisien Web, 23 janvier 2021.

28. Le jeune homme à Victor, 1er septembre 2019.

29. Marion Cocquet et Marc Leplongeon, « MeTooGay, les coulisses d'un drame », *Le Point*, le 27 mars 2021.

30. Elle est suivie par Julie Billy, Judith Nora, Laurence Lascary, Isabel Mercier, Delphyne Besse et Marion Tharaud.

V
La guillotine

1. Opinion Way, novembre 2022.

2. Ministère de l'Intérieur, 15 décembre 2023. Chiffres sur l'année 2021.

3. « Depuis #MeToo, les procédures pour agression sexuelle ou viol sur conjoint en augmentation de 164 % », *Libération*, 10 novembre 2023.

4. Infostat, 2018.

5. Selon une enquête de l'INSEE (« Cadre de vie et sécurité »).

6. Marie Dosé, *Éloge de la prescription*, L'Observatoire, 2021.

7. Entretien avec Marie Dosé, 10 avril 2024.

8. Alice Maxence, « Macron consent au consentement », *Franc-Tireur*, n° 123, 20 mars 2024.

9. « Recall of childhood trauma: a prospective study of women's memories of child sexual abuse », *Journal of Consulting and Clinical Psychology*, vol. 62, n° 6, décembre 1994, p. 1167-76, « Memory, abuse, and science. Questioning claims about the false memory syndrome epidemic », *The American Psychologist*, vol. 51, n° 9, septembre 1996, p. 957-74, Elizabeth Loftus et Katherine Ketchum, *The Myth of Repressed Memory: False Memories and Allegations of Sexual Abuse*, New York, NY, St. Martins Press, 1994, tr. fr *Le Syndrome des faux souvenirs, Ces psys qui manipulent la mémoire*, 2012, éditions Exergue.

10. Alain Marécaux, *Chronique de mon erreur judiciaire*, Flammarion, 2011.

11. Paul Bensussan et Florence Rault, Belfond, 2002.

12. Dunod, 2013.

13. Une théorie développée dans *L'Amnésie traumatique : un mécanisme dissociatif pour survivre*, Muriel Salmona, Victimologie, 2018.

14. « Who Abused Jane Doe ? The Hazards of the Single Case History Part 1 », *Skeptical Inquirer*, vol. 26, n° 3, 2002, « Memories of Childhood Abuse : What is the bottom line », American Psychological Association, 2021.

15. *Do Justice and Let the Sky Fall: Elizabeth F. Loftus and Her Contributions to Science, Law, and Academic Freedom*, Mahwah, NJ, Lawrence Erlbaum Associates, 2007.

16. « Légiférer au moyen de l'amnésie traumatique constitue un risque », Olivier Dodier, Dalloz Actualité, 6 décembre 2017.

17. Tribune, « N'enfermons pas l'enfant victime d'inceste dans son traumatisme ! Relevons le défi de mieux l'entendre, le protéger, l'accompagner », Le Monde Web, 24 mars 2021.

18. Campagne « Un sur cinq », Conseil de l'Europe.

19. Estimation basée sur l'enquête en population générale menée par l'Inserm commandée par la Commission indépendante sur les abus sexuels dans l'Église (Ciase).

20. Caroline Fourest, Fiammetta Venner, *Les Nouveaux Soldats du pape*, Panama, 2008.

21. « Rapport de la commission Sauvé : le pape François fait part de son "immense chagrin" », Le Monde Web, 5 octobre 2021.

22. Rapport de l'INSEE, « Violences au sein de la famille », INSEE Références, paru le 09 décembre 2021.

23. Dorothée Dussy, *Le Berceau des dominations. Anthropologie de l'inceste*, Pocket, 2013, p. 74.

24. Dorothée Dussy, *op. cit.*, p. 115.

25. « Tristane Banon : "L'instauration d'un seuil de consentement sexuel à 13 ans est insuffisante" », *Le Parisien*, par Nicolas Charbonneau, 11 février 2021.

26. L'Observatoire, *op. cit.*

27. Interviewée par Marine Turchi dans l'émission de Mediapart, « À l'air libre », 12 mars 2024.

28. TF1+, 22 juin 2022.

29. Elhia Pascal-Heilmann, « "Je sors de là sonnée" : le récit de Louison, qui accuse la vice-présidente de la "Commission inceste" d'agression sexuelle », *La Provence*, 10 février 2024.

30. Hugo Lemonier, « À peine nommée, la vice-présidente de la Ciivise est déjà suspendue », Mediapart, 7 février 2024.

31. Hugo Lemonier, « Inceste : à la Ciivise, un changement de présidence qui va changer la ligne [archive] », sur Mediapart, 14 décembre 2023.

32. Hugo Lemonier, « Inceste : à la Ciivise, un changement de présidence qui va changer la ligne [archive] », *art. cit.*

33. Perla Msika, « Violences sexuelles : crise à la Ciivise », *Franc-tireur*, n°118, 14 février 2024.

34. Tristane Banon, « Crise à la Ciivise : le juge Durand divise », *Franc-Tireur* n° 133, 29 mai 2024.

35. Laury-Anne Cholez, « Affaire Julien Bayou : les femmes parlent », *Reporterre*, 25 octobre 2022.

36. Benjamin Sire, « Taha Bouhafs, l'engagé enragé », *Franc-Tireur*, n° 19, 23 mars 2022.

37. Marie-Charlotte Garin, Sophie Taillé-Polian, Sandra Regol, Elsa Faucillon.

38. « Une gifle faite homme », *Franc-Tireur*, n° 58, 21 décembre 2022.

39. « Un sénateur en garde à vue, soupçonné d'avoir drogué une députée dans le but de l'agresser sexuellement », 17 novembre 2023.

40. Valentine Arama, « À Paris, les viols de rue ne faiblissent pas », *Le Point*, 22 février 2024.

41. Jean-Baptiste Marty, « Les étrangers à l'origine de 77 % des viols élucidés dans les rues de Paris en 2023 », Europe 1, 18 avril 2024.

42. Rapport de l'INSEE, « Violences au sein de la famille », INSEE Références, paru le 09 décembre 2021.

43. « Violences sexuelles : huit femmes accusent Éric Zemmour », Lénaïg Bredoux, Bérénice Gabriel, Youmni Kezzouf, Valentine Oberti, David Perrotin et Marine Turchi, Mediapart, 8 mars 2022.

44. Stéphane Joahny, « Affaire Tariq Ramadan : les enquêteurs ont retrouvé... ses messages téléphoniques chaleureux avec Éric Zemmour », JDD Web, 1er décembre 2018.

45. « Demarginalizing the Intersection of Race and Sex: A Black Feminist Critique of Antidiscrimination Doctrine, Feminist Theory and Antiracist Politics », Kimberlé Crenshaw, *University of Chicago Legal Forum*, 1989.

46. « Cinq voix fortes et engagées pour la cause des femmes », *Elle*, n° 3911, 4 décembre 2020.

47. *Noire* retrace le parcours de Claudette Colvin, l'une des premières femmes d'Alabama à ne pas s'être levée dans un bus pour laisser sa place à un blanc... Paru en 2015 chez Grasset dans la collection que je codirige avec Fiammetta Venner, « Nos héroïnes ».

48. Colette Guillaumin, *Sexe, Race et Pratique du pouvoir : l'idée de nature*, Côté-femmes, 1992.

49. Il n'en donne pas du tout la même interprétation mais le fossé qui sépare la gauche décoloniale de la gauche anti-totalitaire a été analysé par Michel Feher dans « Les divisions de la gauche mouvementée », revue *Vacarme*, n° 20, été 2002.

50. Philippe Alcoy, « Offensive surprise contre l'État colonialiste d'Israël. Soutien à la résistance palestinienne ! », Révolution permanente, 7 octobre 2023.

51. Armêl Balogog, « VRAI OU FAUX. Viols perpétrés par le Hamas : les féministes restent-elles silencieuses ? », France Info Web, 28 novembre 2023.

52. Le Figaro.fr, 25 novembre 2023.

53. Lire le portrait cruel de Fiammetta Venner : « Judith Butler : du genre troublé », *Franc-Tireur*, n° 123, 20 mars 2024.

54. « Pour moi, il est crucial de créer des alliances transeuropéennes et de comprendre comment le féminisme est vécu et pensé au sein de l'islam. Je m'oppose à toutes les initiatives visant à interdire le voile, par exemple », déclare-t-elle dans une interview au magazine *360°*, en 2005.

55. Houria Bouteldja, *Les Blancs, les Juifs et nous : Vers une politique de l'amour révolutionnaire*, Éditions La Fabrique, 2016.

56. Clémence Mary, « Après ses propos sur le Hamas, Judith Butler s'explique, persiste et signe », *Libération*, 12 mars 2024.

57. Yann Barte, « Caroline De Haas : Chasseuse de primes », *Franc-Tireur*, n° 30, 8 juin 2022.

58. Boris Busslinger, Célia Héron, Sylvia Revello, « La RTS, Darius Rochebin et la loi du silence », *Le Temps*, 31 octobre 2020.

59. Le Point Web, 19 avril 2021.

60. Constance Jamet, « Un frère de Dylan Farrow apporte son soutien à Woody Allen », Le Figaro Web, 6 février 2014.

61. « Besson, Polanski, Allen : malaise à la Mostra », par Tristane Banon, Paloma Clément-Picos, Caroline Fourest, *Franc-Tireur* n° 94, 30 août 2023.

VI
La zone grise

1. En février 2023, une étude Ifop montrait que 43 % des jeunes Français de 18 à 25 ans n'avaient connu aucun partenaire sexuel durant l'année écoulée. Cette abstinence (volontaire ou non) s'accélère. Il y a huit ans, « seulement » 25 % des jeunes interrogés ne déclaraient aucun rapport sexuel pour l'année écoulée. Clément Pétreault, « Pourquoi les jeunes ne font plus l'amour », *Le Point*, 7 juin 2023. Voir aussi Annie Lord, « Young People Are Living Through A Sex Recession », Vogue UK Web, 11 juin 2022.

2. *Du consentement*, Essai Point, p. 49, première parution Seuil, 2017.

3. Laure Daussy, *La Réputation. Enquête sur la fabrique des « filles faciles »*, éditions Les Échappés, 2023.

4. Clotilde Leguil, *Céder n'est pas consentir : Une approche clinique et politique du consentement*, PUF, 2021.

5. Nicole-Claude Mathieu, *Quand céder n'est pas consentir. Des déterminants matériels et psychiques de la conscience dominée des femmes, et de quelques-unes de leurs interprétations en ethnologie*,

Chapitre V du livre *L'Anatomie politique, catégorisations et idéologies du sexe*, Éditions Côté-femmes, 1991.

6. Annick Geille, Atlantico, 9 février 2024.

7. Clotilde Leguil, « Céder n'est pas consentir », chaîne vidéo de la librairie Mollat, 15 avril 2021.

8. Anne Parillaud, *Les Abusés*, Robert Laffont, 2021.

9. Voir sur ce point le chapitre sur l'emprise dans l'ouvrage de Sabine Prokhoris, *Le Mirage #MeToo. Réflexions à partir du cas français*, Le Cherche Midi, 2021.

10. « Quotidien », 8 janvier 2024.

11. France Inter, 8 février 2024.

12. Isild Le Besco, *Dire vrai*, Denoël, 2024.

13. *Libération*, 17 mai 2024.

14. *Le Figaro*, 4 juin 2024.

15. RTL, 10 février 2024.

16. Mediapart, entretien du 4 novembre 2019.

17. David Medioni, *Éloge de la séduction*, L'Aube, 2021.

18. « Les débats de la Fête de l'Humanité. Féminisme : quand l'intime est politique », site de *L'Humanité*, 30 août 2023.

19. Belinda Cannone, « Le jour où les femmes se sentiront autorisées à exprimer leur désir, elles ne seront plus des proies », *Le Monde*, 9 janvier 2018.

20. Tristane Banon, « MeTooGarçons : le dernier tabou », *Franc-Tireur* n° 122, 13 mars 2024.

21. « Christine Angot et l'autre façon de parler de l'inceste (1999) », Elle Web, sans date.

22. *The Rise of Victimhood Culture: Microaggressions, Safe Spaces, and the New Culture Wars*, Palgrave Macmillan, 2018.

Conclusion

1. De l'avis de Sabine Prokhoris, *Le Mirage #MeToo*, *op. cit.*

TABLE

DU MÊME AUTEUR *(suite)*

LES ANTI-PACS, *ou la dernière croisade homophobe*, Prochoix, 1999 (*avec F. Venner*).

LE GUIDE DES SPONSORS DU FRONT NATIONAL ET DE SES AMIS, Raymond Castells, 1997 (*avec F. Venner*).

Pour suivre Caroline Fourest : http://carolinefourest.wordpress.com

Cet ouvrage a été achevé d'imprimer sur Roto-Page
par l'Imprimerie Floch à Mayenne
pour le compte des Éditions Grasset
en août 2024

Mise en pages
PCA 44400 Rezé

PAPIER CERTIFIÉ
Grasset s'engage pour l'environnement en réduisant l'empreinte carbone de ses livres. Celle de cet exemplaire est de :
700 g éq. CO_2
Rendez-vous sur www.grasset-durable.fr

N° d'édition : 23265 – N° d'impression : 105126
Dépôt légal : septembre 2024
Imprimé en France